心一堂術數古籍珍本叢刊

書名：訂正滴天髓徵義
系列：心一堂術數古籍珍本叢刊　星命類　第二輯　125
作者：【民國】徐樂吾
主編、責任編輯：陳劍聰
心一堂術數古籍珍本叢刊編校小組：陳劍聰　素聞　梁松盛　鄒偉才　虛白盧主

出版：心一堂有限公司
通訊地址：香港九龍旺角彌敦道六一〇號荷李活商業中心十八樓〇五—〇六室
深港讀者服務中心：中國深圳市羅湖區立新路六號羅湖商業大廈負一層〇〇八室
電話號碼：(852)67150840
網址：publish.sunyata.cc
電郵：sunyatabook@gmail.com
網店：http://book.sunyata.cc
淘寶店地址：https://shop210782774.taobao.com
微店地址：https://weidian.com/s/1212826297
臉書：https://www.facebook.com/sunyatabook
讀者論壇：http://bbs.sunyata.cc/

版次：二零一五年十月初版
平裝

港幣　二百二十八元正
定價：人民幣　二百二十八元正
新台幣　八百九十八元正

國際書號：ISBN 978-988-8317-05-9

香港發行：香港聯合書刊物流有限公司
地址：香港新界大埔汀麗路36號中華商務印刷大廈3樓
電話號碼：(852)2150-2100
傳真號碼：(852)2407-3062
電郵：info@suplogistics.com.hk

台灣發行：秀威資訊科技股份有限公司
地址：台灣台北市內湖區瑞光路七十六巷六十五號一樓
電話號碼：+886-2-2796-3638
傳真號碼：+886-2-2796-1377
網絡書店：www.bodbooks.com.tw
台灣國家書店讀者服務中心：
地址：台灣台北市中山區松江路二〇九號一樓
電話號碼：+886-2-2518-0207
傳真號碼：+886-2-2518-0778
網絡書店：http://www.govbooks.com.tw

中國大陸發行　零售：深圳心一堂文化傳播有限公司
深圳地址：深圳市羅湖區立新路六號羅湖商業大廈負一層〇〇八室
電話號碼：(86)0755-82224934

心一堂微店二維碼

心一堂淘寶店二維碼

心一堂術數古籍 珍本叢刊 整理叢刊 總序

術數定義

術數，大概可謂以「推算（推演）、預測人（個人、群體、國家等）、事、物、自然現象、時間、空間方位等規律及氣數，並或通過種種『方術』，從而達致趨吉避凶或某種特定目的」之知識體系和方法。

術數類別

我國術數的內容類別，歷代不盡相同，例如《漢書・藝文志》中載，漢代術數有六類：天文、曆譜、五行、蓍龜、雜占、形法。至清代《四庫全書》，術數類則有：數學、占候、相宅相墓、占卜、命書、相書、陰陽五行、雜技術等，其他如《後漢書・方術部》、《藝文類聚・方術部》、《太平御覽・方術部》等，對於術數的分類，皆有差異。古代多把天文、曆譜、及部分數學均歸入術數類，而民間流行亦視傳統醫學作為術數的一環；此外，有些術數與宗教中的方術亦往往難以分開。現代民間則常將各種術數歸納為五大類別：命、卜、相、醫、山，通稱「五術」。

本叢刊在《四庫全書》的分類基礎上，將術數分為九大類別：占筮、星命、相術、堪輿、選擇、三式、讖諱、理數（陰陽五行）、雜術（其他）。而未收天文、曆譜、算術、宗教方術、醫學。

術數思想與發展——從術到學，乃至合道

我國術數是由上古的占星、卜筮、形法等術發展下來的。其中卜筮之術，是歷經夏商周三代而通過「龜卜、蓍筮」得出卜（筮）辭的一種預測（吉凶成敗）術，之後歸納並結集成書，此即現傳之《易

經》。經過春秋戰國至秦漢之際，受到當時諸子百家的影響、儒家的推祟，遂有《易傳》等的出現，原本是卜筮術書的《易經》，被提升及解讀成有包涵「天地之道（理）」之學。因此，《易・繫辭傳》曰：「易與天地準，故能彌綸天地之道。」

漢代以後，易學中的陰陽學說，與五行、九宮、干支、氣運、災變、律曆、卦氣、讖緯、天人感應說等相結合，形成易學中象數系統。而其他原與《易經》本來沒有關係的術數，如占星、形法、選擇，亦漸漸以易理（象數學說）為依歸。《四庫全書・易類小序》云：「術數之興，多在秦漢以後。要其旨，不出乎陰陽五行，生尅制化。實皆《易》之支派，傳以雜說耳。」至此，術數可謂已由「術」發展成「學」。

及至宋代，術數理論與理學中的河圖洛書、太極圖、邵雍先天之學及皇極經世等學說給合，通過術數以演繹理學中「天地中有一太極，萬物中各有一太極」（《朱子語類》）的思想。術數理論不單已發展至十分成熟，而且也從其學理中衍生一些新的方法或理論，如《梅花易數》、《河洛理數》等。

在傳統上，術數功能往往不止於僅僅作為趨吉避凶的方術，及「能彌綸天地之道」的學問，亦有其「修心養性」的功能，「與道合一」（修道）的內涵。《素問・上古天真論》：「上古之人，其知道者，法於陰陽，和於術數。」數之意義，不單是外在的算數、歷數、氣數，而是與理學中同等的「道」、「理」--心性的功能，北宋理氣家邵雍對此多有發揮：「聖人之心，是亦數也」、「萬化萬事生乎心」、「心為太極」。《觀物外篇》：「先天之學，心法也。……蓋天地萬物之理，盡在其中矣，心一而不分，則能應萬物。」反過來說，宋代的術數理論，受到當時理學、佛道及宋易影響，認為心性本質上是等同天地之太極。天地萬物氣數規律，能通過內觀自心而有所感知，即是內心也已具備有術數的推演及預測、感知能力；相傳是邵雍所創之《梅花易數》，便是在這樣的背景下誕生。

《易・文言傳》已有「積善之家，必有餘慶；積不善之家，必有餘殃」之說，至漢代流行的災變說及讖緯說，我國數千年來都認為天災，異常天象（自然現象），皆與一國或一地的施政者失德有關；下至家族、個人之盛衰，也都與一族一人之德行修養有關。因此，我國術數中除了吉凶盛衰理數之外，人心的德行修養，也是趨吉避凶的一個關鍵因素。

術數與宗教、修道

在這種思想之下，我國術數不單只是附屬於巫術或宗教行為的方術，又往往是一種宗教的修煉手段——通過術數，以知陰陽，乃至合陰陽（道）。「其知道者，法於陰陽，和於術數。」例如，「奇門遁甲」術中，即分為「術奇門」與「法奇門」兩大類。「法奇門」中有大量道教中符籙、手印、存想、內煉的內容，是道教內丹外法的一種重要外法修煉體系。甚至在雷法一系的修煉上，亦大量應用了術數內容。此外，相術、堪輿術中也有修煉望氣（氣的形狀、顏色）的方法；堪輿家除了選擇陰陽宅之吉凶外，也有道教中選擇適合修道環境（法、財、侶、地中的地）的方法，以至通過堪輿術觀察天地山川陰陽之氣，亦成為領悟陰陽金丹大道的一途。

易學體系以外的術數與的少數民族的術數

我國術數中，也有不用或不全用易理作為其理論依據的，如揚雄的《太玄》、司馬光的《潛虛》。也有一些占卜法、雜術不屬於《易經》系統，不過對後世影響較少而已。

外來宗教及少數民族中也有不少雖受漢文化影響（如陰陽、五行、二十八宿等學說。）但仍自成系統的術數，如古代的西夏、突厥、吐魯番等占卜及星占術，藏族中有多種藏傳佛教占卜術、苯教占卜術、擇吉術、推命術、相術等；北方少數民族有薩滿教占卜術；不少少數民族如水族、白族、布朗族、佤族、彝族、苗族等，皆有占雞（卦）草卜、雞蛋卜等術，納西族的占星術、占卜術，彝族畢摩的推命術、占卜術……等等，都是屬於《易經》體系以外的術數。相對上，外國傳入的術數以及其理論，對我國術數影響更大。

曆法、推步術與外來術數的影響

我國的術數與曆法的關係非常緊密。早期的術數中，很多是利用星宿或星宿組合的位置（如某星在某州或某宮某度）付予某種吉凶意義，并據之以推演，例如歲星（木星）、月將（某月太陽所躔之宮次）等。不過，由於不同的古代曆法推步的誤差及歲差的問題，若干年後，其術數所用之星辰的位置，已與真實星辰的位置不一樣了；此如歲星（木星），早期的曆法及術數以十二年為一周期（以應地支），與木星真實周期十一點八六年，每幾十年便錯一宮。後來術家又設一「太歲」的假想星體來解決，是歲星運行的相反，週期亦剛好是十二年。而術數中的神煞，很多即是根據太歲的位置而定。又如六壬術中的「月將」，原是立春節氣後太陽躔娵訾之次而稱作「登明亥將」，至宋代，因歲差的關係，要到雨水節氣後太陽才躔娵訾之次，當時沈括提出了修正，但明清時六壬術中「月將」仍然沿用宋代沈括修正的起法沒有再修正。

由於以真實星象周期的推步術是非常繁複，而且古代星象推步術本身亦有不少誤差，大多數術數除依曆書保留了太陽（節氣）、太陰（月相）的簡單宮次計算外，漸漸形成根據干支、日月等的各自起例，以起出其他具有不同含義的眾多假想星象及神煞系統。唐宋以後，我國絕大部分術數都主要沿用這一系統，也出現了不少完全脫離真實星象的術數，如《子平術》、《紫微斗數》、《鐵版神數》等。後來就連一些利用真實星辰位置的術數，如《七政四餘術》及選擇法中的《天星選擇》，也已與假想星象及神煞混合而使用了。

隨着古代外國曆（推步）、術數的傳入，如唐代傳入的印度曆法及術數，元代傳入的回回曆等，其中我國占星術便吸收了印度占星術中羅睺星、計都星等而形成四餘星，又通過阿拉伯占星術而吸收了其中來自希臘、巴比倫占星術的黃道十二宮、四大（四元素）學說（地、水、火、風），並與我國傳統的二十八宿、五行說、神煞系統並存而形成《七政四餘術》。此外，一些術數中的北斗星名，不用我國傳統的星名：天樞、天璇、天璣、天權、玉衡、開陽、搖光，而是使用來自印度梵文所譯的：貪狼、巨門、祿存、文曲，廉貞、武曲、破軍等，此明顯是受到唐代從印度傳入的曆法及占星術所影響。如星命術中的《紫微斗數》及堪輿術中的《撼龍經》等文獻中，其星皆用印度譯名。及至清初《時憲曆》，置閏之法則改用西法「定氣」。清代以後的術數，又作過不少的調整。

此外，我國相術中的面相術、手相術，唐宋之際受印度相術影響頗大，至民國初年，又通過翻譯歐西、日本的相術書籍而大量吸收歐西相術的內容，形成了現代我國坊間流行的新式相術。

陰陽學——術數在古代、官方管理及外國的影響

術數在古代社會中一直扮演着一個非常重要的角色，影響層面不單只是某一階層、某一職業、某一年齡的人，而是上自帝王，下至普通百姓，從出生到死亡，不論是生活上的小事如洗髮、出行等，大事如建房、入伙、出兵等，從個人、家族以至國家，從天文、氣象、地理到人事、軍事，從民俗、學術到宗教，都離不開術數的應用。我國最晚在唐代開始，已把以上術數之學，稱作陰陽（學），行術數者稱陰陽人。（敦煌文書、斯四三二七唐《師師漫語話》：「以下說陰陽人謾語話」，此說法後來傳入日本，今日本人稱行術數者為「陰陽師」）。一直到了清末，欽天監中負責陰陽術數的官員中，以及民間術數之士，仍名陰陽生。

古代政府的中欽天監（司天監），除了負責天文、曆法、輿地之外，亦精通其他如星占、選擇、堪輿等術數，除在皇室人員及朝庭中應用外，也定期頒行日書、修定術數，使民間對於天文、日曆用事吉凶及使用其他術數時，有所依從。

我國古代政府對官方及民間陰陽學及陰陽官員，從其內容、人員的選拔、培訓、認證、考核、律法監管等，都有制度。至明清兩代，其制度更為完善、嚴格。

宋代官學之中，課程中已有陰陽學及其考試的內容。（宋徽宗崇寧三年〔一一零四年〕崇寧算學令：「諸學生習……並曆算、三式、天文書。」「諸試……三式即射覆及預占三日陰陽風雨。天文即預

定一月或一季分野災祥，並以依經備草合問為通。」

金代司天臺，從民間「草澤人」（即民間習術數人士）考試選拔：「其試之制，以《宣明曆》試推步，及《婚書》、《地理新書》試合婚、安葬，並《易》筮法，六壬課、三命、五星之術。」（《金史》卷五十一．志第三十二．選舉一）

元代為進一步加強官方陰陽學對民間的影響、管理、控制及培育，除沿襲宋代、金代在司天監掌管陰陽學及中央的官學陰陽學課程之外，更在地方上增設陰陽學課程（《元史．選舉志一》：「世祖至元二十八年夏六月始置諸路陰陽學。」）地方上也設陰陽學教授員，培育及管轄地方陰陽人。（《元史．選舉志一》：「（元仁宗）延祐初，令陰陽人依儒醫例，於路、府、州設教授員，凡陰陽人皆管轄之，而上屬於太史焉。」）自此，民間的陰陽術士（陰陽人），被納入官方的管轄之下。

至明清兩代，陰陽學制度更為完善。中央欽天監掌管陰陽學，明代地方縣設陰陽學正術，各州設陰陽學典術，各縣設陰陽學訓術。陰陽人從地方陰陽學肄業或被選拔出來後，再送到欽天監考試。（《大明會典》卷二二三：「凡天下府州縣舉到陰陽人堪任正術等官者，俱從吏部送（欽天監），考中，送回選用；不中者發回原籍為民，原保官吏治罪。」）清代大致沿用明制，凡陰陽術數之流，悉歸中央欽天監及地方陰陽官員管理、培訓、認證。至今尚有「紹興府陰陽印」、「東光縣陰陽學記」等明代銅印，及某某縣某某之清代陰陽執照等傳世。

清代欽天監漏刻科對官員要求甚為嚴格。《大清會典》「國子監」規定：「凡算學之教，設肄業生。滿洲十有二人，蒙古、漢軍各六人，於各旗官學內考取。漢十有二人，於舉人、貢監生童內考取。附學生二十四人，由欽天監選送。教以天文演算法諸書，五年學業有成，舉人引見以欽天監博士用，貢監生童以天文生補用。」學生在官學肄業、貢監生肄業或考得舉人後，經過了五年對天文、算法、陰陽學的學習，其中精通陰陽術數者，會送往漏刻科。而在欽天監供職的官員，《大清會典則例》「欽天監」規定：「本監官生三年考核一次，術業精通者，保題升用。不及者，停其升轉，再加學習。如能黽勉供職，即予開復。仍不及者，降職一等，再令學習三年，能習熟者，准予開復，仍不能者，黜退。」除定期考核以定其升用降職外，《大清律例》中對陰陽術士不準確的推斷（妄言禍福）是要治罪的。《大清律例·一七八·術七·妄言禍福》：「凡陰陽術士，不許於大小文武官員之家妄言禍福，違者杖一百。其依經推算星命卜課，不在禁限。」大小文武官員延請的陰陽術士，自然是以欽天監漏刻科官員或地方陰陽官員為主。

官方陰陽學制度也影響鄰國如朝鮮、日本、越南等地，一直到了民國時期，鄰國仍然沿用着我國的多種術數。而我國的漢族術數，在古代甚至影響遍及西夏、突厥、吐蕃、阿拉伯、印度、東南亞諸國。

術數研究

術數在我國古代社會雖然影響深遠，「是傳統中國理念中的一門科學，從傳統的陰陽、五行、九宮、八卦、河圖、洛書等觀念作大自然的研究。……傳統中國的天文學、數學、煉丹術等，要到上世紀中葉始受世界學者肯定。可是，術數還未受到應得的注意。術數在傳統中國科技史、思想史，文化史、社會史，甚至軍事史都有一定的影響。……更進一步了解術數，我們將更能了解中國歷史的全貌。」（何丙郁《術數、天文與醫學中國科技史的新視野》，香港城市大學中國文化中心。）

可是術數至今一直不受正統學界所重視，加上術家藏秘自珍，又揚言天機不可洩漏，「（術數）乃吾國科學與哲學融貫而成一種學說，數千年來傳衍嬗變，或隱或現，全賴一二有心人為之繼續維繫，賴以不絕，其中確有學術上研究之價值，非徒癡人說夢，荒誕不經之謂也。其所以至今不能在科學中成立一種地位者，實有數因。蓋古代士大夫階級目醫卜星相為九流之學，多恥道之；而發明諸大師又故為惝恍迷離之辭，以待後人探索；間有一二賢者有所發明，亦秘莫如深，既恐洩天地之秘，復恐譏為旁門左道，始終不肯公開研究，成立一有系統說明之書籍，貽之後世。故居今日而欲研究此種學術，實一極困難之事。」（民國徐樂吾《子平真詮評註》，方重審序）

現存的術數古籍，除極少數是唐、宋、元的版本外，絕大多數是明、清兩代的版本。其內容也主要是明、清兩代流行的術數，唐宋或以前的術數及其書籍，大部分均已失傳，只能從史料記載、出土文獻、敦煌遺書中稍窺一鱗半爪。

術數版本

坊間術數古籍版本，大多是晚清書坊之翻刻本及民國書賈之重排本，其中豕亥魚魯，或任意增刪，往往文意全非，以至不能卒讀。現今不論是術數愛好者，還是民俗、史學、社會、文化、版本等學術研究者，要想得一常見術數書籍的善本、原版，已經非常困難，更遑論如稿本、鈔本、孤本等珍稀版本。在文獻不足及缺乏善本的情況下，要想對術數的源流、理法、及其影響，作全面深入的研究，幾不可能。

有見及此，本叢刊編校小組經多年努力及多方協助，在海內外搜羅了二十世紀六十年代以前漢文為主的術數類善本、珍本、鈔本、孤本、稿本、批校本等數百種，精選出其中最佳版本，分別輯入兩個系列：

一、心一堂術數古籍珍本叢刊

二、心一堂術數古籍整理叢刊

前者以最新數碼（數位）技術清理、修復珍本原本的版面，更正明顯的錯訛，部分善本更以原色彩色精印，務求更勝原本。并以每百多種珍本、一百二十冊為一輯，分輯出版，以饗讀者。

後者延請、稿約有關專家、學者，以善本、珍本等作底本，參以其他版本，古籍進行審定、校勘、注釋，務求打造一最善版本，方便現代人閱讀、理解、研究等之用。

限於編校小組的水平，版本選擇及考證、文字修正、提要內容等方面，恐有疏漏及舛誤之處，懇請方家不吝指正。

心一堂術數古籍珍本/整理叢刊編校小組

二零零九年七月序

二零一四年九月第三次修訂

乙亥孟夏

訂正滴天髓徵義

樂吾

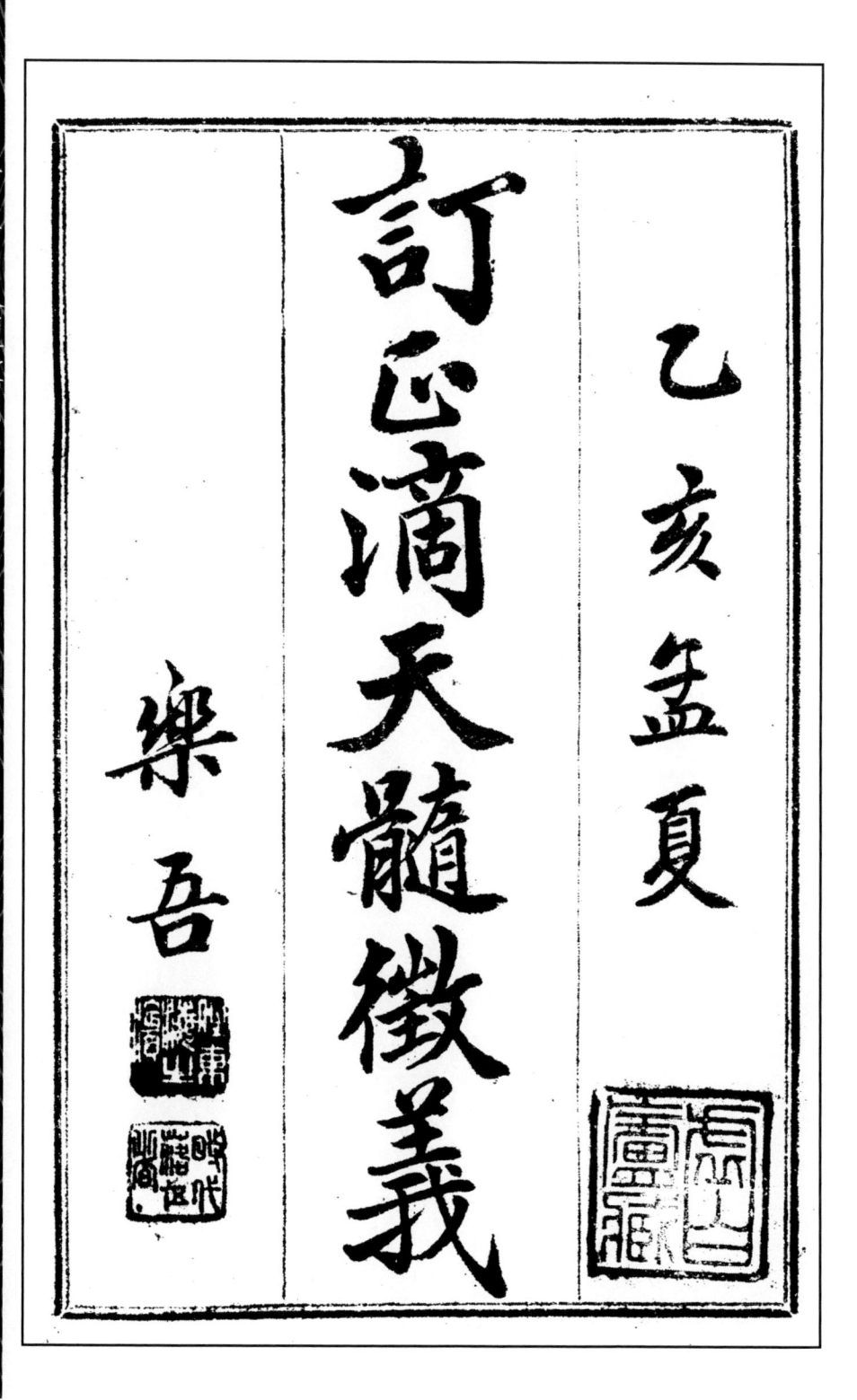

滴天髓訂正本原文目次

滴天髓訂正本原文

通神頌

欲識三元萬法宗　先觀帝載與神功
坤元合德機緘通　五氣偏全論吉凶
戴天履地唯人貴　順則吉兮凶則悖
要與人間開聾瞶　順悖之機須理會
理乘氣兮豈有常　進兮退兮宜抑揚
配合干支仔細詳　斷人禍福與災祥

第一篇上　論天干

五陽皆陽丙爲最。五陰皆陰癸爲至。五陽從氣不從勢。五陰從勢無情義。

甲木參天。脫胎要火。春不容金。秋不容土。火熾乘龍。水蕩騎虎。地潤天和。植立千古。

乙木雖柔。刲羊解牛。懷丁抱丙。跨鳳乘猴。虛溼之地。騎馬亦憂。藤蘿繫甲。可春可秋。

丙火猛烈。欺霜侮雪。能煅庚金。逢辛反怯。土衆生慈。水猖顯節。虎馬犬鄉。甲來成滅。

丁火柔中。內性昭融。抱乙而孝。合壬而忠。旺而不烈。衰而不窮。如有嫡母。可秋可冬。

戊土固重。既中且正。靜翕動闢。萬物司命。水潤物生。火燥物病。如在艮坤。怕冲宜靜。

己土卑溼。中正蓄藏。不愁木盛。不畏水狂。火少火晦。金多金光。若要物旺。

宜助宜幫。

庚金帶煞。剛健爲最。得水而淸。得火而銳。土潤則生。土乾則脆。能贏甲兄。

輸於乙妹。

辛金軟弱。溫潤而淸。畏土之多。樂水之盈。能扶社稷。能救生靈。熱則喜母。

寒則喜丁。

壬水通河。能洩金氣。剛中之德。周流不滯。通根透癸。冲天奔地。化則有情。

從則相濟。

癸水至弱。達於天津。得龍而潤。功化斯神。不愁火土。不論庚辛。合戊見火。

化象斯眞。

第一篇中　論地支

陽支動且强。速達顯災祥。陰支靜且專。否泰每經年。天戰猶自可。地戰急如火。合有宜不宜。合多不爲奇。

生方怕動庫宜開。敗地逢冲仔細推。支神只以冲爲重。刑與穿兮動不動。

暗冲暗合尤爲喜。我冲彼冲皆冲起。旺者冲衰衰者拔。衰者冲旺旺者發。

第一篇下　干支總論

陰陽順逆之說。洛書流行之用。其理信有之也。其法不可執一。故天地順遂而精粹者昌。天地乖悖而混亂者亡。不論有根無根。俱要天覆地載。天全一氣。不可使地德莫之載。地全三物。不可使天道莫之容。陽乘陽位陽氣昌。最要行程安頓。陰乘陰位陰氣盛。還須道路光亨。地生天者、天衰怕神。天合地者、地旺宜靜。甲申戊寅、眞爲殺印相生。庚寅癸丑、也是兩神興旺。上下貴乎情和。左右貴乎氣協。始其所始。終其所終。福壽富貴。永乎無窮。

第二篇上　形象格局

一　形象

兩氣合而成象。象不可破也。五氣聚而成形。形不可害也。獨象喜行化地。而化神要昌。全象喜行財地。而財神要旺。形全者宜損其有餘。形缺者宜補其不足。

二　方局

方是方兮局是局。方要得方莫混局。局混方兮有純疵。行運喜南還喜北。

若然方局一齊來。須要干頭無反覆。成方干透一元神。生地庫地皆非福。
成局干透一官星。左邊右邊空碌碌。

三　八格　傷官食神正財偏財正官偏官正印偏印爲八格

財官印綬分偏正。兼論食神八格定。影響遙繫旣爲虛。雜氣財官不可拘。
官煞相混須細論。煞有可混不可混。傷官見官最難辨。官有可見不可見。

四　從化

從得眞者只論從。從神又有吉和凶。化得眞者只論化。化神還有幾般話。
眞從之家有幾人。假從亦可發其身。假化之人亦多貴。異姓孤兒能出類。

五　順逆

一出門來要見兒。吾兒成氣構門閭。從兒不論身強弱。只要吾兒又遇兒。

君賴臣生理最微。兒能生母洩天機。母慈滅子關頭異。夫健何爲又怕妻。

君不可亢也。貴乎損上以益下。臣不可過也。貴乎損下以益上。知慈母恤孤之道。始有瓜瓞無疆之慶。知孝子奉親之方。始能克諧大順之風。

第二篇中　體用精神

道有體用。不可以一端論也。要在扶之抑之得其宜。人有精神。不可以一偏求也。要在損之益之得其中。月令提綱之府。譬之宅也。人元爲用事之神。宅之定向也。不可以不卜。生時歸宿之地。譬之墓也。人元爲用事之神。墓之穴方也。不可以不辨。能知衰旺之眞機。其於三命之奧。思過半矣。既識中和之正理。其於五行之妙。有能全焉。

一　源流

何處起根源。流到何方住。機括此中求。知來亦知去。

二 通關

關內有織女。關外有牛郎。此關若通也。相將入洞房。

三 清濁

一清到底有精神。管取平生富貴眞。澄濁求清清得淨。時來寒谷亦回春。

滿盤濁氣令人苦。一局清枯也苦人。半濁半清猶是可。多成多敗度晨昏。

四 眞假

令上尋眞聚得眞。假神休要亂眞神。眞神得用平生貴。用假終爲碌碌人。

眞假參差難辨論。不明不暗受邅迍。提綱不與眞神照。暗處尋眞也有眞。

五 恩怨

兩意情通中有媒。雖然遙立意尋追。有情卻被人離間。怨起恩中死不灰。

六　閑神

一二閑神用去麽。不去何妨莫動他。半局閑神任閒着。要緊之場自作家。

七　羈絆

出門要向天涯游。何事裙釵恣意留。不管白雲與明月。任君策馬朝天闕。

第二篇下　四柱總論

天道有寒煖。發育萬物。人道得之。不可過也。地道有濕燥。生成品彙。人道得之。不可偏也。德勝才者。局全君子之風。才勝德者。用顯多能之象。局中顯奮發之機者。神舒意暢。象內多沉埋之氣者。心鬱志灰。吉神太露。起爭奪之風。凶物深藏。成養虎之患。震兌主仁義之眞機。勢不兩立、而有相成者存。坎離宰天地之中氣。成不獨成、而有相濟者在。强衆而敵寡者。勢在去其寡。强寡而敵衆者。勢在成乎衆。剛柔不一也。不可制者、引其性情而已矣。順逆不齊也。不可逆者。順其氣勢而已矣。

休咎係乎運。亦係乎歲。戰冲視其孰降。和好視其孰切。　何爲戰。　何爲冲。　何爲和。　何爲好。

造化起於元。亦起於貞。再造貞元之會。胚胎嗣續之機。

第三篇　徵驗

一　六親

夫妻姻緣宿世來。喜神有意傍天財。子女根枝一世傳。喜神看與殺神聯。

父母或興與或替。歲月所關果非細。兄弟誰廢與誰興。提用財神問重輕。

二　富貴貧賤吉凶壽夭

何知其人富。財氣通門戶。何知其人貴。官星有理會。何知其人貧。才神反不眞。何知其人賤。官星還不見。何知其人吉。喜神爲輔弼。何知其人凶。忌神輾轉攻。何知其人壽。性定元氣厚。何知其人殀。氣濁神枯了。

三　性情

五行不戾。性正情和。濁氣偏枯。性乖情逆。火烈而性燥者、遇金水之激。水奔而性柔者。全金木之神。木奔南而軟怯。金見水以流通。最拗者西水還南。至剛者東火轉北。順生之機。遇擊神而抗。逆生之序。見閑神而狂。陽明遇金、鬱而多煩。陰濁藏火、包而多滯。陽刃局、戰則逞威。弱者怕事。傷官格、清則謙和。濁則剛猛。用神多者、情性不常。時支濁者、虎頭蛇尾。

四　疾病

五行和者。一世無災。血氣亂者。平生多疾。忌神入五臟而病凶。客神游六經而災小。木不受水者、血病。土不受火者、氣傷。金水傷官、寒則冷嗽。熱則痰火。火土印綬、熱則風痰、燥則皮痒。論痰多木火。生毒鬱火。金金水枯傷而腎經虛。水土相勝而脾胃泄。

五　出身

巍巍科第邁等倫。一個元機暗裏存。清得淨時黃榜客。雖存濁氣亦中式。秀才不是塵凡子。清氣還嫌官不起。異路功名莫說輕。日干得氣遇才星。

六　地位

臺閣勳名百世傳。天然清氣顯機權。兵權憲府并蘭台。亦殺神清氣勢恢。

分藩司牧財官和。格局清純神氣多。便是諸司幷首領。也從清濁分形影。

第四篇　婦孺

一　女命章

論夫論子要安詳。氣靜和平婦道章。三奇二德虛好話。咸池驛馬半推詳。

二　小兒章

論才論煞論精神。四柱平和易養成。氣勢攸長無斲喪。關星雖有不傷身。

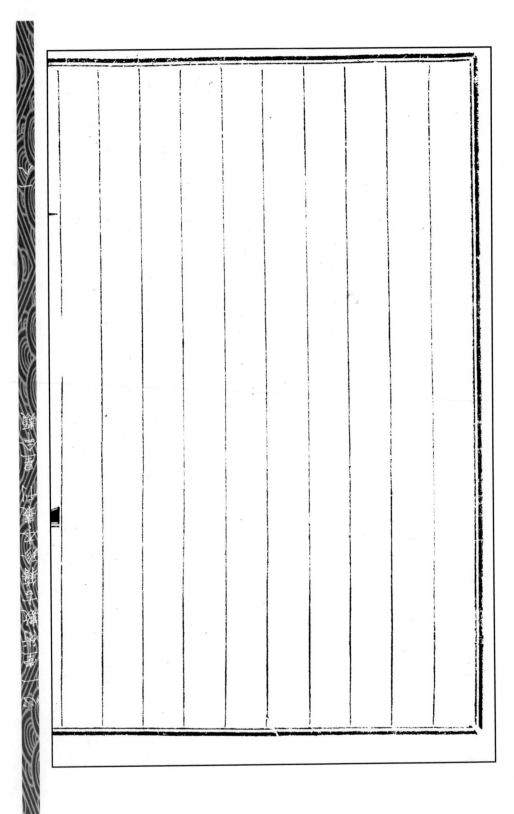

訂正滴天髓徵義卷一

古越任鐵樵氏原著
武原東海樂吾氏編訂

通神頌

欲識三元萬法宗。先觀帝載與神功。坤元合德機緘通。五氣偏全定吉凶。

三元者。天元、地元、人元也。干爲天元。支爲地元。支中所藏爲人元。陰陽本乎太極、曰帝載。五行播於四時、曰神功。孔子說卦於震出曰帝。於妙萬物曰神。蓋非此不足以狀其用而形其妙也。受賦於天謂之命。易彖大哉乾元。萬物資始。至哉坤元。萬物資生。生者形之始。人之秉氣受形。與天地合其德。機緘相通。所秉五行之氣有偏全。故萬物之命有吉凶。戴天履地人爲貴。順則吉兮凶則悖。要與人間開聾聵。順逆之機須理會。

八字貴乎天干地支、順而不悖。如天干氣弱。地支生之。地支神衰。天干輔之。皆爲有情而順者、吉。如天干衰弱。地支抑之。地支氣弱。天干剋之。皆爲無情而悖者則凶也。人之八字。最要四柱流通。五行生化。大忌四柱缺陷。五行偏枯。子平之法。全在察其衰旺。究其順悖。審其進退。論其喜忌。是謂理會。至於奇格、異局、神煞、納音、諸名目。乃好事者之妄造。不合五行正理。未可盡信。若據此以論休咎。必致以正爲謬。以是爲非。訛以傳訛。遂使吉凶之理。昏昧難明矣。

理承氣兮豈有常。進兮退兮宜抑揚。

進退之機。不可不知。非長生爲旺。死絕爲衰。必當審明理氣之進退。庶得衰旺之眞機。凡五行旺相休囚。隨四季而定。乃天然之程序。將來者進、是謂相。進而當令、是謂旺。功成者退、是謂休。退而無氣、是謂囚。須辨其旺相休囚、以知其進退之機。日主喜神宜旺相、不宜休囚。凶煞忌神宜休囚。不宜旺相。然相勝於旺。旺則極盛之物。其退反速。相則方長之氣。其進無涯也。休甚於囚。囚則既極之勢。必將漸生。休則方退之氣。未能遽復也。此理氣進退之正論。爰舉兩造爲例。

丁亥	巳酉 戊申	甲木休囚已極。庚金祿旺剋之。一點丁火。難以相敵。
庚戌	丁未 丙午	加之兩財生煞。似乎煞重身輕。不知九月甲木進氣。
甲辰	乙巳 甲辰	壬水貼身相生。不傷丁火。丁火雖弱。通根身庫。戌乃
壬申	癸卯 壬寅	燥土。火之本根。辰乃溼土。木之餘氣。天干一生一制。

地支又遇長生。四柱生化有情。五行不爭不妒。至丁運科甲聯登。

用火敵煞明矣。雖久任京官。而宦資豐厚。皆因一路南方運也。

乙亥　己卯　戊寅　此與前造大同小異。以俗論之。甲以乙妹妻庚。凶爲
庚辰　丁丑　丙子　吉兆。貪合忘冲。較之前造更佳。何彼則翰苑。此則寒
甲戌　乙亥　甲戌　衿。不知乙庚合而化金。反助其暴。彼則甲辰。辰乃溼
壬申　癸酉　壬申　土。能生木。此則甲戌。戌爲燥土。彼則申辰拱化。此則
申戌生煞。彼則甲木進氣而庚金退。此則庚金進氣而甲木退。推
此兩造。天淵之隔。進退之機。不可不知也。

配合干支仔細詳。定人禍福與災祥。

此關謬之要領也。禍福災祥。必須詳推干支配合與衰旺喜忌之理。不
可將四柱干支置之勿論。專從奇格神殺妄譚。以致吉凶無驗。命中至

理。只存用神。不拘財官印綬比劫食傷梟殺。皆可爲用。勿以名之美者爲佳。惡者爲憎。果能審日主之衰旺。用神之喜忌。當抑則抑。當扶則扶。所謂去留舒配。則運途否泰。顯然明白。禍福災祥。無不驗矣。

甲子　己巳　己巳　此造以俗論之。干透三奇之美。支逢拱貴之榮。且又
戊辰　庚午　辛未　會局不冲。官星得用。主名利雙全。然庚申生於季春。
庚申　壬申　癸酉　水本休囚。原可用官。嫌其支會水局。則坎增其勢。而
壬午　甲戌　乙亥　丙子　離失其威。官星必傷。不足爲用。欲以強衆敵寡而用

壬水。更嫌三奇透戊。根深奪食。亦難作用。甲木之財。本可借用。疏土衛水。洩傷生官。似乎有情、不知甲木退氣。戊土當權。難以疏通。縱用甲木。亦是假神。不過庸碌之人。況運走西南。甲木休囚之地。

雖有祖業。一敗而盡。且不免刑妻剋子。孤苦不堪。以三奇拱貴等格論命。而不看用神者。皆虛謬耳。

丙子　庚子　辛丑
己亥　壬寅　癸卯
乙丑　甲辰　乙巳
壬午　丙午　丁未

此造初看一無可取。天干壬丙一剋。地支子午遙冲。且寒木喜陽。正遇水勢泛濫。火氣剋絕。似乎名利無成。然細推之。三水二土二火。水勢雖旺。喜無金生。火本休囚。幸有土衛。謂兒能救母。況天干壬水生乙木。丙火生己土。各立門戶。相生有情。必無爭剋之意。地支雖北方。然喜己土元神透出。通根祿旺。互相庇護。其勢足以止水衛火。正謂有病得藥。且一陽後萬物懷胎。木火進氣。以傷官秀氣爲用。中年運走東南。用神生旺。必是甲第中人。交寅、火生木旺。連登甲榜。入翰苑。青雲直上。由此兩造觀之。配合干支之理。其可忽乎。

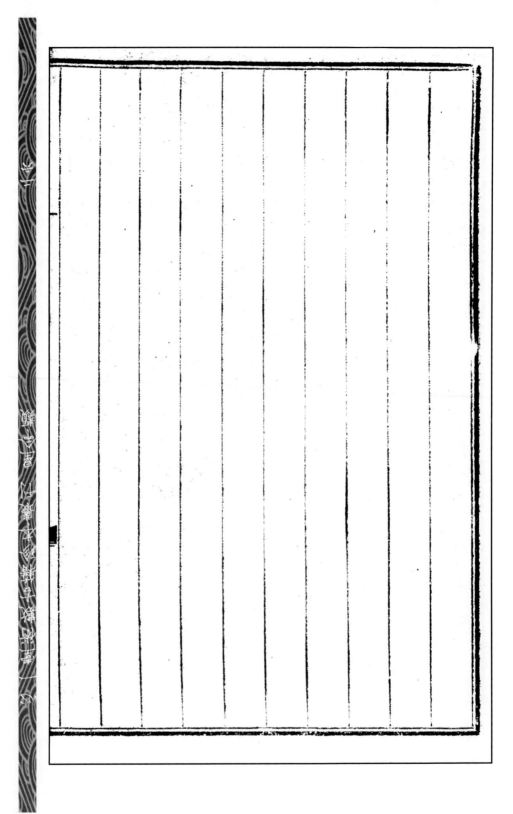

訂正滴天髓徵義卷一

古越任鐵樵氏原著
武原東海樂吾氏編訂

第一篇上　論天干

五陽皆陽丙爲最。五陰皆陰癸爲至。

術數之學。皆原於易。伏羲先天之卦爲體。乾坤爲主。文王後天之卦爲用。坎離爲主。乾坤、天地也。坎離、水火也。干支論用。故陽以丙爲最。陰以癸爲至。蓋丙乃純陽之火。萬物莫不由此而發。得此而斂。癸乃純陰之水。萬物莫不由此而生。得此而茂。陽極則陰生。故丙辛化水。陰極則陽生。故戊癸化火。陰陽相濟。萬物有生生之妙也。夫十干之氣同出一原。甲乙、一木也。丙丁、一火也。戊己、一土也。庚辛、一金也。壬癸、一水也。卽坎離震兌也。名由假定。氣本無形。即分別所用。亦不過陽剛陰柔。陽健陰順而已。竊怪命家作爲歌賦。比擬失倫。如棟樑花果太陽燈燭等喻。至爲可哂。後學拘泥執着。以詞害意。於是穿鑿附會種種謬論由此而生。

皆由習命理者。少通人之故也。

五陽從氣不從勢。五陰從勢無情義。

五陽氣闢。光亨之象易見。五陰氣翕。包含之蘊難測。五陽之性剛健。故不畏才煞。五陰之性柔順。故見氣勢旺盛。易於順從。大都純陰之性。城府深沉。純陽之性。毫爽慷慨。凡趨勢忘義。處世驕諂之輩。大抵陰氣爲戾。然而柔能制剛。剛不能剋柔也。尚有陽中之陰。陰中之陽。又有陽外陰內。陰外陽內之辨。陽中之陰。外仁義而內奸詐。陰中之陽。外凶暴而內仁慈。陽外陰內者。包藏禍心。陰外陽內者。秉持直道。此關於人品之端邪。然亦不可執着。要當觀其氣勢順正。四柱五行停勻。庶不偏倚。凡持身涉世。必先知人。擇善而從之道。亦不可不知也。

甲木參天。脫胎要火。春不容金。秋不容土。火熾乘龍。水蕩騎虎。地潤天和。植立千古。

甲爲純陽之木。體本堅固。參天之勢。又極雄壯。生於春初。木嫩氣寒。得火而發榮。生於仲春。旺極之勢。宜洩其菁英。所謂强木得火。方化其頑。剋之者金。然金屬休囚。以衰金而剋旺木。木堅金缺。勢所必然。故春不容金也。生於秋。失時就衰。但枝葉雖凋落漸稀。根氣卻收斂下達。受剋者土。秋土生金洩氣。最爲虛薄。以虛氣之土。遇下攻之木。不能培木之根。必反遭其傾陷。故秋不容土也。柱中寅午戌全。又透丙丁。不惟洩氣太過。而木且被焚。宜坐辰。辰爲水庫。其土溼。溼土能生木洩火。所謂火熾乘龍也。申子辰全。又透壬癸。水泛木浮。宜坐寅。寅乃火土生地。木之祿旺。能納水氣。不致浮泛。所謂水蕩騎虎也。如果金不銳。土不燥。火不烈。水不狂。非植立千古而得長生者乎。

乙木雖柔。刲羊解牛。懷丁抱丙。跨鳳乘猴。虛溼之地。騎馬亦憂。藤蘿繫甲。可春可秋。

乙木者甲之質。而承甲之生氣也。春如桃李。金剋則凋。夏如禾稼。水滋得生。秋如桐桂。金旺火制。冬如奇葩。火暖土培。生於春宜火者。喜其發榮也。生於夏宜水者。潤地之燥也。生於秋宜火者。使其剋金也。生於冬宜火者。解天之凍也。刲羊解牛者。生於丑未月。或乙未乙丑日。未乃木庫。得以蟠根。丑乃溼土。可以受氣也。懷丁抱丙、跨鳳乘猴者。生於申酉月。或乙酉日。得丙丁透出天干。有水不相爭剋。制化得宜。不畏金強。虛溼之地、騎馬亦憂者。生於亥子月。四柱無丙丁。又無戊未燥土。即使年干有午、亦難發生也。天干甲透。地支寅藏。此謂蔦蘿繫松柏。春固得助。秋亦合扶。故曰可春可秋。言四季皆可也。

丙火猛烈。欺霜侮雪。能煅庚金。逢辛反怯。土衆成慈。水猖顯節。虎馬犬鄉。甲來成滅。

丙乃純陽之火。其勢猛烈。欺霜侮雪。有除寒解凍之功。能煅庚金。遇強暴而施剋伐也。逢辛反怯。合柔而寓和平也。土衆成慈。不陵下也。水猖顯節。不援上也。虎馬犬鄉者。支坐寅午戌。火勢已過於猛烈。若再見甲木來生。轉致焚滅也。由此論之。洩其威須用已土。遏其焰必要壬水。順其性還須辛金。已土卑溼之體。能收亢陽之氣。戊土高燥。見丙火而焦坼矣。壬水剛中之德。能制暴烈之火。癸水陰柔。逢丙火而熯乾矣。辛金柔軟之物。明作合而相親。暗化水而相濟。庚金剛健。剛又逢剛。勢不兩立矣。蓋丙為太陽之火。陽剛之性。遇壬癸如浮雲之蔽日。故不畏水剋。而獨忌戊土。火烈土燥。生機盡滅。比別干有不同。此五陽之所以丙為最也。

丁火柔中。內性昭融。抱乙而孝。合壬而忠。旺而不烈。衰而不窮。如有嫡母。可秋可冬。

丁非燈燭之謂。較丙火則柔中耳。內性昭融者。文明之象也。抱乙而孝。明使辛金不傷乙木也。合壬而忠。暗使戊土不傷壬水也。惟其柔中。故無太過不及之弊。雖時當乘旺。而不至於赫炎。即時值就衰。而不至熄滅。干透甲乙。秋生不畏金。支藏寅卯。冬產不忌水。

戊土固重。既中且正。靜翕動闢。萬物司命。水潤物生。土燥物病。若在艮坤。怕冲宜靜。

戊爲陽土。其氣固重。居中得正。春夏氣動而闢、則發生。秋冬氣靜而翕、則收藏。故爲萬物之司命也。其氣高亢。生於春夏。火旺宜水潤之。則萬物發生。燥則物枯。生於秋冬。水多宜火暖之。則萬物化成。溼則物病。艮坤者、寅申之月也。春則受剋。氣虛宜靜。秋則多洩。體薄怕冲。或坐寅申日。亦喜靜忌冲。又生四季月者。最喜庚申辛酉之金。秀氣流行。定爲貴格。己土亦然。如柱見木火。或行運遇之則破矣。

己土卑溼。中正蓄藏。不愁木盛。不畏水狂。火少火晦。金多金光。若要物旺。宜助宜幫。

己土爲陰溼之土。中正蓄藏。貫八方而旺四季。有滋生不息之妙用焉。不愁木盛者。其性柔和。木藉以培養。木不剋也。不畏水狂者。其體端凝。水得以納藏。水不冲也。火少火晦者。丁火也。陰土能斂火晦火也。金多金光者。辛金也。謂土能生金潤金也。柱中土氣深固。又得丙火去其陰溼之氣。更足以滋生萬物。所謂宜助宜幫者也。

庚金帶煞。剛健爲最。得水而淸。得火而銳。土潤則生。土乾則脆。能贏甲兄。

輪於乙妹。

庚乃秋天肅殺之氣、剛健爲最。得水而清者。壬水也。壬水發生。引通剛殺之性。便覺淬厲晶瑩。得火而銳者。丁火也。丁火陰柔、不與庚金爲敵。良冶銷鎔。遂成劍戟。洪爐煅煉。時露鋒鎩。生於春夏。其氣稍弱。遇丑辰之溼土則生。逢未戌之燥土則脆。甲木正敵。力能伐之。與乙相合。轉覺有情。乙非盡合庚而助暴。庚亦非盡合乙而反弱也。宜詳辨之。

辛金軟弱。溫潤而清。畏土之疊。樂水之盈。能扶社稷。能救生靈。熱則喜母。寒則喜丁。

辛金乃人間五金之質。故清潤可觀。畏土之疊者。戊土太重而涸水埋金。樂水之盈者。壬水有餘而潤土養金也。辛爲甲之君。丙火能焚甲木。

合而化水。使丙火不焚甲木。反有相生之象。辛爲丙之臣。丙火能生戊土。合丙化水。使丙火不生戊土。反有相助之美。豈非扶社稷救生靈乎。生於夏而火多。有已土則晦火而生金。生於冬而水旺。有丁火則暖水而養金。所謂熱則喜母。寒則喜丁也。

王水通河。能洩金氣。剛中之德。周流不滯。通根透癸。冲天奔地。化則有情。從則相濟。

王爲陽水。通河者、天河也。長生在申。申在天河之口。又在坤方。王水生此。能洩西方肅殺之氣。所以爲剛中之德也。百川之源。周流不滯。易進而難退也。如申子辰全。又透癸水。其勢泛濫。縱有戊已之土。亦不能止其流。若强制之。反冲激而成水患。必須用木洩之。順其氣勢。不至於冲奔也。合丁化壬。又能生火。不息之妙。化則有情也。生於四五六月。柱中火土並旺。別無金水相助。火旺透干則從火。土旺透干則從土。調和潤澤。仍有相濟之功也。

癸水至弱。達於天津。得龍而運。功化斯神。不愁火土。不論庚辛。合戊見火。化象斯眞。

癸水非雨露之謂。乃純陰之水。發源雖長。其性極弱。其勢最靜。能潤土養金。發育萬物。得龍而運。變化不測。所謂逢龍則化。龍、即辰也。得辰而化者。化辰之原神發露也。凡十干逢辰位。必干透化神。此一定不易之理也。（詳見下化氣章參觀命理尋源）不愁火土者。至弱之性，見火多即從化矣。不論庚辛者。弱水不能洩金氣。所謂金多反濁。癸水是也。

合戊見火者。陰極則陽生。戊土燥厚。柱中得丙火透露。引出化神。乃爲眞也。若秋冬金水旺地。縱使支遇辰龍。干透丙丁。亦難從化。宜細詳之。

第一篇中　論地支

陽支動且強。速達顯災祥。陰支靜且專。否泰每經年。

子、寅、辰、午、申、戌、爲陽支。其性動。其勢强。其發至速。其災祥至顯。丑、卯、巳、未、酉、亥、爲陰支。其性靜。其氣專。發之不速。而否泰之驗。每至經年而後見。（原註）若癸藏子、丁藏午。是體陽而用陰也。丙藏巳、壬藏亥。體陰而用陽也。分別取用。亦惟剛柔健順之理。與天干無異。但生剋制化。其理多端。蓋一支所藏。或二干或三干。故耳。然以本氣爲主。寅必先甲而後及丙。申必先庚而後及壬。餘支皆然。陽支性動而强。吉凶之驗恆速。

陰支性靜而弱。禍福之應較遲。在局在運。均以此意消息之。

天戰猶自可。地戰急如火。

干頭遇甲庚乙辛、謂之天戰。得地支順靜者無害。地支寅申卯酉、謂之地戰。天干不能爲力。其勢速而凶。蓋天主動、地主靜故也。若天干氣專、而得地支安靜、易於制化。故天戰猶自可也。地支氣雜。天干雖順靜、難於制化。故地戰急如火也。且天干宜動不宜靜。靜則愈專。地支宜靜不宜動。靜則有用。動則根拔。必得合神有力。會神成局。息其動氣。或庫神收其動神。謂動中助靜，以凶化吉。如甲寅、庚申、乙卯、辛酉、丙寅、壬申、丁卯、癸酉、之類。天地交戰。雖有合神會神。亦不息其動氣。其勢速凶。如謂兩不冲一。此謬言也。如兩申逢一寅。縱使不冲。金多木少、亦能剋盡矣。

故天干論剋。地支言沖。沖卽剋也。至於用神伏藏。或用神被合。柱中無引用之神。反宜沖而動之。方能發用。故合有宜不宜。沖亦有宜不宜也。

如

癸酉　甲寅　癸丑　丁火生於仲春。支全木局。癸坐酉支。似乎財滋弱煞。
乙卯　壬子　辛亥　煞印相生。不知卯酉逢沖。破其印局。天干乙辛交戰。
丁未　庚戌　己酉　又傷印之元神。財煞肆逞。至辛運壬子年。又逢財煞。
辛亥　戊申　丁未　犯法遭刑。

癸酉　庚申　己未　天干乙辛己癸。地支兩卯兩酉。金銳木凋。天地交戰。
辛酉　戊午　丁巳　金當令。反有己土之生。木休囚。癸水不能生扶。中運

乙卯　丙辰　乙卯　南方。火旺制煞。異路出身。至辰運生金助煞。遂羅國

己卯　甲寅　癸丑　法。

壬申　癸卯　甲辰　壬水生於寅月。年月兩透比肩。坐申逢生。水勢通源。

壬寅　乙巳　丙午　且春初木嫩逢冲。似乎不美。喜其坐下午火。能解春

壬午　丁未　戊申　寒。木得發生。金亦有制。更妙時干甲木。元神發露。天

甲辰　己酉　庚戌　干之水。亦有所歸。運行火地。有生化之情。無爭戰之

患矣。是以棘闈奏捷。出宰名區。至申運兩冲寅木。不祿。

壬申　癸卯　甲辰　天干三壬。地支兩申。春初木嫩。難當兩申夾冲。五行

壬寅　乙巳　丙午　無火。少制化之情。更嫌丑時溼土生金。爲氣濁神枯

壬申　丁未 戊申　之象。初運癸卯甲辰。助其木之不足，蔭庇有餘。乙己
辛丑　己酉 庚戌　刑沖並見。刑喪破敗。丙午羣比爭財。天干無木之化。
家破身亡。
乙亥　庚辰 己卯　天干乙辛甲戊。地支寅申巳亥。天地交戰。似乎不美。
辛巳　戊寅 丁丑　然喜天干乙辛、去官星之混殺。地支寅申、制殺之肆
戊申　丙子 乙亥　逞。巳亥逢沖壞印、本屬不喜。喜在立夏後十天。戊土
甲寅　甲戌 癸酉　司令。則亥水受制、而巳火不傷。中年運途木火助印
扶身。聯登甲第。仕至郡守。至子運扶起亥水生煞壞印。不祿。
乙亥　庚辰 己卯　天干甲乙庚辛。地支巳亥子午。天地交戰。局中火旺
辛巳　戊寅 丁丑　水衰。印綬未嘗不喜官煞之生。不知庚辛在巳午之

甲子　丙子　乙亥　上。與亥子茫無關切。正謂剋洩交加。兼之運途不逢
庚午　甲戌　癸酉　水地。刑耗異常。剋三妻四子。至丁丑運。合去子水。晦
火生金。一事無成而亡。

合有宜不宜。合多不爲奇。

合固美事。然喜合而合之爲美。若忌合而合之。比沖愈凶。何也。沖得合
而靜之則易。合得沖而動之則難。故喜神有能合而助之者、爲美。如庚
爲喜神。得乙合而助之者是也。凶神有能合而去之者更美。如甲爲凶
神。得己合而去之者是也。閑神凶神、有能合而化喜者。如癸爲凶神、戊
爲閑神。戊癸合而化火爲喜神是也。閑神忌神有能合而化喜者。如壬
爲閑神、丁爲忌神。丁壬合而化木爲喜神是也。如子午逢沖。喜神在午。

得丑合之。寅申逢冲。喜神在寅。得亥合之。皆是宜也。如忌神得合而助之者。以己爲忌神。甲合之則爲助忌之合。以乙爲喜神。庚合之則爲戀凶之合。有喜神閑神合化忌神者。以丙爲喜神。辛爲閑神。丙辛合化水爲忌神是也。有閑神忌神合化凶神者。以壬爲閑神。丁爲忌神。丁壬合化木爲凶神是也。如卯酉逢冲。喜神在卯。得辰合之。化金仍剋木者。己亥逢冲。喜神在巳。得申合之。化水仍剋火者。皆是不宜也。大抵忌神合而化去之。喜神合而化來之。若忌神合而不去。不足爲喜。喜神合而不來。不足爲美。反爲羈絆阻礙矣。來與不來。卽化與不化也。宜審詧之。

辛亥　己丑　戊子
丙子日元。生於春初。火虛木嫩。用神在木。忌神在金。

庚寅　丁亥　丙戌
最喜亥水流通金性。合寅生木爲宜。時支未土。又得

丙子　乙酉　甲申　乙木盤根之制。去濁留淸中和純粹。爲人寬厚和平。
乙未　癸未　壬午　一生宦途安穩。

戊子　辛酉　壬戌　壬寅日元。生於孟秋。秋水通源。重重印綬。戊丑之土。
庚申　癸亥　甲子　能生金不能制水。置之不用。只得順水之性。以寅木
壬寅　乙丑　丙寅　爲用。至癸運洩金生木。入泮。亥運支類北方。去其丑
辛丑　丁卯　戊辰　土淫滯之病。又生合寅木。科甲連登。名高翰苑。所嫌
者寅申逢冲。秀氣有傷。降知縣。甲子水木齊來。仕路平安。乙運合
庚助虐。罷職回家。丑運生金。不祿。
丁亥　辛丑　庚子　丙午日元。生於寅月。天干兩透丁火。旺可知矣。壬水

壬寅　己亥　戊戌　通根亥支。正殺印相生。所嫌者丁壬寅亥化木爲忌。

丙午　丁酉　丙申　以致刧刃肆虐。羣刧爭財。初交北方金水。遺業豐盛。

丁酉　乙未　甲午　戊戌運又會火局。剋盡金水。家破身亡。

己亥　癸酉　壬申　戊生季秋。土正司令。刧印並透。日主未嘗不旺。但甲

甲戌　辛未　庚午　木進氣。支得長生祿旺。又辰爲木之餘氣。洩火養木。

戊寅　己巳　戊辰　無金以制之。殺勢旺矣。喜其甲己合之爲宜。則日主

丙辰　丁卯　丙寅　不受其剋。更妙中年運走土金。制化合宜。名高祿重。

己巳　癸酉　壬申　此與前造只換一亥字。則土無水潤。不能養木。甲己

甲戌　辛未　庚午　之合爲不宜。殺無勢。刼肆逞矣。壬申運生化。得一衿

戊寅　己巳　戊辰　而不第。中運又逢土金。刑妻剋子。家業潛消。至巳運

丙辰　丁卯　丙寅　而卒。毫厘千里之隔也。

丁未　辛丑　庚子　甲木生於寅月寅時。木嫩氣虛。以丙火解凍敵寒爲

壬寅　己亥　戊戌　用。以壬水剋丙爲忌。最喜丁壬之合。化木反生丙火。

甲子　丁酉　丙申　癸酉年本屬不吉。喜其在己土運。能剋癸水。棘闈奏

丙寅　乙未　甲午　捷。戊運卯年發甲。惜限於地。未能大用。

丁亥　辛丑　庚子　甲生寅月。得時當令。如用丁火。火爲壬水合去。如用

壬寅　己亥 戊戌　戊土。寅亥生合剋戌。一生成敗不一。刑耗多端。還喜

甲戌　丁酉 丙申　中運不背。溫飽而已。所以合之宜者。名利裕如。合之

甲子　乙未 甲午　不宜。刑傷破敗。

生方怕動庫宜開。敗地逢冲仔細推。

舊說金水能冲木火。木火不能冲金水。此論天干則可。論地支則不可。

蓋地支之氣多不專。有他氣藏在內也。如逢他氣乘權得勢。卽木火亦

豈不能冲金水乎。生方怕動者。兩敗俱傷也。假如寅申逢冲。申中庚金

剋寅中甲木。寅中丙火未嘗不剋申中庚金。申中壬水剋寅中丙火。寅

中戊土未嘗不剋申中壬水。戰剋不靜故也。庫宜開者。亦有宜不宜。詳

下雜氣章。敗地逢冲仔細推者。子午卯酉之專氣也。用金水則可冲。用

木火則不可冲。然亦須活看。不可執一。倘用春夏之金水則金水之氣
休囚。木火之氣旺相。金水豈不反傷乎。宜參究之。

甲寅　癸酉　甲戌　秋水通源。金當令。水重重。木囚逢冲。不足爲用。火雖
壬申　乙亥　丙子　休而緊臨日支。況秋初餘氣未熄。用神必在巳火。己
癸巳　丁丑　戊寅　亥逢冲。羣刼紛爭。所以連剋三妻無子。兼之運走北
癸亥　己卯　庚辰　方水地。以致破耗異常。至戊寅己卯運。轉東方喜用
合宜。得其溫飽。庚運制傷生刼。又逢酉年。喜用兩傷不祿。

癸巳　壬戌　辛酉　甲寅日元。生於孟冬。寒木必須用火。柱中四逢旺水。
癸亥　庚申　己未　無土砥定。似乎不美。妙在寅亥臨合。己火絕處逢生。
甲寅　戊午　丁巳　此即興發之機。然初運西方金地。有傷體用。碌碌風

壬申 丙辰 乙卯 霜。奔馳未遇。四旬外運轉南方。火土之地。助起用神。棄印就財。財發數萬。娶妾生子四。由是觀之。印綬作用。逢財爲禍不小。不用就財。發福最大。

辛卯 丙申 乙未
丁酉 甲午 癸巳
庚午 壬辰 辛卯
丙子 庚寅 己丑

天干庚辛丙丁。正配火煉秋金。地支子午卯酉。又配坎離震兌。支全四正。氣貫八方。然五行無土。臨誕秋令。不作旺論。最喜子午逢冲。水剋火。使午火不破酉金。足以輔主。更妙卯酉逢冲。金剋木。則卯木不助午火。制伏得宜。坐下端門。水火既濟。卯酉爲震兌。子午爲坎離。無消無滅。一潤一暄。此前清乾隆皇帝命造也。

辛卯 丙申 乙未 此傷官用印。喜神卽是官星。非俗論土金傷官忌官

丁酉　甲午　癸巳　星也。卯酉冲則印綬無生助之神。子午冲使傷官得

戊子　壬辰　辛卯　以肆逞。地支金旺水生。木火冲剋已盡。天干火土虛

戊午　庚寅　己丑　脫。以致讀書未遂。碌碌經營。然喜水不透干。爲人文

采風流。精於書法。更兼中運天干金水。未免有志難伸。凡傷官佩

印。喜用在木火者。忌見金水也。

辛未　庚子　己亥　此造非支全四庫之美。所喜者辛金吐秀。丑中元神

辛丑　戊戌　丁酉　透出。洩其精英。更妙木火伏而不見。純清不混。至酉

戊辰　丙申　乙未　運辛金得地。中鄉榜。復因運行南方。木火並旺。用神

壬戌　甲午　癸巳　之辛金受傷。雖得進士。不能館選。

戊辰 癸亥 甲子　滿局印綬。土重金埋。壬水用神傷盡。未辰雖藏乙木。

壬戌 乙丑 丙寅　無冲或可借用。以待運來引出。乃被丑戌冲破。藏金

辛未 丁卯 戊辰　暗相斫伐。以致剋妻無子。由此論之。四庫必要冲者。

己丑 巳巳 庚午　執一之論也。全在天干調劑得宜。更須用神有力。歲

運扶助。庶無偏枯之病也。

支神只以冲爲重。刑與穿兮動不動。

地支逢冲。猶天干之相剋也。須視其強弱喜忌而論之。至於四庫之冲。

亦有宜不宜。如三月之辰。乙木司令。逢戌冲、則戌中辛金亦能傷乙木。

六月之未。丁火司令。逢丑冲、則丑中癸水亦能傷丁火。按三月之乙。六

月之丁。雖屬退氣。若屬司令。竟可爲用。冲則受傷。不足用矣。所謂墓庫

逢冲則發者。後人之謬論也。墓者墳墓之意。庫者木火金水收藏埋根之地。如木火金水之天干。地支無寅卯巳午申酉亥子之祿旺。全賴辰戌丑未之身庫通根。逢冲則微根盡拔。未有冲動而强旺者也。如不用司令。以土爲喜神。冲之有益無損。蓋土動則發生矣。刑之義無所取。如亥刑亥。辰刑辰。酉刑酉。午刑午。謂之自刑。本支見本支。是謂同氣。何以相刑。子刑卯。卯刑子。是謂相生。何以相刑。戌刑未。未刑丑。皆爲本氣。更不當刑。寅刑巳。亦是相生。寅申既冲。何必再刑。穿卽害也。六害由六合而來。冲我合神。故爲之害。如子合丑而未冲。丑合子而午冲之類。子未之害。無非相剋。丑午寅亥之害。乃是相生。何以爲害。總之刑且不足憑。害之義尤爲穿鑿。總以論生剋爲是。至於破之義。非害卽刑也。

尤屬不經。削之可也。刑害之義詳命理尋源宜參閱之

丙子　壬辰　癸巳　壬子日元。支逢兩刃干透癸辛。五行無土。年干丙火

辛卯　甲午　乙未　臨絕。合辛化水。最喜卯旺提綱。洩其精英。能化刼刃

壬子　丙申　丁酉　之頑。秀氣流行。爲人恭而有禮。和而中節。至甲運木

癸卯　戊戌　己亥　之元神發露。科甲連登。午運得卯木洩水生火。及乙

未兩運。官至郡守。仕途平順。以俗論之。子卯無禮之刑。且傷官陽

刃逢刑。必至傲慢無禮。凶惡多端矣。

辛未　甲午　癸巳　庚辰日元。生於季夏。金進氣。土當權。喜其丁火司令。

乙未　壬辰　辛卯　元神發露、而爲用神。能制辛金之刼。未爲火之餘氣。

庚辰　庚寅　己丑　辰乃水之餘氣。財官皆通根有氣。更妙亥水潤土養

丁亥　戊子　丁亥　金、而滋木。四柱無缺陷。運走東南。金水虛。木火實。一生無凶無險。辰運午年。財官皆有生扶。中鄉榜。由琴堂而遷司馬。壽至丑運。

辛丑　甲午　癸巳　此與前造大同小異。財官亦通根有氣。前則丁火司
乙未　壬辰　辛卯　令。此則己土司令。更嫌丑時。丁火熄滅。則年干辛金
庚辰　庚寅　己丑　肆逞。沖去未中木火微根。才官雖有若無。初運甲午。
丁丑　戊子　丁亥　木火並旺。蔭庇有餘。一交癸巳。剋丁拱酉。刼傷並旺。

刑喪破耗。壬辰運妻子兩傷。家業蕩焉無存。剃髮爲僧。以俗論之。

丑未沖開才官之庫。名利兩全也。

暗沖暗會尤爲喜。我沖彼沖皆沖起。

支中逢冲固非美事然八字缺陷者多停匀者少木火旺金水必乏矣金水旺木火必乏矣若旺而有餘者冲去之衰而不足者會助之爲美如四柱無冲會之神得歲運暗來冲會尤爲喜也蓋有病得良劑以生也然冲有彼我之分會有去來之理彼我者不必分年時爲彼日月爲我亦不必分四柱爲我歲運爲彼也總之喜神是我忌神爲彼可也如喜神是午逢子冲、是彼冲我喜與寅戌會爲吉喜神是子逢午冲、是我冲彼忌寅與戌會爲凶如喜神是子有申得辰會而來之爲吉喜神是亥有未得卯會而去之則凶寧可我去冲彼不可彼來冲我我去冲彼謂之冲起彼來冲我謂之不起水火之冲會如此餘可例推（按有以暗冲暗會成格者見下影響遙繫節）

庚戌　丙戌 丁亥　干透兩庚。正當秋令。支會火局。雖制煞有功。而剋洩
乙酉　戊子 己丑　並見。且庚金銳氣方盛。制之以威。不若化之以德。化
甲寅　庚寅 辛卯　有益於日主。制反洩日主之氣也。由此推之。不喜會
庚午　壬辰 癸巳　火局也。反以火爲病矣。子運辰年。大魁天下。蓋子運
冲破火局。去午之旺神也。引通庚金之性。益我日主之氣。辰年溼
土。能洩火氣。拱我子水。培日主之根源也。

丁巳　壬子 辛亥　丁火雖生季冬。比刼重重。癸水退氣。無力制刼。不足
癸丑　庚戌 己酉　爲用。必以丑中辛金爲用。得丑土包藏。洩刼生財。爲
丁卯　戊申 丁未　輔用之喜神也。所嫌者卯木生刼奪食爲病。以致早
丙午　丙午 乙巳　年妻子刑傷。初運壬子辛亥。暗冲巳午之火。蔭庇有

餘。庚戌運暗來拱合午火。刑傷破耗。至已酉會金局。冲去卯木之病。財發十餘萬。由此觀之。暗冲其忌神。暗會其喜神。發福不淺。暗冲其喜神。暗會其忌神。爲禍非輕。暗冲暗會之理。其可忽乎。

庚寅　壬午　癸未　丙火生於孟夏。地支兩寅一卯。巳火乘權。引出寅中
辛巳　甲申　乙酉　丙火。天干雖逢庚辛。皆虛浮無根。初運壬午癸未。無
丙寅　丙戌　丁亥　根之水。能洩金氣。地支午未南方。又助旺火。財之氣
辛卯　戊子　己丑　刼洩已盡。祖業雖豐。刑喪早見。甲運臨申。本無大患。

因流年木火。又刑妻剋子。家計蕭條。一交申字。暗冲寅木之病。天干浮財通根。如枯苗得雨。浡然而興。及乙酉十五年。自剏倍於祖業。中運驛馬逢財。出外大利。經營得意。丙戌運丙子年。凶多吉少。

得風痰不起。比刼爭財。乃臨絕地。子水不足以剋火。反生寅卯之木故也。

旺者沖衰衰者拔。衰神沖旺旺神發。

十二支相沖。支中所藏。互相沖剋。在原局爲明沖。在歲運爲暗沖。得令者沖衰則拔。失時者沖旺無傷。沖之者有力。則能去之。去凶神則利。去吉神則不利。沖之者無力。則反激之。激凶神則爲禍。激吉神雖不爲禍。亦不能獲福也。如日主是午。或喜神是午。支中有寅卯巳未戌之類。遇子沖、謂衰神沖旺、無傷。日主是午。或喜神是午。支中有申酉亥子丑辰之類。遇子沖、謂旺者沖衰、則拔。餘支皆然。然以子午卯酉寅申巳亥八支爲重。辰戌丑未較輕。如子午沖。子中癸水沖午中丁火。如午旺提綱。

四柱無金而有木。則午能冲子。卯酉冲。酉中辛金冲卯中乙木。如卯旺提綱。四柱有火而無土。則卯亦能冲酉。寅冲申。寅中甲木丙火被申中庚金壬水所剋。然寅旺提綱。四柱有火。則寅亦能冲申矣。巳亥冲。巳中丙火戊土被亥中甲木壬水所剋。然巳旺提綱。四柱有木。則巳亦能冲亥矣。必先察其衰旺。四柱有無解救。或抑冲，或助冲。觀其大勢。究其喜忌。則吉凶自驗矣。至於四庫兄弟之冲。其蓄藏之物。看其四柱干支有無引出。如四柱之干支。無所引出司令之神。又不關切。雖冲無害。合而得用亦爲喜。原局與歲運。皆同此論。

戊辰　壬戌　癸亥

此造旺財當令。加以年上傷官生助。日逢時祿。不爲

辛酉　甲子　乙丑

無根。所以身出富家。時透癸水。巳火失勢。逢酉邀而

丙午 丙寅 丁卯　拱金矣。五行無木。全賴午火幫身。則癸水爲病明矣。
癸己 戊辰 己巳　一交子運。癸水得祿。子辰拱水。酉金黨子沖午。四柱無解救之神。所謂旺者沖衰衰者拔。破家亡身。若運走東南木火之地。豈不名利兩全乎。

庚寅 癸未 甲申　財官虛露無根。梟比當權得勢。以四柱觀之。貧夭之
壬午 乙酉 丙戌　命。前造身財並旺。反遭破敗、無壽。此則財官休囚。狠
丁卯 丁亥 戊子　業有壽。不知彼則無木。逢水沖則拔。此則有水。遇火
癸卯 己丑 庚寅　刼有救。至甲申乙酉運。庚金祿旺。壬癸逢生。又沖去寅卯之木。所謂衰神沖旺旺神發。驟然財發鉅萬。命好不如運好。信斯言也。

第一篇下　干支總論

陰陽順逆之說。洛書流行之用。其理信有之也。其法不可執一。

陰陽順逆之說。其理出於洛書。然五行流行之用。不過陽主聚以進爲退。陰主散以退爲進。若論命理。則不專以順逆論。須觀日主之衰旺。察生時之淺深。究四柱之用神。以論吉凶。則了然矣。至於長生沐浴等名。乃借假形容之辭。人之日主。不必生逢祿旺。卽月令休囚。而年日時中得長生祿旺。便不爲弱。就使逢庫。亦爲有根。時說投墓必冲者。俗書之謬也。古法只有四長生。從無子午卯酉爲陰長生之說。水生木。申爲天關。亥爲天門。天一生水。卽生生不息。故木皆生於亥。午爲火旺之地。木至午發洩已盡。故木皆死於午。言木而餘可類推矣。夫五陽育於生方。

盛於本方。斃於洩方。盡於剋方。於理爲順。古人取格。丁遇酉以財論。乙遇午、己遇酉、辛遇子、癸遇卯、以食神論。俱不以生論。乙遇亥、癸遇申、以印論。俱不以死論。卽己遇寅藏之丙火。辛遇巳藏之戊土。亦以印論。不以死論。由此觀之。陰陽同生同死可知也。若執定陽順陰逆。而以陽生陰死陰生陽死論命。則太謬矣。故云其法不可執一也。

按陰陽者。正負也。凡物必有兩端。甲端爲陽極。乙端爲陰極。中爲祿旺。過旺則衰。陽極則陰生。陰極則陽生。循環無端。順逆之理。始於八卦。故木生於亥。至午八位爲極。（參看命理尋源）

丙子　庚子　辛丑　乙亥日元。生於亥月。喜其天干兩透丙火。不失陽春

己亥　壬寅　癸卯　之景。寒木向陽。清而純粹。惜乎火土無根。水木太重。

乙亥 甲辰 乙巳 讀書未售。兼之中年一路水木。生扶太過。局中火土

丙子 丙午 丁未 皆傷。以致財鮮聚而志未伸。然喜無金。業必淸高。若

以年時爲乙木病位。月日爲死地。豈不休囚已極。宜用生扶之運。

今以亥子之水作生。論則不宜再見水木也。

戊午 丙辰 丁巳 春水多木。過於洩氣。五行無金。全賴亥時比刼幫身。

乙卯 戊午 己未 嫌其亥卯拱局。又透戊土。剋洩並見。交戊午運不壽。

癸卯 庚申 辛酉 若據俗說。癸水兩坐長生。時逢旺地。何以不壽。又云

癸亥 壬戌 癸亥 食神有壽妻多子。食神生旺勝財官。此名利兩全多

子有壽之格也。總之陰陽生死之說。不足憑也。

故天地順逐而精粹者昌。天地乖悖而混亂者亡。不論有根無根。俱要天

覆地載。

取用干支之法。干以載之支爲切。支以覆之干爲切。如喜甲乙而載以寅卯亥子則生旺。載以申酉則剋敗矣。忌丙丁載以亥子則制伏。載以巳午寅卯則肆逞矣。如喜寅卯而覆以甲乙壬癸則生旺。覆以庚辛則刼敗矣。忌巳午而覆以壬癸則制伏。覆以丙丁甲乙則肆逞矣。不特此也。干通於支。支逢生扶。則干之根堅。支逢冲剋。則干之根拔矣。支受蔭於干。干逢生扶。則支之蔭盛。干逢剋制。則支之蔭衰矣。凡命中四柱干支。有顯然吉神而不爲吉。確乎凶神而不爲凶者。皆是故也。所以無論天干一氣。地支雙淸。總要天覆地載。

己亥　丙寅　乙丑

庚金雖生春令。支坐祿旺。時逢印比。足以用官。官坐

丁卯　甲子　癸亥　財鄉。地支載以卯木財星。又得亥水生扶有情。丁火
庚申　壬戌　辛酉　之根愈固。所謂天地順遂而精粹者昌也。歲運逢王
庚辰　庚申　己未　癸亥子。干有己印衞官。支得卯財化傷生平履險如
夷。少年科甲。仕至封疆。經云。日主最宜健旺。用神不可損傷。信斯
言也。

己酉　丙寅　乙丑　此亦以丁火官星爲用。地支亦載以卯木財星。與前
丁卯　甲子　癸亥　造大同小異。只爲卯酉逢冲。剋敗丁火之根。支中少
庚辰　壬戌　辛酉　水。財星有剋無生。雖時透甲木。臨於申支。謂地支不
甲申　庚申　己未　載。雖有若無。故身出舊家。詩書不繼。破耗刑傷。一交
戊運。支類西方。貧乏不堪。

庚申　癸未　甲申
壬午　乙酉　丙戌
辛酉　丁亥　戊子
癸巳　己丑　庚寅

庚辛壬癸。金水雙清。地支申酉巳午。煅煉有功。謂午火眞神得用。理應名利雙輝。所惜者五行無木。金雖失令而黨多。火雖當令而無輔。更嫌壬癸覆之。緊貼庚辛之生。而申中又得長生。則壬水愈肆逞矣。雖有巳火助午。無如巳酉拱金。則午火之勢必孤。所以申酉兩運。破耗異常。丙戌運中。助起用神。大得際遇。一交亥運。壬水得祿。癸水臨旺。火氣剋盡。家破身亡。

庚申　癸未　甲申
壬午　乙酉　丙戌
辛酉　丁亥　戊子

此亦用午中丁火之殺。壬水亦覆之於上。亦有庚辛金緊貼之生。所喜者午時一助。更妙天干覆以甲木。則火之蔭盛。且壬水見甲木而貪生。不來敵火。四柱

甲午　己丑　庚寅　有相生之誼。無爭剋之風。中鄉榜。仕至觀察。與前造

只換得先後一時。天淵之隔。所謂毫釐千里之差也。

天全一氣。不可使地德莫之載。

天全一氣者。天干四甲四乙四丙四丁四戊四己四庚四辛四壬四癸

皆是也。地支不載者。地支與天干無生化也。非特四甲四乙而遇申酉

爲不載。即全受剋於地支。或反剋地支。或天干不顧地支。或地支不顧

天干。皆爲不載也。如四乙酉者。受剋於地支也。四辛卯者。反剋地支也。

必須地支之氣上升。天干之氣下降。則流通生化、而不至於偏枯。又得

歲運安頓。非富亦貴矣。如無升降之情。又有冲剋之勢。皆爲偏枯而貧

賤矣。宜細究之。

甲申　乙亥　丙子　年支申金。冲去日主寅木。加以戌土乘權重見生金
甲戌　丁丑　戊寅　助殺。謂地支不顧天干。夫四甲一寅。似乎強旺。第秋
甲寅　己卯　庚辰　木休囚。冲去祿神。其根已拔。不作旺論。故寅卯亥子
甲戌　辛巳　壬午　運中。衣食頗豐。一交庚辰。殺之元神透出。四子俱傷。
破家不祿。干多不如支重。理固然也。

戊子　己未　庚申　滿局火土。子衰午旺。冲則午發而愈烈。熬乾滴水。謂
戊午　辛酉　壬戌　天干不覆。初交己未。孤苦萬狀。至庚申辛酉運。引通
戊戌　癸亥　甲子　戊土之情。大得際遇。娶妻生子。立業成家。一交壬戌。
戊午　乙丑　丙寅　水不通根。暗拱火局。遭祝融之變。五口皆亡。如天干
透一庚辛。或地支藏一申酉。豈至若是之結局乎。

戊申 己未 庚申 此與前造祇換一申字。而天干之氣下降。地支之水
戊午 辛酉 壬戌 有源。午火雖烈。究不能傷申金。用金明矣。況有子水
戊子 癸亥 甲子 爲去病之喜神。交申運戊辰年四月入學。九月登科。
戊午 乙丑 丙寅 蓋得太歲辰字。暗會水局之妙。惜將來壬戌運中天
干羣比爭財。地支暗會火局。未見其吉矣。

辛卯 庚寅 己丑 此造四木當權。四金臨絕。雖曰反剋。地支實無力剋
辛卯 戊子 丁亥 也。如果能剋。可用財矣。若能用財。豈無成立。彼出母
辛卯 丙戌 乙酉 腹數年間父母俱亡。與道士爲徒。己丑戊子運。印綬
辛卯 甲申 癸未 生扶。衣食無虧。一交丁亥。生木剋金。卽亡其師。所有
微業。嫖賭掃盡而死。

地全三物。不可使天道莫之容。

地全三物者。支得寅卯辰、巳午未、申酉戌、亥子丑、之方是也。如寅卯辰日主是木。要天干火多。日主是火。要天干金旺。日主是金。要天干土重。大凡支全三物。其勢旺盛。如旺神在提綱。天干必須順其氣勢。洩之可也。如旺神在別支。天干制之有力。制之可也。何以旺神在提綱只宜洩而不宜制。夫旺神在提綱者。必制神之絕地。如強制之。不得其性。反激而肆逞矣。旺神者木方提綱得寅卯是也。制神者庚辛金也。寅卯乃庚辛之絕地也。如辰在提綱。四柱干支又有庚辛之助。方可制矣。所謂循其氣勢。調劑得宜。斯爲全美。木方如此。餘可例推。

辛卯　己丑　戊子

此寅卯辰東方。秉之寅時。旺之極矣。年月兩金臨絕。

庚寅 丁亥 丙戌 旺神在提綱。休金難剋。而且丙火透時。木火同心。謂
甲辰 乙酉 甲申 强衆而敵寡。勢在去庚辛之寡。早行土運。生金。破耗
丙寅 癸未 壬午 異常。進京入部辦事。至丙戌運。分發廣東。得軍功。升
知縣。喜其剋盡庚辛之美。至酉、庚辛得地。不祿宜矣。

庚寅 辛巳 壬午 此亦寅卯辰東方。旺神不是提綱。辰土歸垣。庚金得
庚辰 癸未 甲申 載。力量足以剋木。丁火雖透。非庚金之敵。用殺明矣。
甲寅 乙酉 丙戌 至甲申運。庚金祿旺。暗冲寅木。科甲聯登。仕至郡守。
丁卯 丁亥 戊子 一交丙運。制殺。降職歸田。

陽乘陽位陽氣昌。最要行程安頓。

子、寅、辰、午、申、戌、爲陽支。須分陽寒、陽暖而論也。西北爲寒。東南爲暖。如

若申、子、戌、全爲西北之陽寒、最要行運卯、巳、未、東南之陰暖是也。如寅、辰、午、全爲東南之陽暖。最要行運酉、亥、丑、西北之陰寒是也。此舉大局而論。若遇日主之用神喜神。或木、或火、或土、是東南之陽暖。歲運亦宜配西北之陰水、陰木、陰火。方能生助喜神、用神、而歡如酬醉。若歲運遇西北之陽水、陽木、陽火。則爲孤陽不生。縱使生助喜神。亦難切當。不過平坦而免崎嶇也。陽暖之局如此。陽寒之局亦如此論。所謂陽盛光昌剛健之勢。須配以陰盛包含柔順之地是也。若不深心研究。孰能探其精微而得其要訣乎。

癸巳　乙卯　甲寅

丙辰　癸丑　壬子

此東南之陽暖。天干金水。似乎無根。喜月支辰土。洩火蓄水而生金。庚金掛角逢生。則庚金可用。癸水即

丙午　辛亥　庚戌　庚金之喜神。初運甲寅乙卯。金絕火生而水洩。孤苦
庚寅　己酉　戊申　不堪。一交癸丑北方陰溼之地。金水通根。又得巳丑
拱金之妙。出外大得際遇。驟然發財十餘萬。陽暖逢寒。配合之美
也。

戊寅　丙寅　丁卯　丙寅日元。雖支遇三寅。最喜丑土乘權。財星歸庫。若
乙丑　戊辰　己巳　運走西北土金。財業必勝前造。惜一路東南木火之
丙寅　庚午　辛未　地。祖業破盡。偏歷數省。奔馳不遇。至午運暗會刼局。
庚寅　壬申　癸酉　死於廣東。一事無成。莫非運也。

陰乘陰位陰氣盛。還須道路光亨。

丑、卯、巳、未、酉、亥、爲陰支。須分陰寒陰暖而論。承上文西北、爲寒。東南爲

暖。假如亥、酉、丑、全爲西北之陰寒。最要行運遇東南寅、辰、午、之陽暖是也。如卯巳未全。爲東南之陰暖。最要行運遇申、戌、子、西北之陽寒是也。此舉大局而論。若日主之用神、喜神。或金或水或土。是西北之陰寒。歲運亦宜配東南之陽金陽火陽土。方能助用神、喜神、而福力彌强。若歲運遇東南之陰金、陰火、陰土。則爲純陰不育。難獲厚福。不過和平而無災咎也。陰寒之局如此論。陰暖之局亦如此論。所謂陰順包含柔順之氣。須配以陽順光昌剛健之地者是也。

丙子　庚子　辛丑　此全酉亥子西北之陰寒。寒木更宜向陽。以丙火爲

己亥　壬寅　癸卯　用。用壬水、即其病也。然喜壬水遠隔與日主緊貼。日主

乙酉　甲辰　乙巳　本衰。未嘗不喜其生。又有己土透干。亦能砥定中流。

壬午　丙午　丁未　且喜天干水木火土。各分門戶。相生有情。地支午火。
緊制七煞。年月火土。通根祿旺。更喜行運東南陽暖之地。不但四
柱有情。而且行運光亨。早年聯登甲第。仕至封疆。皆陰陽配合之
妙也。

己亥　乙亥　甲戌　此與前造只換一酉字。以俗論之。丑換酉更美。酉乃
丙子　癸酉　壬申　七煞、剋我。丑乃傷財、我剋。又能止水。何其妙也。不知
乙丑　辛未　庚午　丑乃溼土。能洩火不能止水。酉雖七殺。午火緊剋。不
壬午　己巳　戊辰　洩火之元神。彼則丙火在年。壬水遙遠。又得己土一
隔。此則丙火在月。壬水相近。己土不能爲力。子水又逼近相冲。而
且運走西北陰寒之地。丙火一無生扶。乙木何能發生。十干體象

云。虛溼之地。騎馬亦憂。斯言不謬也。所以屈志芸窗。一貧如洗。剋妻無子。至壬申運丙火剋盡而亡。所謂陰乘陰位陰氣盛也。

地生天者。天衰怕沖。

地生天者。如甲子、丙寅、丁卯、己巳、戊午、壬申、癸酉、乙亥、庚辰、辛丑、是也。日主生於不得令之月。柱中又少幫扶。用其身印。沖則根拔。生機絕矣。爲禍最重。若日主得時當令。或年時皆逢祿旺。或天干比劫重疊。或官星衰弱。反忌印綬之洩。則不怕沖破矣。總之看日主之氣勢。旺相者喜沖。休囚者怕沖。雖以日主而論。歲運沖亦然。

甲寅　己巳　庚午
戊辰　辛未　壬申

坐下印綬。生於季春。印氣有餘。又年逢甲寅。則太過矣。土雖當令。而木更堅。喜其寅申逢沖、財星得用。第

丙寅　癸酉　甲戌　嫌比刼蓋頭。冲之無力。早年運走南方。起倒異常。至

丙申　乙亥　丙子　壬申癸酉二十年。幫冲寅木。剋去比刼。刱業興家。此

謂棄印就財也。

壬申　乙巳　丙午　此坐下印綬。亦在季春。印綬未嘗無餘。年干壬煞生

甲辰　丁未　戊申　印有情。不足畏也。所嫌者兩申冲寅。甲木之根拔。還

丙寅　己酉　庚戌　喜壬水洩金生木。運走丙午。刼去申財。入學、補廪、登

丙申　辛亥　壬子　科。丁未合去壬水。三走春闈不捷。戊申、剋去壬水。三

冲寅木。死於路途。此造之壬水。乃甲木之元神。斷不可傷。壬水受

傷。甲木必孤。凡獨殺用印者。最忌制殺也。

夭合地者。地旺宜靜。

十干之合。乃陰陽相配者也。五陽合五陰爲財。五陰合五陽爲官。所以必合。尚有陰旺不從陽。陽旺不從陰。雖合不化。有爭合妒合分合之別。若露干合支中暗干。則隨局無所不合。無所不分爭妒忌矣。要知天合地三字須活看輕看。重在地旺宜靜四字。夫地旺者。天必衰也。喜靜者。四支無冲剋之物。有生助之神也。天干衰而無助。地支旺而有生。天干必懷忻合之意。若得地支元神透出。緣上天下地升降有情。此合似從之意也。合財似從財。合官似從官。非十干合化之理也。所以靜則居安。尚堪保守。動則履危。難以支持。然可言合者只有戊子、辛巳、丁亥、壬午、四日耳。若甲午日、則午必先丁而後己。己土豈能專權而合甲。己亥日、亥必先壬而後甲。甲豈能出而合己。癸巳日、巳必先丙而後戊。戊豈能越佔而合癸。此三日不論。至於十干應合而化。則爲化格。另有作用解在化格節。

按露干合支中暗藏。雖不可據爲定論。然其喜忌。亦不可不知。茲附錄於下。

天元喜地元有祿。 甲巳喜四季。 乙庚喜申酉。 丙辛喜亥子。 丁壬喜寅卯。 戊癸喜巳午。

地元喜天元有合。 子丑喜戊。(子丑支藏癸合戊) 寅喜己。(寅支藏甲合己) 卯辰喜庚。(卯辰支藏乙合庚) 巳喜辛癸。(巳支藏丙戊合辛癸) 午未喜甲壬。(午未支藏丁巳合甲壬) 申喜乙。(申支藏庚合乙) 酉戌喜丙。(酉戌支藏辛合丙) 亥喜丁。(亥支藏壬合丁)

地元忌天元相剋。 子丑怕己。 寅怕庚。 卯辰怕辛。 巳怕甲壬。

午未怕乙癸。申怕丙。酉戌怕丁。亥怕戊。

五行眞氣往來。◉如辛亥得丁巳。巳中藏丙合辛。亥中藏壬合丁。又如丁巳得癸亥。巳中戊合癸。亥中壬合丁。是爲眞氣往來。丙申與乙酉。戊午與壬子。丁己與辛亥。庚寅與巳卯。均可類推。若四柱眞氣交互。爲大貴之格、即日時交互、亦爲貴氣所聚也。

凡命下生上曰助氣。主一生自享其福。上生下曰盜氣。主一生依人作嫁。上剋下曰順。主有威權。下剋上曰逆。主多沉滯。死絕尤緊。生旺愈慢。

己巳　庚午　己巳
辛未　戊辰　丁卯
壬午　丙寅　乙丑

支類南方。乘權秉令。地旺極矣。火炎土燥。脆金難滋水源。天衰極矣。故日干之情。不在辛金。其意向必在午中丁火而合從矣。己巳戊辰運生金洩火。刑耗有

乙巳　甲子　癸亥　之。丁卯丙寅木火並旺。剋盡辛金。經營發財鉅萬。

己丑　乙亥　甲戌　此造支類北方。地旺極矣。天干火虛。無木生扶。又有

丙子　癸酉　壬申　溼土晦火。天衰極矣。人皆論其殺重身輕。取火土運

丁亥　辛未　庚午　幫身制殺。不知此爲地支官星乘旺。又類官方。天干

庚子　己巳　戊辰　無印。己土洩丙丁之氣。爲天地合而從官也。甲戌運

生火剋水。刑喪破敗。家業已盡。壬申、癸酉、剋盡丙火。助起財官。獲

利五萬。未運丙子年。遭回祿。破去半數。人皆取火土幫身。以午未

運爲美。殊不知比刼奪財。反致大凶。戊寅歲金絕火生。又合去亥

水。卒於季夏。

甲申戊寅眞爲殺印相生。庚寅癸丑也坐兩神興旺。

兩神者。殺印也。支坐殺印。非止此四日。如乙丑、辛未、壬戌、之類。亦是兩神。不過將此數日爲題。用殺則扶之，不用則抑之。須觀四柱氣勢。日主衰旺之別。如身强殺淺。則以財星滋殺。身殺兩停。則以食神制殺。殺强身弱。則以印綬化煞。論局中、殺重身輕者。非貧即夭。制殺太過者。雖學無成。論行運、殺旺復行殺地者。立見凶災。制殺再行制鄉者。必遭窮乏。書云格格推詳。以殺爲重。又云有殺只論殺。無殺方論用。殺其可忽乎。

壬午　庚戌　辛亥

己酉　壬子　癸丑

甲申　甲寅　乙卯

甲申日元生於八月。官殺當權。喜其午火緊制酉金。子水化其申金。所謂去官留殺。殺印相生。木凋金旺。印星爲用。甲第聯登。由郎署出爲觀察。從臬憲而轉

甲子　丙辰　丁巳　封疆。

壬辰　庚戌　辛亥　此與前造只換一辰字。以俗論之。前則制官留殺。此

己酉　壬子　癸丑　則合官留殺。功名仕路。無所高下。殊不知有天淵之

甲申　甲寅　乙卯　隔。夫制者、剋而去之。合者、有去有不去也。如以辰土

甲子　丙辰　丁巳　爲殺。則化金而去之。以酉金爲官。仍化金而黨殺。由

此觀之。淸中帶濁。且以財爲病者。不但功名蹭蹬。而且刑耗難辭。

惟亥運逢生。可獲一矜。壬子如逢木年。秋闈有望。癸丑合去子印。

一阻雲程。有凶無吉。甲寅運被申冲破。壽元有礙矣。

上下貴乎情和。

上下情和者。互相衞護。干支不反背者也。如官衰傷旺。財星得局。官旺財多。比刼得局。殺重用印忌財者。財臨刼地。身强殺淺喜財者。財坐食鄉。財輕刼重。有官而官星制刼。無官而食傷化刼。皆謂有情。如官衰遇傷。財星不現。官旺無印。財星得局。殺重用印忌財者。財坐食位。身旺煞輕喜財者。財坐刼地。財輕刼重。無食傷而官失令。有食傷而印當權。皆爲不和。

己巳　壬申　辛未　日主兩坐長生。年支又逢祿旺。足以用官。癸水官星。

癸酉　庚午　己巳　被己土貼身一傷。喜得官臨財地。尤妙巳酉拱金。則

丙寅　戊辰　丁卯　己土之氣已洩。而官星之根固矣。所以一生不遭凶

庚寅　丙寅　乙丑　險。名利兩全也。

癸亥　壬戌　辛酉　此造官殺乘旺。原可畏也。然喜午時。生食制殺。時干
癸亥　庚申　己未　透甲。生火洩水。旺殺半化爲印。衰木兩遇長生。賴
丙辰　戊午　丁巳　此木根愈固。上下情和、不誣也。白手成家。發財數
甲午　丙辰　乙卯　萬。

甲寅　辛未　壬申　專祿日主。時支子水生之。年干甲木。亦坐祿旺。用庚
庚午　癸酉　甲戌　金則火旺無土。坐於火地。用丙火則子冲去其旺支。
乙卯　乙亥　丙子　即或用火。亦無安頓之運。所以一敗如灰。至乙亥運。
丙子　丁丑　戊寅　水木齊來。竟爲乞丐。

乙丑　戊寅　丁丑　己土之財。通根在丑。得祿於午。似乎身財並旺。不知

己卯　丙子　乙亥　己土之財。比肩奪去。丑土之財。卯木剋破。午火食神。

乙亥　甲戌　癸酉　亥水剋之。壬水蓋之。無從引化。所謂上下無情也。初

壬午　壬申　辛未　逢戊寅丁丑。財逢生助。遺業頗豐。一交丙子。沖去午

火。一敗而盡。乙亥運妻子俱賣。削髮爲僧。又不守淸規。凍餓而死。

合此兩造觀之。則上下之情和與不和。富貴貧賤。判若天淵。即於

此徵驗焉。

左右貴乎氣協。

左右氣協者。制化得宜。左右生扶。不雜亂者也。如殺旺身弱。有陽刃合

之。或印綬化之。身旺殺弱。有財星生之。或官星助之。身殺兩旺。有食神制之。或傷官敵之。此為氣協。必身弱而殺有財滋。則殺為累矣。身旺而刼將官合。則官巳忘矣。總之日主所喜之神。必要貼身透露。喜殺而殺與財親。忌殺而殺逢食制。喜印而印居官後。忌印而印讓財先。喜傷而遇食傷。忌財而遭比刼。日主所喜之神。得閑神相助。不爭不妒。所忌之神。被閑神制伏，不肆不逞。此謂和協。宜細究之。

壬申　丁未　戊申　此丙火之煞雖旺。壬水之根亦固。日主有比肩之助。

丙午　己酉　庚戌　溼土之生。謂身殺兩停。用壬制殺。此天干之協者。而

庚午　辛亥　壬子　地支之協者、辰土也。一制一化。可謂有情。運至金水

庚辰　癸丑　甲寅　之鄉。仕途顯赫。位至封疆。

壬午　丁未　戊申　此造與前合觀。大同小異。况乎日坐祿旺。壬水亦緊
丙午　己酉　庚戌　制殺。何彼則名利雙收。此則終身不發。蓋彼則壬水
庚申　辛亥　壬子　逢申之生地。制殺有權。此則壬水坐午之絕地。敵殺
戊寅　癸丑　甲寅　無力。彼則時干比刼幫身。又可生水。此則時上梟神
剋水。而不能生食。所謂左右不能和協者也。

始其所始。終其所終。福壽富貴。永乎無窮。

始終之理。要干支流通。四柱生化不息之謂也。必須接續連珠。五行俱
足。即多缺乏。或有合化之情。互相護衞。純粹可觀。所喜者逢生得地。所
忌者受剋無根。閑神不黨忌物。忌物合化爲功。四柱干支一無棄物。縱

有傷梟刼刃。亦來輔格助用。喜用有情。日元得氣。未有不富貴福壽者也。

壬寅　乙巳　丙午　年干壬水爲始。日支亥水爲終。官生印。印生身。食神
甲辰　丁未　戊申　發用吐秀。財得食神之覆。官逢財星之生。傷官雖當
丁亥　己酉　庚戌　令。印綬制之有情。年月不反背。日時不妒忌。始終得
己酉　辛亥　壬子　所。貴至極品。富有百萬。子孫繼美。壽至八旬。

戊戌　辛酉　壬戌　此造土生金。金生水。水生木。干支同流。有相生之誼。
庚申　癸亥　甲子　而無爭妒之風。戊中財星歸庫。官清印正。食神吐秀
癸亥　乙丑　丙寅　逢生。鄉榜出身。仕至黃堂。一妻二妾。子有十三。科第

乙卯　丁卯　戊辰　連綿、富有百萬。壽過九旬。

甲子　丁卯　戊辰　此造天干木生火、火生土、土生金。地支水生木、木生
丙寅　己巳　庚午　火、火生土、土生金。且由支而生干。從地支則以年支
己巳　辛未　壬申　子水生寅木爲始。至時干辛金爲終。從天干亦以年
辛未　癸酉　甲戌、支子生甲木爲始。至時干辛金爲終。天地同流。正所
謂始其所始。終其所終也。是以科甲聯登。仕至極品。夫婦齊眉。子
孫繁衍。科甲不絕。壽至九旬。

訂正滴天髓徵義卷二

古越任鐵樵氏原著　武原東海樂吾氏編訂

第二篇上　形象格局

一　形象

兩氣合而成象。象不可破也。（兩神成象又名兩氣成形）

兩氣雙淸。非獨木火二形也。如土金、金水、水木、木火、火土、各半相生五局。及木土、土水、水火、火金、金木、各半相敵五局。皆是也。相生要我生。秀氣流行。相剋要我剋。日主不傷。相生必欲平分。無取稍多稍寡。相剋務須均敵。切忌偏重偏輕。若用金水、則火土不宜夾雜。如取水木、則火金不可交爭。木火成象者。最怕金水破局。水火得濟者。尤忌土來止水。格既如此。取運亦倣此而行。一路澄清。必位高而祿重。中途混亂。恐職奪而家傾。故此格最難全美。而看法貴在至精。若生而復生。乃是流通之妙。倘剋而遇化。亦爲和合之情。或謂理僅兩神。似嫌狹少。不知格分十種。儘費推評。

兩神成象格

水木相生格　水木各占二干二支又名水木清奇

木火相生格　木火各占二干二支又名木火交輝或青赤父子

火土相生格　火土各占二干二支又名火土夾雜

土金相生格　土金各占二干二支

金水相生格　金水各占二干二支又名金白水清

木土相成格　木土各占二干二支

土水相成格　土水各占二干二支又名土局潤下

水火相成格　水火各占二干二支又名旣濟未濟

火金相成格　火金各占二干二支又名火金鑄印

金木相成格　金木各占二干二支

甲午　戊辰　己巳

丁卯　庚午　辛未

甲午　壬申　癸酉

丁卯　甲戌　乙亥

此造木火各半。兩氣成象。取丁火傷官秀氣爲用。四柱金水全無。純粹可觀。巳運丁火臨官。南宮奏捷。名高翰苑。庚運官星混局。降知縣。夫南方之金。尚有不足。將來西方之水。難言先咎。

丁卯
乙巳
丁卯
乙巳

甲辰　癸卯　壬寅　辛丑　庚子　己亥　戊戌　丁酉

此亦木火各半。兩氣成象。非前傷官之比。日主是火。長於夏令。木從火勢。格成炎上。更不宜見金。寅運火逢生助。巡撫浙江。至辛運水年。木火皆傷。故不能免禍。所謂二人同心。可順而不可逆也。

丙午
戊戌
丙午
戊戌

己亥　庚子　辛丑　壬寅　癸卯　甲辰　乙巳　丙午

此火土各半。兩氣成象。取戊土食神秀氣爲用。辛丑運溼土晦火。秀氣流行。登鄉榜。壬運壬年。赴會試死於都中。蓋水激丙火。則火滅也。如兩戌換以兩辰。不致燥烈。雖逢水運。亦不致大凶也。

戊戌　壬戌 癸亥
辛酉　甲子 乙丑
戊戌　丙寅 丁卯
辛酉　戊辰 己巳

此土金各半。兩氣成象。取辛金傷官爲用。喜其一路北方運。秀氣流行。少年科甲。仕至黃堂。交丙破辛金之用。不祿。凡兩氣成象者。要日主去生。或食或傷。謂英華秀發。多致富貴。所不足者。運破局不免於禍。如金水水木之印綬格。無秀可取。故無富貴。試之屢驗。

戊戌　甲子 乙丑
癸亥　丙寅 丁卯
戊戌　戊辰 己巳
癸亥　庚午 辛未

此水土各半。兩氣成象。喜其通根燥土。財命有氣。然氣勢稍寒。所以運至丙寅。寒土逢陽。連登科甲。更妙亥中甲木暗生。仕至郡守。宦途平坦。

癸亥 戊午 丁巳 此土水相剋。兩氣成象。純殺無制。日主受傷。初走火

己未 丙辰 乙卯 土之鄉。生助七殺。正是明月清風誰與共。高水流水

癸亥 甲寅 癸丑 少知音。一交乙卯。運轉東方。制殺化權。得奇遇。飛升

己未 壬子 辛亥 縣令。由此觀之。生局必須食爲美。印局無秀氣。不足

爲佳。財局身財均敵。日主本氣無傷。又要運程安頓得好。斯爲全

美。一遇破局。則禍生矣。

五氣聚而成形。形不可害也。

木之成形。食傷洩氣、水以生之。官殺交加、火以行之。印綬重疊、土以培

之。財輕刼重、金以成之。成形於得用之地。庶無偏枯之病。何患名利不

遂乎。舉木而論。五行皆可成形。亦倣此而推。若四柱無成。成之於歲運。

又無成處。則終身碌碌。凶多吉少。有志難伸矣。

壬戌　癸丑　甲寅　此造水勢倡狂。獨戊土以培之。以作砥柱之功。不致
壬子　乙卯　丙辰　浮泛也。然戊土亦有賴戌土而根固。若有辰而無戌。
甲子　丁巳　戊午　辰乃溼土。見水則蕩。戊土不能植根而虛矣。無根之
戊辰　己未　庚申　土豈能止百川之源。故此造之重者。戌之燥土也。但
寒木向陽。必須火以溫之。則木方可發榮。所以運至南方火旺之鄉。發財數萬。名成異路也。

戊寅　丙辰　丁巳　此造支類東方。刼刃肆逞。一點微金。成之不足。故書
乙卯　戊午　己未　香不繼。初運火土。不失生化之情。財源通裕。至庚申
甲辰　庚申　辛酉　辛酉。辛金得地而成之。異路功名。仕至州牧。癸運生

辛未　壬戌　癸亥　木洩金不祿。

癸未　甲寅　癸丑　此造柱中未土深藏。戌土自坐。謂財來就我。未嘗不

乙卯　壬子　辛亥　美。祇因四柱無金以成之。五行無火以行之。再加亥

甲戌　庚戌　己酉　時。癸水通根生刼。亥卯未全。助起刼刃猖狂。查其歲

乙亥　戊申　丁未　運。又無成地。以致祖業消磨。剋妻無子。由此推之。命

之所重在運。運其可忽乎。諺云人有凌雲之志。無運不能自達也。

獨象喜行化地。而化神要昌。（獨象即一行得氣）

一者爲獨。權在一人。曲直炎上之類是也。化者、食傷也。局中化神昌旺。歲運行化神之地。名利皆遂也。八字五行全備。固爲合宜。而獨象乘權。

亦主光亨。

甲乙日地支或局或方全。不雜金。爲曲直仁壽格。(寅卯辰爲方亥卯未爲局)

丙丁日地支或方或局全。不雜水。爲炎上格。(巳午未爲方寅午戌爲局)

戊巳日地支辰戌丑未不雜木。爲稼穡格。

庚辛日地支或方或局全。不雜火。爲從革格。(申酉戌爲方巳酉丑爲局)

壬癸日地支或方或局全。不雜土。爲潤下格。(亥子丑爲方申子辰爲局)

此五者皆從一方之秀氣。不同六格之常情。必要得時當令。遇旺逢生。

但體質過於自強。須以引通爲妙。而氣勢必有所關。務須審察其情。如

木局見土運。斯雖財神資養。先要四柱有食有傷。庶無分爭之慮。見火

運、謂英華秀發。須看原局有財無印。方免反剋之殃。名利可遂。見金運、

謂破局。凶多吉少。見水運、局中無火。謂生助强神。亦主光亨。故舊有從强之說。（見下從局）再行生旺爲佳。若四柱先有食傷。必主凶禍臨身。如原局微伏破神。須運有合冲之妙。若本主失時得局。要運遇生旺之鄉。亦主功名小就。苟行運偶逢剋地。獨象立見凶災。若局有食傷反剋之能。方無大害。總之干乃領袖之神。陽氣爲强。陰氣爲弱。支乃會格之物。方力較重。局力較輕。獨象雖美。只怕運途破局。合象雖雜。卻喜制化成功。

甲寅 戊辰 己巳
丁卯 庚午 辛未
甲辰 壬申 癸酉

支全寅卯辰。東方一氣。化神者丙丁也。發洩菁華。格成曲直仁壽。少年科甲。早遂仕路之光。行財地先有食傷化刧之功。行金運又得丙丁回剋之能。交壬破

丙寅 甲戌 乙亥 局傷秀。降職歸田不祿。

己未 丙子 乙亥 天干戊己逢丁。地支重重丑未子丑化土。斯眞格象

丁丑 甲戌 癸酉 已成稼穡。所不足者。丑中辛金無從引出。且局中丁

戊子 壬申 辛未 火三見。辛金暗傷。未得生化之妙。所以嗣息艱難。若

己未 庚午 己巳 天干透一庚辛。地支藏一申酉。必多子。

丙寅 乙未 丙申 支全火局。木從火勢。格成炎上。惜木旺剋土。秀氣有

甲午 丁酉 戊戌 傷。書香難就。武甲出身。仕至副將。行申酉運。亦有戌

丙戌 己亥 庚子 未之化。所以無咎。亥運幸得未會寅合。不過降職。交

乙未　辛丑　壬寅　庚子，干無食傷。支逢沖激。死於軍中。

庚申　丙戌　丁亥　天干乙庚化合。地支申酉戌全。格成從革。惜無水。肅殺之氣太銳。不但書香不利。而且不能善終。行伍出身。官至參將。一交寅運。陣亡。蓋局無食傷之故耳。又寅戌暗拱。觸其旺神也。

乙酉　戊子　己丑

庚戌　庚寅　辛卯

庚辰　壬辰　癸巳

壬子　壬子　癸丑　地支亥子丑。干透癸辛。局成潤下。喜行運不背。書香早遂。甲寅運秀氣流行。登科發甲。乙卯宦途平坦。由縣令而遷州牧。丙運由原局無食傷之化。羣劫爭財。

辛亥　甲寅　乙卯

癸丑　丙辰　丁巳

壬子　戊午　己未　不祿。

全象喜行財地。而財神要旺。

三者爲全。日主喜神用神是也。傷官生財。官印相生。財官並見。皆全也。
傷官生財。日主旺相。最宜財運。倘四柱比劫多見。財星被劫。官運必佳。
傷官運更美。須觀局中意向爲定。日主旺。傷官輕。有印綬。喜財而不喜
官。日主旺。財神輕。有比劫。喜官而不喜財。財官並見。日主旺相。喜財而
不喜官。官印相生。日主休囚。喜印綬而不喜比劫。大凡論命不可執一。
須察全局之意向。日主之喜忌爲的。

戊申　丁巳　戊午　丁卯日元。生於季春。傷官生財。嫌其木盛土虛。書香
丙辰　己未　庚申　難就。幸得傷官化劫。使丙火無爭財之意。所以運至

丁卯　辛酉　壬戌　庚申辛酉。承先人之事業雖微。而自剏之規模頗大。

甲辰　癸亥　甲子　財發十餘萬。

己巳　庚午　己巳　火長夏天。支類南方。旺之極矣。火土傷官生財格所

辛未　戊辰　丁卯　孀者丁火陽刃透干。局中全無溼氣。刼刃肆逞。祖業

丙午　丙寅　乙丑　無恆。父母早亡。幼遭孤苦。中受飢寒。六旬之前。運走

丁酉　甲子　癸亥　東南木火之地。妻財子祿。一事無成。至丑運。北方溼

土。晦火生金。暗會金局。從此得際遇。立業發財。至七旬又買妾連

生二子。及甲子癸亥北方水地。獲利鉅萬。壽至九旬。諺云有其運

必得其福。信斯言也。

形全者宜損其有餘。形缺者宜補其不足。

形全宜損。形缺宜補之說。即子平旺則宜洩宜傷。衰則喜幫喜助之謂也。命書萬卷。不外此二句。讀之直捷痛快。顯然明白。究之深奧異常。此中作用。實有至理。庸俗祇知旺用洩傷。衰用幫助。而不細別。以致吉凶顛倒。宜忌淆亂也。要知此四字須分用。通變在一宜字。

宜洩、則洩之爲妙。宜傷、則傷之有功。洩者、食傷也。傷者、官殺也。均是旺也。或洩之有害，而傷之有利。或洩之有利，而傷之有害。所以洩、傷、兩字。宜分別用之也。

宜幫、則幫之爲功。宜助、則助之爲佳。幫者、比刼也。助者、印綬也。均是衰也。或幫之則凶。而助之則吉。或幫之則吉。而助之則凶。所以幫、助、二字。

亦宜分別用之也。

如日主旺相。柱中財官無氣。洩之則官星有損。傷則去比刼之有餘。補官星之不足。所謂傷之有利。而洩之有害也。

日主旺相。柱中財官不見。滿局比刼。傷之則激而有害。不若洩之以順其氣勢。所謂傷之有害。而洩之有利也。

日主衰弱。柱中財星重疊。印綬助之反壞。幫者去財星之有餘。補日主之不足。所以幫之則吉、而助之則凶也。

日主衰弱。柱中官殺交加。滿盤殺勢。幫之恐反剋無情。不若助之以化其強暴。所以幫之則凶、而助之則吉也。

此補前人所未發之言也。至於木生寅卯辰月、火生巳午未月、爲形全。

亦偏論也。如木生寅卯辰月。干透庚辛。支藏申酉。莫非仍作全形而損之乎。火生巳午未月。干透壬癸。支藏亥子。莫非仍作全形而損之乎。土生於寅卯辰月爲形缺。干丙丁而支巳午。莫非仍作缺形而補之乎。金生於巳午未月。干戊己而支申酉。莫非亦作缺形而補之乎。凡此須究其旺中變弱、弱中變旺之理。不可執一而論。是以實似所當損者、而損之反有害。實似所當補者、而補之反無功。須詳察焉。

丁丑　己酉　戊申　秋金銳銳。官星虛脫。不能相制。財星臨絕。何暇生官。
庚戌　丁未　丙午　初運土金。晦火生金。刑傷破耗。無所不見。丁未丙午。
庚子　乙巳　甲辰　助起官星。家業鼎新。乙巳晚景優游。所謂傷之有功
甲申　癸卯　壬寅　也。

戊申　癸亥　甲子　乙從庚化。官星不見。支類西方。又坐祿旺。權在一人。

壬戌　乙丑　丙寅　從其强勢。雖有壬水。戊土緊剋。不能引通洩其殺氣。

庚申　丁卯　戊辰　初交癸亥甲子。順其氣勢。財喜遂心。一交丙寅。觸其

乙酉　巳己　庚午　旺神。一敗如灰。衣食難度。自縊而死。所謂洩之有益、

傷之有害也。

庚申　壬午　癸未　此造以俗論之。丙火生於己月、建祿。必要用財。無如

辛己　甲申　乙酉　庚辛重疊根深。獨印受傷弱可知矣。運至甲申乙酉。

丙辰　丙戌　丁亥　金得地。木無根。破耗異常。丙戌丁運。重振家聲。此財

乙未　戊子　己丑　多身弱。所謂幫之則有功也。

壬子 甲寅 乙卯 滿局官殺。日主虛弱。雖食傷並見。但丑辰皆溼土。能
癸丑 丙辰 丁巳 蓄水不能止水。初交甲寅乙卯。化殺生身。早游泮水。
丙午 戊午 己未 財業有餘。後交丙辰。不但不能幫身。反受官煞回剋。
壬辰 庚申 辛酉 刑妻剋子。家業耗散。中年暗拱殺局而死。所謂助之
則吉。幫之反害也。
壬辰 癸卯 甲辰 此造俗以身强殺淺論。取庚金爲用。謂春木逢金。必
壬寅 乙巳 丙午 作棟樑之器。勸其讀書必發。至三旬外、不但讀書無
甲寅 丁未 戊申 成。而且家業漸消。屬予推之。觀其支坐兩寅。乘權當
庚午 己酉 庚戌 令。干透兩壬。生助旺神。年支之辰土。乃水之庫。木之

餘。能蓄水養木。不能生金。一點庚金。休囚已極。且午火敵之。壬水洩之。不惟無用。反爲生水之病。大凡旺之極者。宜洩而不宜尅。宜順其氣勢。弗悖其性也。以午火爲用。將來運至火地。雖不富於名。定當富於利。可棄名就利。因即棄儒經營。至丙午運。尅盡庚金之病。不滿十年。發財十餘萬。則庚金爲病明矣。

癸酉　癸亥　壬戌
甲子　辛酉　庚申
癸亥　己未　戊午
辛酉　丁己　丙辰

此造水旺逢金。其勢冲奔。一點甲木枯浮。難洩水氣。如止其流。反成水患。不若順其流爲美。初行癸亥。助其旺神。蔭庇有餘。一交壬戌。水不通根。逆其氣勢。刑耗並見。辛酉庚申。丁財並旺。己未戊午。逆其性。半生事業。盡付東流。刑妻尅子。孤苦無依。此所爲崑崙之水可順而不背逆也。

二　方局

方是方兮局是局。方要得方莫混局。

十二支寅卯辰東方。巳午未南方。申酉戌西方。亥子丑北方。此之爲方。寅午戌火局。申子辰水局。亥卯未木局。巳酉丑金局。此之爲局。凡三字全爲成方。二字不取。以力量言。寅卯辰全。較勝於亥卯未也。戊日遇寅月。見三字俱以殺論。遇卯月、見三字、俱以官論。巳日反是。遇辰月。視寅卯之勢。較量輕重、以分官殺。其餘倣此。所言方局莫混之理。亦不盡然。如木方而見亥字。爲生旺之神。見未字。爲我剋之財。又是木盤根之地。有何不可。即用三合木局。豈有所損累耶。至於作用。則局之用多而方之用狹。弗以論方而別生穿鑿也。

甲寅 戊辰 己巳 此木方全。搭一未字爲混。然無未字。則日主虛脫。且

丁卯 庚午 辛未 天干甲木透露。作殺而不作官。必要未字。日主氣貫。

戊辰 壬申 癸酉 身殺兩停。名利雙輝。鼎甲出身。仕至極品。可知方混

己未 甲戌 乙亥 局之無害也。

丙辰 辛卯 壬辰 支類東方。火明木秀。最喜丙火緊剋庚金之濁。然初

庚寅 癸巳 甲午 春木嫩、必得亥時生助。爲人文采風流。學問淵深。癸

乙卯 乙未 丙申 巳運水生木。火得祿。采芹攀桂。甲運南宮報捷。名高

丁亥 丁酉 戊戌 翰苑。午運拱寅。探櫟棟於鄧林。是睢哲匠。搜琳琅於

堵圃爰藉宗工。至丙申。火無根。金得地。破東方秀氣。犯事落職。若無亥水化之。豈能免大凶。

局混方兮有純疵。行運喜南還喜北。

地支有三位相合成局者。皆取生旺墓一氣始終也。（見上）柱中遇三支合勢。吉凶之力較大。亦有取二支者。然以旺支爲主。或亥卯、或卯未、皆可取。亥未次之。凡會忌冲。如亥卯未木局。雜一酉丑字於其中。而又與所冲之神緊貼。是爲破局。雖冲字雜於其中、而不緊貼。或冲字處於其外而緊貼。則會局與損局兼論。其二支會局者。以相貼爲妙。逢冲即破。他字間之。亦遙隔無力。須天干領出可用。至於局混方有純疵之說。與方要得方。莫混局相似。究其理亦無所害。見寅字。是謂同氣。見辰字是謂餘氣。又是東方溼土。能生助木神。又何損累耶。行運南北之分。須看局中意向爲是。如木局、日主是甲乙。四柱純木。不雜別字。運行南方。謂秀氣流行。則純運行北方。謂之生助強神。無疵或干支有火吐秀。運行南方。名利裕如。運行北方。凶災立見。木論如此。餘可類推。

甲寅　丙子　丁丑

乙亥　戊寅　己卯

乙卯　庚辰　辛巳

癸未　壬午　癸未

此木局全。混一寅字。然四柱無金。其勢從強。深得一方秀氣。少年科第。惟庚辰辛巳運。雖有癸水之化。仍不免刑喪起倒。仕路蹭蹬。至六旬外。運走壬午癸未。由縣令而遷司馬。履黃堂而升觀察。直如揚帆大海。誰能禦之。由此觀之。從強之木局。東南北皆利。惟忌西方金運剋破耳。

甲寅　戊辰　己巳　此亦木局全混一寅字。取丁火傷官秀氣。非前造從
丁卯　庚午　辛未　強論也。至己運。丁火臨官。登科發甲。庚午辛未南方
乙未　壬申　癸酉　金敗之地。不傷體用。仕途平坦。壬申木火皆傷。破局。
丁亥　甲戌　乙亥　死於軍中。前則從強。南北皆利。此則木火西北有害。

由此兩造觀之。局混方之無礙也。

若然方局一齊來。須是干頭無反覆。

方局齊來者。承上文方混局、局混方、之謂也。如寅卯辰兼亥未亥卯未兼寅辰。己午未兼寅戌。寅午戌兼巳未。申酉戌兼巳丑。巳酉丑兼申戌亥子丑兼申辰。申子辰兼丑亥、之類是也。干頭無反覆者。方局齊來。其氣旺盛。要天干順其氣勢為妙。若日主是木。地支寅卯辰、而再見亥未。

或地支亥卯未、而再逢寅辰。旺之極矣。非金所能剋也。須要天干有火。洩其菁英。不見金水。則干頭無反覆。然後行土運。乃爲全順得序而不悖矣。如天干無火而有水。謂之從强。行水運、順其旺神、最美。行金運、金生水、水仍生木、逢凶有解。苟有火而見水。或無火而見金。此謂干頭反覆。如得運程安頓。遇土則可止其逆水。遇火則可去其微金。亦不失爲吉耳。如日干是土。別干得火。相生之誼。亦不反覆。見金以寡敵衆。見水生助强神。則反覆矣。所以制之以威。不若化之以德。則其流行全順矣。餘倣此。

甲寅　戊辰　己巳　此方局齊來。月干丁火獨透。發洩菁英。何其妙也。惜

丁卯　庚午　辛未　乎時干癸水透露。通根亥支。緊傷丁火秀氣。謂干頭

乙亥 壬申 癸酉 反覆。所以一衿尙不能博。貧乏無子。設使癸水換一

癸未 甲戌 乙亥 火土。名利皆遂矣。

丁卯 癸卯 壬寅 此亦方局齊來。干頭無水。丁火秀氣流行。行運不甚

甲辰 辛丑 庚子 反悖。中鄉榜。仕至州牧。子多財旺。賦性仁慈。品行端

甲寅 己亥 戊戌 方。壽越八旬。夫婦齊眉。所謂木主仁。仁者壽。格名曲

乙亥 丁酉 丙申 直仁壽者。信斯言也。由此觀之。干頭反覆與全順得

序者。判若天淵也。

成方干透一元神。生地庫地皆非福。

成方干透元神者。日主即方之氣也。如木方、日主是木。火方、日主是火。

即爲元神透出也。生地庫地非福者。身旺不宜再助也。然亦要看其氣勢。不可一例而論。成方透元神。旺可知矣。固不宜再行生地庫地以幫方也。倘年月時干、不雜財官。又有刼印。謂之從强。則生地庫地、亦能發福。如逢純一火運。眞謂秀氣流行。名利皆遂。如年月時干、財官無氣。再行生地庫地之運。不但不能發福。而且刑耗多端。此屢試屢驗。故誌之。

戊寅　乙卯　丙辰　此成方干透元神。不雜金水。時干丁火吐秀。純粹可

甲寅　丁巳　戊午　觀。初中行運火土鄉。中鄉榜。出宰名區。惜木多火熾。

甲辰　己未　庚申　丁火不足以洩之。所以運至庚申。不能免禍。此造如

丁卯　辛酉　壬戌　時逢丙寅。必中甲榜。仕路顯赫。庚申運丙火足以敵

之。亦不致大凶也。

癸卯　乙卯　甲寅
丙辰　癸丑　壬子
甲辰　辛亥　庚戌
丙寅　己酉　戊申

此造財旺提綱。丙食生助。當以財星爲用。丙火爲喜。癸水爲忌。身旺用財。遺業十餘萬。中年交水運。一敗如灰。至辛亥運。火絕木生。水臨旺地。凍餓而死。以此觀之。不論成方成局。必先察財官之勢。若財旺提綱。則以財爲用。或官得財助。則以官爲用。如財不通月支。官無旺財相生。必須棄其寡而從其衆也。餘皆倣此。

成局干透一官星。左邊右邊空碌碌。

如地支會木局。日主元神透出。別干見辛之官、庚之殺。虛脫無氣。即餘干有土。土亦休囚。難以生金。須地支有一申酉丑字爲美。若無申酉丑。反加之寅辰字。則木勢愈盛。金勢愈衰矣。故碌碌終身。名利無成也。若得歲運去其官星。亦可發達。必要柱中先見食傷。然後歲運去淨官殺之根。名利遂矣。木局如此。餘局倣此論之可也。

辛未　庚寅　己丑
辛卯　戊子　丁亥
乙未　丙戌　乙酉
丁亥　甲申　癸未

乙木歸垣。亥卯未全。木勢旺盛。金氣虛脫。最喜時透丁火制殺爲用。故初運土金之鄉。奔馳未遇。至丁亥運。生木制殺。軍前効力。得縣佐。丙戌運中。幫丁剋辛。升縣令。此所謂強衆敵寡、勢在去其寡。非殺旺宜制而推也。至酉運殺逢祿旺。冲破木局。不祿。

辛未　庚寅　己丑
辛卯　戊子　丁亥
乙未　丙戌　乙酉

此乙木歸垣。雖無全會。然寅時比亥之力量勝數倍矣。以大象觀之。局中三土兩金。似乎財生煞旺。不知卯旺提綱。支中皆木之根旺。非金之生地也。初運土

戊寅　甲申　癸未　金之鄉。采芹食廩。家業豐裕。一交丁亥。制煞會局。刑妻剋子。破耗異常。犯事革名。憂鬱而死。

庚寅　庚辰　辛巳　此造正合本文成局干透官星。左右皆空。四柱一無
己卯　壬午　癸未　情致。用財則財會劫局。用官則官臨絕地。用神無所
乙亥　甲申　乙酉　着落。為人少恆一之志。多遷變之心。以致家業破耗。
癸未　丙戌　丁亥　讀書學醫。一無成就。而且財散人離。削髮為僧。

三　八格　八格正官偏官正財偏財正印偏印食神傷官是也

財官印綬分偏正。兼論食傷八格定。

八格者。命中之正理也。先看月令所得何支。次看天干透出何神。更究司令以定眞假。然後取用。以分清濁。此實依經順理。若月逢祿刃。無格

可取。須審日主之喜忌。另尋別支透出天干者。借以爲用。正者必兼五行之常理也。變者必從五行之氣勢也。

正格

官印　按孤官不貴。必取財印以爲輔。孤財不富。必用官印以爲佐。

財官　故有逢官看印。以財爲引。及逢財看傷食等說。印綬食傷皆

煞印　然。即使用神專一。亦必須運行輔佐之地。方得生氣流動也。

財煞

食神制煞

食神生財

傷官佩印

傷官生財

變格

從財

從官殺

從食傷　即從兒格

從旺　詳下從格

從強

從氣

從勢

一行得氣　即曲直、潤下、炎上、從革、稼穡、五格。

兩氣成形　即兩神成象相生相成十格。（見上）

其餘外格多端。不從五行正理。盡屬謬談。至於蘭台妙選所定一切奇格異局、納音諸法。尤屬不經。不待辨而知其謬也。更有吉凶神煞。往往全無應驗。千金賦云。吉凶神煞之多端。何如生剋制化之一理。一言以蔽之矣。

按影響遙繫。名爲外格。實非格也。不過干支生成特異之點。爲天地靈秀所鍾而已。如天干一氣、地支連茹、等是。夫格局者。五氣聚而成形。自成一種形象。生剋制化。各有一定法則。而雜格則不然。書云。大凡貴命合二三格局。取之左右逢源。不可以格多爲雜云云。若成形象。豈能兼取二三。自相矛盾。又古歌云。諸般貴氣雖合格。六格大綱難去。得更看向背運辰行。不可一途而取則。足見雖合貴氣。仍須依照才官印食取用。然則所謂貴氣者。豈能依以爲據。名之爲格。不免淆亂，眼目。但吉者助吉。凶者解凶。亦非盡無可取。而夾拱沖會。尤能增無形之助力。茲特集合稍有依據者。名之曰雜格。一覽。附於卷末。以供參考。至於特爲一名人之造而錫以佳名。如諸書所列者。不勝其搜集。一概從略。

庚辰　甲申　乙酉　此造支中三未通根。尚有餘氣。干透兩癸。正三伏生
癸未　丙戌　丁亥　寒。貼身生扶。亦通根身庫。官星獨發而清。癸水潤土
乙未　戊子　己丑　養金。生化不悖。財旺生官。中和純粹。科甲出身。仕至
癸未　庚寅　辛卯　藩臬。官境安和。

己丑 辛未 庚午 此造以大勢觀之。官星清於彼。何彼則富貴。此則困

壬申 己巳 戊辰 窮。不知此造無印。壬水緊剋。午未雖是餘氣祿旺。丑

丁未 丁卯 丙寅 中蓄水、暗傷午未之火。壬水逢生、又傷丙火。更嫌巳

丙午 乙丑 甲子 土一透。不能制水。反能晦火。兼之中運逢土。又洩火

氣。謂剋洩交加。因之功名未遂。耗散資財。尚不免刑妻剋子。細究皆己丑兩字之患。幸格局順正。氣象不偏。將來運至木火之地。雖然屈抑於前。終必奮亨於後。

癸未 甲寅 癸丑 此官清印正格，喜其未卯拱木。純粹之象。故爲人品

乙卯 壬子 辛亥 格超羣。才華卓越。文望若高山北斗。品行似良玉精

丙午 庚戌 己酉 金。惜印星太重。官星洩氣。神有餘而精不足，以致功

辛卯　戊申　丁未　名蹭蹬。縱有凌雲之志。難遂青錢之選。還喜格正局清。財星逢合。雖然大才小用。究竟名利兩全。仕路清高施菁莪之雅化。振棫樸之人才也。

辛卯　乙未　甲午
丙申　癸巳　壬辰
癸卯　辛卯　庚寅
壬戌　己丑　戊子

此印綬格。以申金爲用。以丙火爲病。以壬水爲藥。中和純粹。秋水通源。運至癸巳。金水逢生得助。科甲聯登。壬辰藥病相濟。由部屬出爲郡守。至辛卯庚寅。蓋頭逢金。寅卯之木。不能生火壞印。所以名利兩全也。

辛卯　乙未　甲午
丙申　癸巳　壬辰

此亦以申金爲用。以丙火爲病。與前造只換一寅字。不但有病無藥。而且生助病神。彼則青錢萬選。名利

癸卯　辛卯　庚寅　兩全。此則機杼空抛。守株待兔。更嫌寅申遙冲。卯木

甲寅　己丑　戊子　助之。印綬反傷。木旺金缺。且月建乃六親之位。未免

分剕破斧。資財耗散。惟壬運幫身去病。財源稍裕。辛卯、庚寅東方

無根之金。未能進取。家業不過小康。然格正局眞。印星秉令。所以

襟懷曠達，八斗才誇。爭似元龍意氣。五花筆吐。渾如司馬文章。獨

嫌月透秋陽。難免珠沉滄海。順受其正。莫非命也。

由此數造觀之。格局不可執一論也。不拘財官印綬等格。與日主

無二。旺則宜抑。衰則宜扶。印旺洩官、宜財星。印衰逢財宜比刼。此

不易之法也。

看命捷訣

用之官星不可傷。不用官星儘可傷。用之財星不可刼。不用財星儘可刼。用之印綬不可壞。不用印綬儘可壞。用之食神不可奪。不用食神儘可奪。用之七殺不可制。制殺太過反爲凶。身殺兩停宜制殺。殺重身輕宜化殺。身強殺淺宜生殺。陽刄重重喜食傷。若逢官殺亦生殃。財多身弱宜刼刄。刼重財輕喜食神。官旺身衰宜印地。官衰印旺利財鄉。莫道梟神無用處。殺多食重最爲良。勿謂陽刄是凶物。財多黨殺亦爲貞。此是子平眞要訣。後之學者細推尋。

看命衰旺強弱之理最難。旺者、日干生當令之時。又見比刼印綬、謂之旺。若只當令、無刼印生扶。仍作衰論。強者、日干當令。四柱皆刼印、謂之强。弱者、日干逢休囚。柱中無刼印、謂之弱。四柱有刼印、謂之衰。日干雖不當令。而四柱刼印重。亦作旺論。必須審察的確。旺者宜剋。强者宜洩。衰者宜扶。弱者宜抑。此不易之法也。（參看論體用衰旺節）

影響遙繫既爲虛。雜氣財官不可拘。

影響遙繫。即暗冲暗合等格。夫冲者散也。合者化也。何能爲我所用乎。至於雜氣財官。亦是畫蛇添足。夫戊之在辰戌。己之在丑未。乃本氣用事。非墓也。乙辛之在辰戌。癸丁之在丑未。乃本方餘氣。亦非墓也。特辰中之癸。戌中之丁。丑中之辛。未中之乙。乃誠墓耳。故生於四季。如用辰戌之戊。丑未之己。猶如用餘八支之本氣。如用辰戌中之乙辛。丑未中之癸丁。猶之用餘八支之所藏。皆不待刑冲而得力也。惟用辰戌中之癸丁。丑未中之辛乙。慮其閉藏，當求其透出。天干苟得透出。亦不待刑冲而後得力也。不能透出。乃講刑冲。然墓神强旺。遇刑則動。遇冲則發。是爲開庫。墓神衰弱。遇刑則敗。遇冲則拔。是爲剋倒。若土則本無刑冲。更不待言矣。命者、五行之理也。格者、五行之正也。論命取格。須究五行正理。澈底根源。則窮通壽夭、自不爽矣。大凡格局眞實而純粹者。百無一二。破壞而雜亂者。十有八九。無格可取、無用可尋者甚多。格正用眞。行運不悖。名利自如。格破用損。謂之有病。憂多樂少。倘行運得所。去其破損之物。扶其喜用之神。譬如人染沈痾。得良劑以生也。不貴亦富。無格可用者。尋其用神。若用神有力。行運安頓。亦可以剏業興家。無格可取。無用可尋。只可看其大勢。與日主之所向。運途能補其所喜。去其所忌。雖碌碌營生。可免飢寒之患。若行運又無可取。則不貧亦賤。若格正用眞。行運五行反悖。一生有志難伸。

己巳　己巳　戊辰

庚午　丁卯　丙寅

丙午　乙丑　甲子

甲午　癸亥　壬戌

此造俗論丙午日支全三午。四柱滴水全無。中年又無水運。必作飛天祿馬。名利雙輝。不知此造午中己土。巳中庚金。元神透出。年月兩干。眞火土傷官生財格也。初交己巳、戊辰、洩火生金。遺業頗豐。丁卯、丙寅。土金喜用皆傷。連遭回祿。又剋兩妻四子。家業破盡。至乙丑運。北方溼土晦火生金。又合化有情。經營獲利。娶妻生子。重振家聲。甲子、癸亥、水地。潤土養金。發財數萬。若以飛天祿馬論。大忌水運矣。

丁丑　壬寅　辛丑
乙卯日生於卯月、卯時。旺之極矣。最喜丁火獨發洩

癸卯　庚子　己亥
其精英。惜癸水剋丁。仍傷秀氣。時干己土臨絕。不能

乙卯　戊戌　丁酉
去其癸水。因之書香不繼。初中運逢水木之地。刑喪

己卯　丙申　乙未
破耗。家業漸消。戊戌丁運。大遂經營之願。發財鉅萬。

若以飛天祿馬論之。則戊戌運當大破矣。

丁未　壬子　辛亥
此造支全四庫逢冲。俗作雜氣財官也。不知丑未逢

癸丑　庚戌　己酉
冲。不特官星受傷。而且冲去庫根。辰爲甲木餘氣。亦

甲辰　戊申　丁未
是日主盤根之地。更嫌戌冲。微根受傷。財多身弱。且

甲戌　丙午　乙巳
旺土愈冲愈旺。則癸水必傷。初運壬子辛亥水旺之

地。蔭庇有餘。一交庚戌，財殺並旺。椿萱并逝。刑妻剋子。已酉戊申。

土蓋天干。使金不能生水。家業破盡。無子而亡。

丁亥　壬子　辛亥　甲子日元。生於丑月。支類北方。天干辛癸。官印元神
癸丑　庚戌　己酉　發露。剋去丁火。丑未遙剋。又水勢乘權。不能冲丑。正
甲子　戊申　丁未　得中和之象。所以土金水運。皆得生化之情。早游泮
辛未　丙午　乙巳　水。戰勝秋闈。祇因格局清寒。仕路未能顯達。芹泮日
長鳴。孔鐸杏壇春暖。奏虞絃。可知墓庫逢冲而發者、謬也。

官煞

官煞相混宜細論。煞有可混不可混。

煞、卽官也。身旺者、以煞爲官。官、卽煞也。身弱者以官爲煞。日主甚强。雖無制不爲煞困。正官相雜。但無根亦隨煞行。去官不過兩端。用食用傷

皆可。合煞總爲美事。合來合去宜清。獨煞乘權。無制伏。職居清要。衆煞有制。主通根。身掌權衡。殺生印而印生身。龍墀高步。身任財而財滋煞。雁塔題名。若煞重而身輕。非貧卽夭。茍殺微而制過。雖學無成。在四柱總宜降伏。休云年逢勿制。以一位取權貴。何必時上尊稱。制煞爲吉。全憑調劑之功。借殺爲權。妙有中和之理。但見殺臨衰主。究竟必傾家。勿謂局得吉神。遂許顯達。書云格格推詳。以殺爲重。是以究之宜切。用之宜精。殺有可混不可混之理。如天干甲、丙、戊、庚、壬、爲殺。地支卯、午、丑、未、酉、子、乃殺之旺地。非混也。天干乙、丁、己、辛、癸、爲官。地支寅、巳、辰、戌、申、亥、乃官之旺地。非混也。如干甲、乙、支寅。干丙、丁、支巳。干戊、己、支辰、戌。干庚辛、支申。干壬、癸、支亥。以官混殺。宜乎去官。如干甲乙、支卯。干丙丁、支午。

干戊己、支丑未干庚辛、支酉干壬癸、支子。以煞混官。宜乎去煞。年月兩干透一殺。年月支中有財。時遇官星無根。此官從煞勢。非混也。年月兩干透一官。年月支中有財。時遇煞星無根。此煞從官勢。非混也。勢在於官。官得祿。依官之煞。年干助煞。爲混也。勢在於煞。煞得祿。依煞之官。年干助官。爲混也。敗財合煞。比肩敵煞。官可混也。比肩合官。刼財攩官。煞可混也。一官而印綬重逢。官星洩氣。煞助之。非混也。一煞而食傷並見。制煞太過。官助之。非混也。若官煞並透無根。四柱刼印重逢。不但喜混。尙宜財星助官煞也。總之日主旺相。可混也。日主休囚。不可混也。今將煞分六等。詳列於後。

（一）　財滋弱煞格

己酉　乙丑　甲子　此造以俗論之。春金失令。旺財生煞。煞坐長生。必要
丙寅　癸亥　壬戌　扶身抑煞。不知春金雖不當令。地支兩逢祿旺。又得
庚申　辛酉　庚申　辰時。印比幫身。弱中變旺。所謂木嫩金堅。若無丙火。
庚辰　己未　戊午　則寅木難存。若無寅木。則丙火無根。必要用財滋煞。
木火兩字。缺一不可也。甲運、入泮。子運、會水生木。補廩。癸運、有己土當頭。无咎。亥運、合寅。丙火絕處逢生。棘闈奏捷。壬戌支類西方。木火並傷。一阻雲程。刑耗並見。辛酉刼刃肆逞。不祿。　此造惜運走西北、金水。若行東南木火。自然科甲聯登。仕路顯赫矣。

丙申　辛卯　壬辰　此造天干三透庚辛。地支兩坐祿旺。丙火雖掛角得
庚寅　癸巳　甲午　祿。無如庚辛元神透露。非火之祿支。是金之長生。用

庚申　乙未　丙申　財滋煞明矣。辰運、木之餘氣。芹香早採。巳運、火之祿

辛巳　丁酉　戊戌　旺。科甲聯登。甲午、乙未木火並旺。仕至藩臬。若以八

字觀之。此造不及前造。只因前造運行西北。此造運走東南。富貴

雖定於格局。窮通全在於運限。所以命好不如運好。信然也。

（二）煞重用印格

戊子　乙卯　丙辰　戊土生於寅月寅時。土衰木盛。最喜坐下午火。生拱

甲寅　丁巳　戊午　有情。正謂衆煞猖狂。一仁可化。子水之財生寅木。不

戊午　己未　庚申　冲午火。其情協。其關通。尤羨運走南方火土。所以早

甲寅　辛酉　壬戌　登黃甲。出仕馳名。

己亥　乙丑　甲子

此造觀格局。似勝前造。此則印坐長生。前則印逢財

丙寅　癸亥　壬戌

冲。不知前則坐下印綬。兩寅七煞皆來生拱。日主穩

戊子　辛酉　庚申

固。此則財坐日下。反去生煞。助紂爲虐。兼之運走西

甲寅　己未　戊午

北。戊午年中鄉榜。己丑中進士。此兩年比刼幫身。冲去財星之妙也。壬運剋丙、壞印。丁外艱。遭回祿。戌運拱印。雖稍有生色。亦是春月秋花。將來辛酉運中。木多金缺。洩土生水。合去丙火。災禍豈能免耶。

戊辰　辛酉　壬戌

此造木凋金銳。厚土生金。原可畏也。然喜支全水局。

庚申　癸亥　甲子

化其肅殺之氣。生化有情。至癸亥運。科甲聯登。早遂

甲子　乙丑　丙寅

仕路之光。丙寅丁卯。制化皆宜。仕至封疆。宦途平坦。

甲子　丁卯　戊辰　生平履險如夷。

戊午　丁巳　戊午　此造干透兩煞。支全殺局。所喜戊土原神透出。足以

丙辰　己未　庚申　化煞。寅木本要破印。尤喜會火。反培土之根源。巧借

庚寅　辛酉　壬戌　栽培。至己未運中。科甲連登。庚申辛酉。幫身有情馳

丙戌　癸亥　甲子　名宦海。裕後光前也。

癸亥　壬戌　辛酉　此造干透三癸。支逢兩亥。乘權秉令。喜其無金。兩印

癸亥　庚申　己未　拱局。生化不悖。清而純粹。庚申辛酉運中。蹭蹬功名。

丁卯　戊午　丁巳　刑耗並見。交己未運。干制煞。支會印，功名層疊而上。

癸卯　丙辰 乙卯　接行戊午丁己丙運。仕至觀察。名利雙輝。

（三）食神制煞格

戊辰　己未 庚申　此造四柱皆煞。喜支坐三辰。通根身庫。妙在無金時

戊午　辛酉 壬戌　透食神，制煞。辰乃木之餘氣。正謂一將當關。羣凶自

壬辰　癸亥 甲子　伏。至癸亥運。食神逢生。日主得祿。科甲聯登。甲運、仕

甲辰　乙丑 丙寅　縣令。子運，衰神冲旺。不祿。

庚申　辛巳 壬午　此造甲木生辰。雖有餘氣。但庚金並透。通根研伐。最

庚辰　癸未 甲申　喜寅時祿旺。更妙丙火獨透。制煞扶身。午運暗會火

甲戌　乙酉 丙戌　局。中鄉榜。甲申乙酉。煞逢祿旺。刑耗多端。直至丙戌

丙寅　丁亥　戊子　運。選知縣。

壬子　癸丑　甲寅　此造年月兩逢壬子。煞勢猖狂。幸而日時坐戌。通根

壬子　乙卯　丙辰　身庫。更妙戊土透出。足以砥定汪洋。尤羨運走東南。

丙戌　丁巳　戊午　扶身抑煞。至乙卯運中。水臨絕。火逢生。鹿鳴宴罷瓊

戊戌　己未　庚申　林宴。桂花香過杏花香。仕至郡守。

壬申　丁未　戊申　此造兩煞當權臨旺。原可畏也。幸賴年干壬水臨申。

丙午　己酉　庚戌　足以制煞。更妙無木。則水不洩。火無助。申運、金水得

庚午　辛亥　壬子　地。發軔宮牆。酉運、支類西方。早充觀國之光。高預南

丙戌　癸丑　甲寅　宮之選。後運金水體用皆宜。由署郞出爲郡守。

（四）合官留煞格（合煞留官附）

癸丑　丁巳　丙辰　此造火長夏天。旺之極矣。戊癸合而化火爲忌。還喜
戊午　乙卯　甲寅　壬水通根身庫。更妙年支坐丑。足以晦火養金而蓄
丙午　癸丑　壬子　水。則癸水仍得通根。雖合而不化也。不化反喜其合。
壬辰　辛亥　庚戌　則不抗乎壬水矣。是以乙卯、甲寅、運。剋土衞水。雲程
直上。至癸丑運。由琴堂而遷州牧。壬子運、由治中而履黃堂。名利
裕如也。

癸巳　丁巳　丙辰　此亦火長夏天。與前造只換一丑字。天淵之隔矣。丑
戊午　乙卯　甲寅　乃北方溼土。能晦丙火之烈。收午火之焰。又能蓄水

丙午 癸丑 壬子 藏金。巳乃南方旺火。癸臨絕地。杯水輿薪。喜其混不
壬辰 辛亥 庚戌 喜其清。彼則戊癸合而不化。此則合而必化。不但不
能助煞。抑且化火爲刦。反助陽刃猖狂。巳中庚金。無從引助。壬水
雖通根身庫。總之無金滋助。淸枯之象。並之運走四十載木火生
助刦刃。所以骨肉畫餅。事業浮雲。至卯運、壬水絕地。陽刃逢生。傾
家蕩產。莫非命也。順受其正云爾。

戊申 甲子 乙丑 此造日主雖坐旺刃。生於亥月。究竟休囚。五行無木。
癸亥 丙寅 丁卯 壬癸並透。支逢生旺。各立門戶。喜其合去癸水。不致
丙午 戊辰 己巳 混也。更妙運走東南木火。鄉榜出身。寵錫傳來紫闥。
壬辰 庚午 辛未 承宣協佐黃堂。

戊午
癸亥
丙戌
壬辰

甲子　乙丑　丙寅　丁卯　戊辰　己巳　庚午　辛未

丙戌日元。生於辰時。沖去庫根。壬癸並透。喜其戊合。去官留煞。更喜年逢刃助。火虛有焰。更妙無金。稍勝前造。科甲出身。宿映台垣。重藉旬宣之職。猷分禹甸。特隆鎖鑰之權。

壬申
丁未
丁未
癸卯

戊申　己酉　庚戌　辛亥　壬子　癸丑　甲寅　乙卯

此造日月皆丁未。時煞無根。喜其壬水官星助煞。不宜合也。幸而壬水坐申。合而不化。申金爲用。更妙運走西北金水。助起官煞。鄉榜出身。仕版連登。由縣令而遷司馬。位儕黃堂。

合煞留官附

甲辰 庚午 辛未

己巳 壬申 癸酉

戊辰 甲戌 乙亥

乙卯 丙子 丁丑

戊土生於巳月。日主未嘗不旺。然地支兩辰。木之餘氣亦足。喜其合煞留官。官星坐祿。更妙運途生化不悖。所以早登雲路。掌典籍而知制誥。陪侍從而應傳宣也。

丙辰 壬辰 癸巳
此造春金雖不當令。喜其坐祿逢印。弱中變旺。丙辛一合。丁火獨清。不但去煞。而且去刼。財無刼奪。官有生扶。尤妙運走東南木火。所以早遂青錢之選。兆人鏡之芙蓉。作春官之桃李也。

辛卯 甲午 乙未

庚申 丙申 丁酉

丁丑 戊戌 己亥

丙辰　壬辰　癸巳　乙亥日元。坐下逢生。又月令建祿歸垣。足以用財。喜
辛卯　甲午　乙未　丙辛金弱而去。乙庚木旺不從。鄉榜出身。至丙申、丁
乙亥　丙申　丁酉　酉。火蓋天干。未能顯秩。究竟西方金地。亦足以琴堂
庚辰　戊戌　己亥　解慍。花院徵歌也。

癸亥　丁巳　丙辰　此造旺煞逢財。喜其合也。妙在癸水臨旺。合而不化。
戊午　乙卯　甲寅　則有戊土。不抗壬水也。合而化。則無情化火。仍生土
壬午　癸丑　壬子　也。由此以推。運走東方木地。早遂青雲之志。運走北
己酉　辛亥　庚戌　方水地。去財護印。翱步天衢。置身日舍也。

（五）官煞混雜格

壬辰　癸丑　甲寅
壬子　乙卯　丙辰
丙寅　丁巳　戊午
癸巳　己未　庚申

此造壬水當權。煞官重疊。最喜日坐長生。寅能納水。化煞生身。時歸祿旺。足以敵官。更妙無金。印星得用。煞勢雖强。不足畏也。至丙辰幫身。又逢己巳流年。去官之混。捷報南宮。出宰名區。

甲子　丙子　丁丑
乙亥　戊寅　己卯
己巳　庚辰　辛巳
丁卯　壬午　癸未

此造官遇長生。煞逢祿旺。巳亥雖冲破印。喜卯木仍能生火。寅運、合亥化木生印。連登甲榜。庚辰辛巳。制官化煞。朱旛皂蓋。出守大邦。名利兩優。

丙辰　戊戌　己亥
丁酉　庚子　辛丑
庚午　壬寅　癸卯
戊寅　甲辰　乙巳

此造煞逢生。官得祿。喜其秋金秉令。更妙辰土洩火生金。不失中和之象。尤喜運走北方水地。庚子運冲去官根。鹿鳴方燕飲。鴈塔又題名。辛丑壬寅運。橫琴而歌解慍。游刃而賦烹鮮。

戊午　庚申　辛酉
己未　壬戌　癸亥
壬申　甲子　乙丑
辛亥　丙寅　丁卯

此造官煞並旺當令。幸日坐長生。時逢祿旺。足以敵官攩煞。坐下印綬。引通財殺之氣。運走西北金水之鄉。所以少年科甲。裕經綸於管庫。人推黻黼之功。秉撫宇於催科。世讓文章之煥。

官煞混雜者。富貴甚多。總之煞官當令者。必要坐下印綬。則其煞官之氣流通。生化有情。或氣貫生時。亦足以扶身敵煞。若不氣貫生時。又不坐下印綬。不貧亦賤。如煞官不當令者。不作此論也。

（六）制煞太過格

辛卯　丁酉　丙申　時逢獨煞。四食相制。年支卯木。被辛金蓋頭。況秋木
戊戌　乙未　甲午　本不足以疏土。所賴亥中甲木衞煞。至乙未運。暗會
丙辰　癸巳　壬辰　木局。捷報南宮。名高翰苑。甲午運、木死於午。合己化
己亥　辛卯　庚寅　土。丁外艱。己巳年、又冲去亥水。不祿。

辛卯　丁酉　丙申　此亦一煞逢四制。所不及前造者。無亥卯之會也。雖

戊戌　乙未　早採芹香。秋闈蹭蹬。納捐部屬。仕路亦不能通達。喜
丙辰　甲午　時煞透露。行甲午運。無化土之患。然猶刑耗多端。而
壬辰　癸巳　己身無咎。
丙辰　壬辰
　　　辛卯
　　　庚寅

壬辰　丁未　兩煞逢四制。印雖不見。喜其煞透食藏。通根身庫。總
丙午　戊申　之夏火當權。水無金滋。至酉運、合去辰土。財星滋煞。
丙午　己酉　發甲、點中書。庚運、仕版連登。入參軍機。戊運、燥土沖
壬辰　庚戌　動壬水之根。又逢戊辰年。戊土透出。緊制壬水。不祿。
　　　辛亥
　　　壬子
　　　癸丑
　　　甲寅

甲寅　己巳　此造五煞逢五制。土雖當權。木亦雄壯。幸日主兩坐
　　　庚午

戊辰　辛未　壬申　辰庫。又得比肩康扶。至壬申運、日主逢生冲去寅木。

壬辰　癸酉　甲戌　名登桂藉。雁塔高標。接連癸酉二十年。由縣令履黃

壬寅　乙亥　丙子　堂。名利裕如。

庚申　己卯　庚辰　此兩煞逢四制。幸春木得時秉令。剋不盡絕。至午運、

戊寅　辛巳　壬午　補土之不足。去金之有餘。登科、擢縣令。至甲申運。又

戊寅　癸未　甲申　逢食制。死於軍中。

庚申　乙酉　丙戌

按與其制殺太過。不若官煞混雜之美也。何也。蓋制煞太過。煞既

傷殘。再行制煞之運。剋洩交加。九死一生。官煞混雜。只要日主坐

旺。印綬不傷。運程安頓。未有不富貴者也。如日主休囚。財星壞印。即使獨煞純清。一官不混。往往憂多樂少。志屈難伸。學者宜審焉。

傷官

傷官見官最難辨。官有可見不可見。

傷官者。竊命主之元神。既非良善。傷日干之貴氣。更肆縱橫。然善惡無常。但須駕馭。而英華發越。多主聰明。若見官之可否。須就原局以權衡。其間作用。種種不同。不可執一而論也。有傷官用印、傷官用財、傷官用劫、傷官用傷、傷官用官、之不同。若傷官用財。日主旺。傷官亦旺。宜用財。有比劫、則可見官。無比劫、有印綬、不可見官。　日主弱。傷官旺。宜用印。可見官。不可見財。　日主弱。傷官旺。無印綬。宜用比劫。喜見劫印。忌見財官。日主旺。無財官。宜用傷官。喜見財。傷忌見官印。日主旺。比刼多。財星衰。傷官輕。宜用官。喜見財官。忌見傷印。

所謂傷官見官、爲禍百端者。皆日主衰弱。用比刼幫身。見官則比刼受剋。所以有禍。若局中有印。見官不但無禍。而且有福也。傷官用印局內無財。運行印旺身旺之鄉。未有不顯貴者也。運行財旺傷旺之鄉。未有不貧賤者也。傷官用財。財星得氣。運逢財旺傷旺之鄉。未有不富厚者也。運行印旺刼旺之地。未有不貧乏者也。傷官用刼。運逢印旺。必貴。傷官用官。運行財旺。必富。傷官用傷。運遇財傷。富而且貴。不過官有高卑。財分厚薄耳。宜細推之。

（一）傷官用印格

己丑　庚午　己巳　火土傷官重疊。幸在季夏。火氣有餘。又日坐長生寅
辛未　戊辰　丁卯　中甲木爲用。至丁卯運。剋去辛金。破其丑土。所謂有
丙寅　丙寅　乙丑　病得藥。騰身而登月殿。慶集瓊林。接連丙寅。體用皆
己丑　甲子　癸亥　宜。仕至黃堂。

辛酉　丙申　乙未　此土金傷官重疊。喜其四柱無財。氣象純清。初運木
丁酉　甲午　癸巳　火。體用皆宜。所以壯歲首登龍虎榜。少年身到鳳凰
戊午　壬辰　辛卯　池。癸巳、壬辰生金剋火。所以生平志節從何訴。半世
辛酉　庚寅　己丑　勤勞祇自憐。

壬戌　癸丑　甲寅
此金水傷官當令。喜年支戌暖土。足以砥定中流。時上卯木、財破印爲病。兼之初運水木。以致書香不繼。

壬子　乙卯　丙辰

庚辰　丁巳　戊午
至三旬外。運逢火土。異路出身。仕至州牧。午運衰神沖旺。臺省幾時無謫宦。郊亭今日倍離愁。

己卯　己未　庚申

丙辰　甲午　乙未
此木火傷官。印綬通根祿支。格局未嘗不美。雖嫌財星壞印。而丑辰皆溼土。能蓄水晦火。惜乎運途無水。

癸巳　丙申　丁酉

乙丑　戊戌　己亥
以致一介寒儒。至申運。火絕水生。名列泮宮。後九赴秋闈不捷。

丙子　庚子　辛丑

（二）傷官用財格

丙申　戊戌　丁卯　乙巳

己亥　庚子　辛丑　壬寅　癸卯　甲辰　乙巳　丙午

火土傷官。刼印重疊。旺可知矣。以申金財星爲用。遺業本豐。辛丑、壬運。經營獲利。發財十餘萬。至寅運。金臨絕地。刼遇長生。又寅申冲破。所謂旺者冲衰衰者拔。不祿宜矣。

癸亥　乙卯　壬申　乙巳

甲寅　癸丑　壬子　辛亥　庚戌　己酉　戊申　丁未

水木傷官。日坐長生。年支祿旺。日主不弱。足以用巳火之財。嫌其中運金水。半生碌碌風霜。起倒萬狀。至戌運緊制亥水之刼。合起卯木化財。驟然發財數萬。至酉冲破傷官。生助刼印。不祿。

戊子　壬戌 癸亥　土金傷官。日主祿旺。刼印重逢。一點財星。秋水通源。

辛酉　甲子 乙丑　子賴酉生。酉仗子護。遺業小康。甲子乙丑二十年。制

戊午　丙寅 丁卯　化皆宜。自𥿑數萬。至丙寅運生助火土。剋洩金水。不

丁巳　戊辰 己巳　祿。

壬申　壬子 癸丑　金水傷官。四柱比刼。雖用寅木之財。却喜亥水洩金

辛亥　甲寅 乙卯　生木。使比刼無爭奪之風。又得亥解申冲。若無亥水。

辛酉　丙辰 丁巳　一生起倒無寧。終成畫餅。亥水者、生財之福神也。交

庚寅　戊午 己未　甲寅乙卯。白手成家致富。後行火運。戰剋不靜。財星

洩氣無甚生色。至巳運四冲。刼又逢生。不祿。

（三）傷官用刼格

癸亥　庚申　己未
辛酉　戊午　丁巳
戊申　丙辰　乙卯
己未　甲寅　癸丑

土金傷官。財星太重。以致拂意芸窻。幸喜未時刼財通根爲用。更妙運途火土。捐縣佐出仕。至丁巳、丙辰、運。旺印用事。仕至州牧。宦資豐厚。乙卯冲剋不靜。罷職歸田。

己未　壬申　辛未
癸酉　庚午　己巳
戊戌　戊辰　丁卯

土金傷官。支類西方。金氣太重。以刼爲用。喜其當頭剋癸。故書香繼志。更妙運走南方、火地。拔貢出身。由縣令而遷州牧。洊涖黃堂。一生逢凶化吉。宦海無波

庚申　丙寅　乙丑　也。

癸亥　癸丑　壬子　水木傷官。喜其無財。故繼志書香。嫌其地支寅亥化

甲寅　辛亥　庚戌　木。傷官太重。難逐青雲。辛運入泮。亥運補廩。庚戌加

癸亥　巳酉　戊申　捐出仕。己酉、戊申、二十年。土金生化不悖。仕至別駕。

甲寅　丁未　丙午　宦資豐厚。

戊申　庚申　辛酉　四柱傷官。若生丑戌月。爲從兒格。名利皆遂。生於未

己未　壬戌　癸亥　月。火有餘氣。必以未中丁火爲用。惜運走西北、金水

丙戌　甲子　乙丑　之地。以致破敗祖業。至癸亥運。貧乏無聊。削髮爲僧。

己丑　丙寅
　　　丁卯

戊辰　辛酉　此亦傷官用刼。嫌其辰爲溼土。生金拱水。未足幫身。
庚申　壬戌
　　　癸亥　更嫌運走西北金水之地。以致一敗如灰。不成家室。
己酉　甲子
　　　乙丑
癸酉　丙寅
　　　丁卯
　　　戊辰

以上五造。皆是用刼。何前三造名利兩全。此兩造一事無成。因運無幫助之故耳。由此推之。非人之無能。實運使然。富貴貧賤在命。窮通在運。無可勉强也。

（四）傷官用傷官格

庚辰　庚辰 辛巳　壬水生於卯月。正水木傷官格。天干己土臨絕地。支
己卯　壬午 癸未　兩辰。乃木之餘氣。一生金。一拱水。又透兩庚。不但辰
壬辰　甲申 乙酉　土不能制水。反生金助水。必以卯木爲用。一神得用。
庚子　丙戌 丁亥　此象匪輕。初運、庚辰、辛巳。金之旺地。功名不遂。至壬
午運。生才制金。名題雁塔。癸未生拱木神。甲申支全水局。木逢生
助。仕版連登。由令尹而升司馬。洊至黃堂。擢觀察而履藩臬。八座
封疆。一交酉、冲破卯木。註誤落職。所謂用神不可損傷。信斯言也。

乙酉　丁丑 丙子　癸水生於寅月。正水木傷官。地支印星並旺。酉丑拱
戊寅　乙亥 甲戌　金。必以寅木爲用。才能有餘。乙亥運、木逢生旺。中鄉
癸酉　癸酉 壬申　榜。甲戌癸運、出仕縣令。酉運。支逢三酉。木嫩金多。註

癸丑　辛未　庚午　誤落職。前造與此造。皆由少火、有病無藥之故。若有火、雖行金地。亦無大患也。

己卯　己巳　戊辰　甲木生於午月。木火傷官。年月兩干土金無根置之
庚午　丁卯　丙寅　不用。地支兩卯一寅。日元强旺。必以丁火爲用。故人
甲寅　乙丑　甲子　權謀異衆。丁卯運、入泮登科。出仕縣令。丙寅運、剋盡
丁卯　癸亥　壬戌　庚金。宦資大豐。乙丑合庚、晦火生金。落職。

丙子　丙申　丁酉　丙日未月。火土傷官。四柱無金。子水熇乾。未土爲用。
乙未　戊戌　己亥　第嫌乙木並透根深。功名難遂。初運丙申、丁酉。制化
丙辰　庚子　辛丑　乙木。財喜稱心。戊戌十年。熙熙攘攘。日熾日昌。己運、

乙未　壬寅　癸卯　土無根。木回剋。刑耗並見。一交亥運。木得生。火逢刦。得惡病而亡。

（五）傷官用官格

壬戌　庚戌　辛亥　戊日酉月。土金傷官。地支兩戌。燥而且厚。妙在年干壬水。潤土洩金而生木。足以用官。亥運、財官皆得生扶。功名順遂。壬子、早遂仕路之光。癸丑、支拱金局。服

己酉　壬子　癸丑

戊戌　甲寅　乙卯

乙卯　丙辰　丁巳　制重重。甲寅、乙卯、二十年。仕至侍郎。

庚午　庚辰　辛巳　壬水生於卯月。水木傷官。喜其官印通根。年支逢財。

己卯　壬午　癸未　傷官有制有化。日元生旺。足以用官。己運、官星臨旺。

壬申　甲申　乙酉　采泮水之芹。折蟾宮之桂。壬午、癸未、南方火地。兩宰
己酉　丙戌　丁亥　名區。鶯遷州牧。甲申、乙酉、金得地。木臨强。雖退隱而

安享琴書。其樂自如也。

辛未　庚寅　己丑　壬水生於卯月。水木傷官。天干兩辛。支逢辰酉。淦水
辛卯　戊子　丁亥　之源。官之根固。傷之蔭洩。必以己土官星爲用。己丑
壬辰　丙戌　乙酉　運、采芹食廩。戊子雖然蹭蹬秋闈。而家業日增。丁運、
己酉　甲申　癸未　亦無大患。至亥運、全會木局。傷官肆逞。刑耗並見而

亡。

癸酉　戊午　丁巳　丙午日元。支類南方。未土秉令。己土透出。火土傷官。
己未　丙辰　乙卯　藏財受刼。無官則財無存。無財則官亦無根。況火炎

丙午　甲寅　癸丑　土燥。官星並透。以官爲用。運至火土。破耗刑喪。乙卯、
癸己　壬子　辛亥　甲寅運。雖能生火。究竟制傷衞官。大獲財利。納粟出
仕。癸丑、壬子運。由佐貳而升縣令。名利兩全。

（六）假傷官格

戊申　己未　庚申　火土傷官。日主旺極。喜其傷官發洩菁華。更妙財星
戊午　辛酉　壬戌　得用。庚申、辛酉運。少年剏業。發財十餘萬。壬戌、幸而
丁己　癸亥　甲子　水不通根。雖有刑耗而無大患。至癸亥運。激火之烈。
乙己　乙丑　丙寅　洩財之氣。不祿。
壬子　壬子　癸丑　六水乘權。其勢泛濫。全賴卯木洩其精英。初交水運。

辛亥　甲寅　乙卯　仍得生助木神。平寧無咎。甲寅、乙卯、正得用神之宜。

壬子　丙辰　丁巳　采芹食廩。丁財並益。一交丙辰。羣比爭財。三子剋二。

癸卯　戊午　己未　夫婦皆亡。

壬辰　癸丑　甲寅　此天干皆水。支逢旺刃。喜其支全卯辰。精英吐秀。所

壬子　乙卯　丙辰　以書香早遂。但木之元神不透。未免蹭蹬秋闈。更嫌

壬子　丁巳　戊午　運逢火地。尤恐壽元不永。交丙運、庚午年。水火交戰

癸卯　己未　庚申　而亡。

戊午　丁巳　戊午　火土重重。喜酉時傷官透露。洩其菁華。三旬之前運

丙辰 巳未 庚申 逢火土。蹭蹬芸牕。一交庚申。雲程直上。及辛酉、壬戌、

戊辰 辛酉 壬戌 癸亥、四十載。體用合宜。由署郎出爲豸使。從藩臬而

辛酉 癸亥 甲子 轉封疆。宦海無波。

乙酉 庚辰 己卯 火土當權。乙木無根。以辛金爲用。辛丑年入泮。後因

辛巳 戊寅 丁丑 運程不合。屢困秋闈。至丑運。暗拱金局。科甲連登。丙

戊午 丙子 乙亥 子、乙亥。地支之水。本可去火。天干木火不合。所以仕

丙辰 甲戌 癸酉 途蹭蹬。未能顯秩耳。

丁酉 甲辰 癸卯 此與前造只換一辛字。據八字不及前造。而運途卻

乙巳　壬寅　辛丑　勝於前。亦以辛金爲用。非官印論也。辛丑運丁丑年。

戊午　庚子　己亥　溼土生金晦火。又全會金局。發甲、入詞林。蓋歲運皆

丙辰　戊戌　丁酉　宜也。

丁丑　乙巳　甲辰　此造土榮夏令。金絕火生。四柱水木全無。最喜金透

丙午　癸卯　壬寅　通根。惜乎運走東方。生火剋金。不但功名蹭蹬。而且

己酉　辛丑　庚子　財源鮮聚。交辛丑運。年逢戊辰。晦火生金。食神喜刦

辛未　己亥　戊戌　地。秋闈得意。名利裕如。

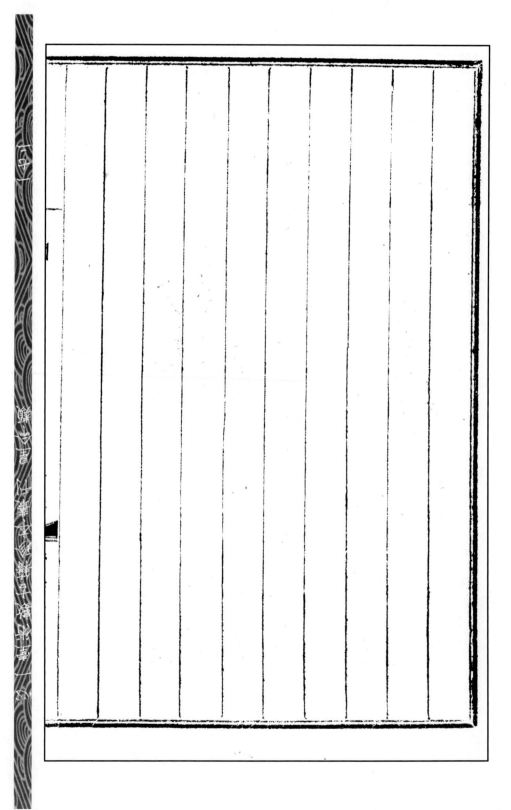

訂正滴天髓徵義卷三

古越任鐵樵氏原著　　武原東海樂吾氏編訂

第二篇上　形象格局 續

四　從化

從象

從得眞者只論從。從神又有吉和凶。

從象不一。非專論財官而已也。日主孤立無氣。四柱無生扶之意。滿局官星。謂之從官。滿局財星。謂之從財。如日主是金。財神是木。生於春令。又有水生。謂之太過。喜火以行之。生於夏令。火旺洩氣。喜水以生之。生於冬令。水多木泛。喜土以培之。火以暖之。則吉。反是則凶。所謂從神又有吉和凶也。尙有從旺、從強、從氣、從勢之理。比從財官更爲重要宜審察焉。

從旺　四柱皆比刼。無官煞之制。有印綬之生。旺之極者。從其旺神也。要行比刼印綬則吉。如局中印輕。行傷食亦佳。官煞運謂之犯旺。凶禍立至。遇財星、羣刼爭財。九死一生。

從强　四柱印綬重重。比刼疊疊。日主又當令。絕無一毫財星官殺之氣。謂二人同心。强之極矣。可順而不可逆也。則純行比刼運、則吉。印綬運、亦佳。食傷運、有印綬冲剋、必凶。財官運、爲觸怒旺神。大凶。　按從旺從強與獨象及兩神成象格中之相成格相似。

從氣　不論財官印綬食傷之類。如氣勢在木火。要行木火運。氣勢在

金水。要行金水運。反此則凶。 按即從財官從兒格

從勢 日主無根。四柱財官食傷並旺。不分强弱。又無刼印生扶。日主又不能從一神而去。惟有和解之可也。視其財官食傷之中。何者獨旺。則從旺者之勢。如三者均停。不分强弱。須行財運以和之。引通食傷之氣。助其財官之勢。則吉。行官煞運次之。行食傷運又次之。如行比刼印綬。必凶無疑。

戊戌 丁巳 戊午
丙辰 己未 庚申
乙未 辛酉 壬戌
丙戌 癸亥 甲子

乙未生於季春。蟠根在未。餘氣在辰。似乎財多身弱。但四柱皆財。其勢必從。春土氣虛。得丙火以實。且火乃木之秀氣。土乃火之秀氣。三者爲全。無金以洩之。無水以靡之。更喜運走南方火地。秀氣流行。所以第

發丹墀。鴻筆走三千之績。名題雁塔。鰲頭冠五百之仙。

壬寅　癸卯　甲辰
壬寅　乙巳　丙午
庚寅　丁未　戊申
戊寅　己酉　庚戌

庚金生於孟春。四支皆寅。戊土雖生猶死。喜其兩壬透於年月。引通庚金。生扶嫩木。而從財也。亦是秀氣流行。更喜運走東南。生化不悖。木亦得其敷榮。所以早登甲第。仕至黃堂。

丙寅　辛卯　壬辰
庚寅　癸巳　甲午
壬午　乙未　丙申
乙巳　丁酉　戊戌

壬水生於孟春。木當令而火逢生。一點庚金臨絕。丙火力能煅之。從財格眞。水生木。木生火。秀氣流行。登科發甲。仕至侍郎。

凡從財格、必要食傷吐秀。不但功名顯達。而且一生無大起倒凶災。蓋從財最忌比刧運。若柱中有食傷。則能化比刧、而生財。所以爲妙。若無食傷吐秀。書香難就。一逢比刧。無生化之情。必有起倒刑傷也。

丁卯	辛丑	庚子	庚生寅月。支全火局。財生煞旺。絕無一點生扶之意。
壬寅	己亥	戊戌	月干壬水。丁壬合而化木。又從火勢。皆從煞黨。從象斯眞。中鄉榜。挑知縣。酉運丁艱。丙運、仕版連登。申運、註誤落職。
庚午	丁酉	丙申	
丙戌	乙未	甲午	

辛巳	庚子	己亥	乙木生於季冬。支全金局。干透兩辛。從煞斯眞。戊戌

辛丑 戊戌 丁酉 運連登甲第。置身翰苑。丁酉、丙申。火截脚而金得地。

乙酉 丙申 乙未 仕版連登。乙未運：冲破金局。木得蟠根。不祿。

乙酉 甲午 癸巳

癸卯 甲寅 癸丑 甲木生於仲春。支逢兩卯之旺。寅之祿。亥之生。干有

乙卯 壬子 辛亥 乙之助。癸之印。旺之極矣。從其旺神。初行甲運。早采

甲寅 庚戌 己酉 芹香。癸丑、北方溼土。亦作水論。登科發甲。壬子、印星

乙亥 戊申 丁未 照臨。辛亥、金不通根。支逢生旺。仕至黃堂。一交庚戌。

土金並旺。觸其旺神。故不能免咎也。

丙午 乙未 丙申 丙生仲夏。四柱皆刄。天干並透甲丙。强旺極矣。可順

甲午　丙午　甲午（丁酉　戊戌　己亥　庚子　辛丑　壬寅）

而不可逆也。初運乙未。早游泮水。丙運、登科。申運、大病危險。丁運，發甲。酉運、丁艱。戊戌己運。仕途平坦。亥運、犯其旺神。死於軍前。

癸酉　癸亥　庚申　丁亥（壬戌　辛酉　庚申　己未　戊午　丁巳　丙辰　乙卯）

庚金生於孟冬。水勢當權。金逢祿旺。時干丁火無根。局中氣勢金水。亦從金水而論。丁反爲病。初交壬運。去其丁火。其樂自如。戌運入泮而喪服重重。因戌土之制水也。辛酉、庚申。登科發甲。出仕琴堂。己未運轉南方。火土齊來。註誤落職。戊午、更多破耗而亡。

丙戌（癸巳　甲午）

癸水生於季春。柱中財官傷三者並旺。印星伏而無

壬辰 乙未 丙申 氣。日主休囚無根。惟官星當令。須從官星之勢。所喜

癸巳 丁酉 戊戌 坐下財星。引通傷官之氣。至甲午運。會成火局生官。

甲寅 己亥 庚子 雲程直上。乙未出仕。申酉運有丙丁蓋頭。仕途平坦。

戊戌運、仕至觀察。至亥運。幫身、冲去巳火。不祿。所謂弱之極者。不

可益也。

癸酉 甲子 癸亥 丙火生丑臨申。衰弱無烟。酉丑拱金。月干乙木凋枯

乙丑 壬戌 辛酉 無根。官星坐財。傷逢財化。以成金水之勢。癸亥運中。

丙申 庚申 己未 入泮登科。辛酉、庚申。去印生官。由縣令而遷州牧。宦

丙申 戊午 丁巳 囊豐厚。己未、南方燥土。傷官助刼。不祿。

化象

化得眞者只論化。化神還有幾般話。

合化之原。見於內經素問。黃帝問五運之始。岐伯引太史冊文曰。始於戊己之分。戊己者。奎壁角軫、天地之門戶也。天門在戌亥之間、奎壁之分。地戶在辰巳之間、角軫之分。凡陰陽皆始於辰。五運起於角軫者。亦始於辰也。甲己之歲、戊己黅天之氣、經於角軫、故爲土運。乙庚之歲、庚辛素天之氣、經於角軫、爲金運。丙辛歲、壬癸亥天之氣、經於角軫、爲水運。丁壬歲、甲乙蒼天之氣、經於角軫、爲木運。戊癸歲、丙丁丹天之氣、經於角軫、爲火運。此化氣之原也。又洛書以五居中。一得五爲六、故甲與己合。二得五爲七、故乙與庚合。三得五爲八、故丙與辛合。四得五爲九、故丁與壬合。五得五爲十、故戊與癸合。合則化。化亦必得五土而後成。

五土者、辰也。洛書九宮、五爲土居中。故合必得辰而後化。且十干之合、至五辰之位、化氣之元神發露。故甲巳起甲子、至五位逢戊辰而化土。乙庚起丙子、至五位逢庚辰而化金。丙辛起戊子、至五位逢壬辰而化水。丁壬起庚子、至五位逢甲辰而化木。戊癸起壬子、至五位逢丙辰而化火。此合化之眞源。即上文陰陽始辰、五運起角軫之義也。近人只知逢龍而化。妄生穿鑿。至爲可笑。（參閱命理尋源）化象作用。亦須究其衰旺。審其虛實。察其喜忌。則吉凶有驗。否泰了然。非可專取生旺、執一而論也。如化神旺而有餘。宜洩化神之神爲用。化神衰而不足。宜生助化神之神爲用。如甲己化土。生於未戌月。土燥而旺。干透丙丁、支藏巳午、謂之有餘。再行火土之運、則太過而不吉也。須從其意向。柱中有水、要行金運。柱中有金、要行水運。無金無水、土勢太旺、必要金以洩之。火土過燥、要帶水之金運以潤之。生於丑辰月土溼爲弱。火雖有而虛。水本無而實。或干支雜以金水、謂之不足。亦須從其意向柱中有金、要行火運。柱中有水、要行土運。金水並見、過於虛溼、要帶火之土運以實之。助起化神爲吉也。至於爭合妒合之說。乃謬論也。既合而化。如貞婦配義夫。從一而終。不生二心。見戊己是彼之同類。遇甲乙是我之本氣。有相讓之誼。合而不化。勉强之意。必非佳耦。見戊己多而起爭妒之風。遇甲乙衆而更强弱之性。甲巳之合如此。餘可類推。

乙丑　癸未　壬午　年月兩干之甲乙得當令之申金、丑內之辛金、制定。

甲申　辛巳　庚辰　不起爭妒之風。時干己土臨旺與日主親切而合。

甲辰　己卯　戊寅　神眞實。乃謂眞化。但秋金當令。洩氣不足。至午運助

己巳　丁丑　丙子　起化神。中鄉榜。辛巳、金火土並旺。登黃甲。宴瓊林。入
翰苑。仕至黃堂。庚辰合乙。制化比刼。仕至藩臬。

戊辰　癸亥　甲子　甲木生於季秋。土旺乘權。剋去壬水。又無比刼。合神

壬戌　乙丑　丙寅　更眞。化氣有餘。惜運走東北水木之地。功名仕路。不

甲辰　丁卯　戊辰　及前造。至丑運丁酉年。暗會金局。洩化神而吐秀。登

己巳　己巳　庚午　科。戊戌年、發甲。仕至州牧。

己卯　丙寅　乙丑　壬水生於仲春。化象斯眞。最喜甲木元神透露。化氣

丁卯　甲子　癸亥　有餘。餘則宜洩。斯化神吐秀。喜其坐下午。午生辰土。

壬午　壬戌　辛酉
甲辰　庚申　己未

秀氣流行。少年科甲。翰苑名高。惜乎中運水旺之地。未能顯秩。終於縣宰。

己卯　丙寅　乙丑
丁卯　甲子　癸亥
壬午　壬戌　辛酉
癸卯　庚申　己未

此與前造只換一卯字。化象更眞。化神更有餘。嫌其時干癸水。比劫爭財。年干己土。遠隔無根。不能去其癸水。午火未能流行。此癸水眞乃奪摽之客也。雖中鄉榜。不能出仕。

丙戌　己亥　庚子
戊戌　辛丑　壬寅

癸水生於季秋。丙火透而通根。化火斯眞。嫌其時透壬水、剋丙。只中鄉榜。直至卯運。壬水絕地。大挑知縣。

癸巳　　癸卯　歷三任而不升。亦壬水奪財之故也。
　　　　甲辰
壬戌　　乙巳
　　　　丙午

假從

眞從之象有幾人。假從亦可發其身。

假從者。日元根淺力薄。局中雖有刼印。亦自顧不暇。其象不一。非專論財官與眞從大同小異。四柱財官得時當令。日主虛弱無氣。雖有比刼印綬。而柱中食神生才。才仍破印。或有官星制刼。則日主無從依靠。只得依財官之勢。財之勢旺則從財。官之勢旺則從官。從財、行食傷財旺之地。從官、行財官之鄉。亦能興發。看其意向。配其行運。爲是假從之象。只要行運安頓。假行眞運。亦可取富貴。何謂眞運。如從財、有比刼分爭。

行官殺運必貴。行食傷運必富。有印綬暗生。要行財運。有官殺洩財之氣。要行食傷運。如從官殺有比刼幫身。逢官運而名高。有食傷破官。行財運而祿重。有印綬洩官。要財運以破印。謂假行眞運。不貴亦富。反此者凶。或趨勢忘義。心術不端耳。若能歲運不悖。抑假扶眞。縱使身出寒微。亦能崛起家聲。所爲必正矣。此乃源濁流清之象。宜深究之。

癸巳　甲寅　癸丑

乙卯　壬子　辛亥

己亥　庚戌　己酉

癸酉　戊申　丁未

春土虛脫。殺勢當權。財遇旺支。喜其巳亥逢冲。格成從殺。第卯酉冲殺。巳酉半會金局。不作眞從而論。所以出身寒微。妙在中隔亥水。謂源濁流清。故能崛起家聲。出類拔萃。早游泮水。壬子運中連登科甲。以中書而履黃堂。擢觀察。辛亥運、金處水實相生不悖。仕途平坦。將來庚戌土金並旺。水木兩傷。恐不免意外風波耳。

丁丑　辛丑　丙火生於初春。火虛木嫩。嫩木逢金。緊貼相沖。連根
壬寅　庚子　拔盡。申金又得辰土生扶。殺勢愈旺。格成從殺。用財
丙申　己亥　更妙。年支丑土。生金晦火。故身出官家。早登科甲。運
壬辰　戊戌　走西北金水。仕至觀察。雖逢土運。仍得金以化之。所
　　　丁酉
　　　丙申　以無險阻也。
　　　乙未
　　　甲午

乙卯　戊寅　戊土生於仲春。木正當權。坐下辰土。蓄水養木。四柱
己卯　丁丑　絕無金氣。又得亥時。水旺生木。又無火以生化之。格
戊辰　丙子　取從官。非身衰論也。雖非科甲出身。運走丙子、乙亥。
癸亥　乙亥　運登仕版。位至封疆。至癸酉運。落職而亡。
　　　甲戌
　　　癸酉
　　　壬申
　　　辛未

乙亥　戊寅　丁丑　此與前造只換年支一亥字。前造乙木坐祿。故可登
己卯　丙子　乙亥　仕版。此造官煞混雜。幸亥卯會合。雖不貴而富。丙子
戊辰　甲戌　癸酉　運、極其蹭蹬。前造子不刑二卯。此則子卯相刑也。
癸亥　壬申　辛未　乙亥運、漸入佳境。甲戌運、富甲一省。癸酉運、巳十剋
癸卯酉再冲。從格被破。難免於禍。前造兩卯。尚不能免。何況流年
又逢癸酉。緊冲月令乎。

己卯　庚午　己巳　壬水生於季夏。支類南方。財從官勢。乙卯之傷官。亦
辛未　戊辰　丁卯　從財而不壞官局。中官星當令。格取從官。月干辛金。
壬午　丙寅　乙丑　透而無根。故爲假從。生員出身。丁卯、丙寅運。生助財

乙巳 甲子 癸亥 官剋盡辛金、仕至封疆。

丁卯 乙丑 甲子 辛金生於孟春。天干丙丁庚辛。陰陽相剋。且金絕火

壬寅 癸亥 壬戌 生。地支寅木當令。日時寅亥化木。格取從殺。運走水

辛亥 辛酉 庚申 地。生木助火。一無凶處。連登甲榜。由縣宰至郡守。生

庚寅 己未 戊午 三子。皆秀發。

癸亥 甲寅 癸丑 己土生於仲春。春木當令會局。時干丁火。被年上癸

乙卯 壬子 辛亥 水剋去。未土又會木局。不得不從殺矣。科甲出身。仕

己未 庚戌 己酉 至觀察。

丁卯　戊申　丁未

假化

假化之人亦多貴。異姓孤兒能出類。

假化之局。其象不一。有合神眞、而日主孤弱者。有化神有餘、而日帶根苗者。有合神不眞、而日主無根者。有化神不足、而日主無氣者。有既合化神、而日主得劫印生扶者。有既合化神、而閑神來傷化氣者。故假化比眞化尤難。更宜細究。庶得假化之機。如甲己之合。生於丑戌月。合神雖眞。而日主孤弱無助。不能不化。但秋冬氣翕而寒。又有金氣暗洩。歲運必須逢火。去其寒溼之氣。則中氣和暖矣。生於辰未之月。化神雖有餘。而辰乃木之餘氣。未是通根身庫。木未嘗無根。但春夏氣闢而暖。又有水木藏根。歲運必須土金之地。去其木之根苗。則無分爭矣。如乙庚之合。日主是木。生於夏令。合神雖不眞。而日主洩氣無根。土燥又不能生金。歲運必須帶水之土。則能洩火養金矣。生於冬令。金逢洩氣而不足。木不納水而無氣。縱有土而凍。不能生金止水。歲運必須帶火之土。則解凍而氣和。金得生而不寒矣、如丁壬之合。日主是丁。生於春令。壬水無根。必從丁合。不知木旺自能生火。則丁火反不從壬化木。或有比刼之助。歲運必須逢水。則火受制而木得成矣。如丙辛之合。日主是火。生於冬令。重重金水。既合且化。嫌其柱中有土。暗來損我化神。溼土雖不能止水。而水究竟混雜不淸。歲運必須逢金土。則氣流行而生水。化神自眞矣。如是配合。以假成眞。亦能名利雙全。光前裕後也。總之格象非眞。未免幼遭孤苦。早見蹭蹬。否則。其人執傲遲疑。倘歲運不能抑假扶眞。一生作事迍邅。名利無成也。

己卯　癸酉　壬申
甲戌　辛未　庚午
甲子　己巳　戊辰
己巳　丁卯　丙寅

天干兩甲逢兩己。各自配合。地支卯戌合。雖不能化火生土。却無爭妒之意。雖是假化。却有情而不悖。未運破其子水。中鄉榜。庚午、己巳。生助化神。出仕琴堂。

甲子　丁丑　戊寅
丙子　己卯　庚辰
甲申　辛巳　壬午

甲木生於仲冬。印綬當權。本是殺印相生。無如坐下絕地。虛極不受水生。見己土貪合。合神雖眞而失令。必賴丙火之生。解其寒凝之氣。嫌其旺水秉令。則火

己巳　癸未　甲申　亦虛脫。不能生扶化神。假而不清。因之人品不端。至
庚辰運。甲午年。剋木生土。中鄉榜而不仕。

甲寅　戊寅　己卯　甲木生於丑月。己土通根臨旺。年之祿比。見丁火有
丁丑　庚辰　辛巳　相生之誼。無爭妒之勢。雖是假化。却有情而不悖。至
甲戌　壬午　癸未　庚辰運。科甲連登。辛巳、壬午。南方火地。生助化神。仕
己巳　甲申　乙酉　至黃堂。

甲寅　壬申　癸酉　癸水生於季夏。木火並旺。月干辛金無氣。不能生水。
辛未　甲戌　乙亥　日主雖臨旺地。仍受火土兩逼。時干戊土合神眞而
癸亥　丙子　丁丑　且旺。日主不能不從合矣。初運壬申、癸酉。金水並旺。

戊午　戊寅　己卯　孤苦不堪。至甲戌運。支會火局。出外大得際遇。乙亥、水逢木洩。支得會局。名成異路。財帛豐盈。一交丙子。火不通根。註誤落職。至壬子年不祿。

甲辰　戊辰　己巳
丁卯　庚午　辛未
壬辰　壬申　癸酉
辛亥　甲戌　乙亥

壬水生於仲春。時逢祿印。而化神當令。又年干元神透出。時干辛金、無根臨絕。丁火合神。足以剋之。辛金不能生水。則亥水非壬之祿旺。乃甲之長生。日干不得不從合而化矣。運走南方火地。采芹食廩。戰勝棘闈。至壬申，癸酉。金水破局。不但不能出仕。且刑傷破耗。蓋化局被傷。爲禍最重也。

按此等假化格局最多。若作身弱用印、則誤矣。

五　順局

一出門來只見兒。吾兒成氣構門閭。從兒不管身強弱。只要吾兒又遇兒。

順者、我生之也。只見兒者。食傷多也。構門閭者。月建逢食傷也。月爲門戶。必要食傷在提綱也。不論身強弱者。四柱雖有比刼。仍去生助食傷也。吾兒又得兒者。必要局中有財。以成生育之意也。如己身碌碌庸庸。無作無爲。得子孫昌盛。振起家聲。又要運行財地。兒又生孫。可享兒孫之福矣。故爲順局。從兒與從財官不同也。然食傷生財。轉成生育。秀氣流行。名利皆遂。故以食傷爲子。財即是孫。孫不能剋祖。可以安享榮華。如見官星。謂孫又生兒。則曾祖必受其傷。故見官殺必爲己害。如見印綬。是我之父。父能生我。我自有爲。焉能容子。子必遭殃。無生育之意。其禍立至。是以從兒格最忌印運。次忌官運。官能洩財。又能剋日主。而食傷又與官星不和。忘生育之意。起爭戰之風。不傷人丁、則散財矣。

丁卯　辛丑　庚子
壬寅　己亥　戊戌
癸卯　丁酉　丙申
丙辰　乙未　甲午

癸水生於孟春。支全寅卯辰。東方一氣。格成水木從兒。以時干丙火爲用。所謂兒又生兒。只嫌壬水爲病。喜丁火合壬化木。反生丙火。轉成生育之意。所以早登科甲。置身翰苑。仕至封疆。申運、木火絕地。不祿。

丁巳　壬寅　辛丑
癸卯　庚子　己亥
癸卯　戊戌　丁酉

癸水生於仲春。木旺乘權。四柱無金。亦水木從兒格也。寅運、支類東方。甲戌年入泮。丙子年鄉榜。其不及前造者。月干癸水爭財。無制合之美也。喜其財星無

丙辰　丙申　乙未　勢。仕路定可亨通。

己未　丙子　乙亥　丙火生於季冬。滿局皆土。格成火土從兒。丑中辛財

丁丑　甲戌　癸酉　爲用。爲一箇元機暗裏存也。所嫌者丁火蓋頭。通根

丙戌　壬申　辛未　未戌。忌神深重。未能顯秩。妙在中運走癸酉、壬申。喜

戊戌　庚午　己巳　用齊來。官途順遂。

己未　庚午　己巳　丙火生於季夏。滿局皆土。格取從兒。所謂從兒又見

辛未　戊辰　丁卯　兒也。大象觀之。勝於前造。其功名富貴、反不及者。何

丙戌　丙寅　乙丑　也。前造金雖不現。而丑內蓄藏。三冬溫土。能晦火養

戊戌　甲子　癸亥

金。此辛金顯露。而九夏鎔金。根氣不固。未戌丁火當權。所謂凶物深藏也。兼之運走東南木火之地。雖中鄉榜。一衿終身。

丁巳　丙午　乙巳

丁未　甲辰　癸卯

甲午　壬寅　辛丑

丙寅　庚子　己亥

甲午生於季夏。支類南方巳午未寅。干透兩丁一丙。火勢乘權。終成木火從兒格。嫌其火太燥烈。以致功名減色。巳運拔貢。甲辰溼土晦火。壬運激火之烈。助寅爭財。不祿。

甲午　戊寅　己卯

丁丑　庚辰　辛巳

甲木生於季冬。火虛而幸通根有焰。格取從兒。木雖進氣。又逢祿比幫身。所謂從兒不論身強弱也。前造

過於燥烈。此則溼土逢燥。地潤天和。生育不悖。聯登

甲午　壬午　癸未　甲申　乙酉

丙寅　甲第。仕至侍郎。

辛丑　庚子　己亥　戊土生於季冬。辛金並透通根。坐下申金。壬水旺而

辛丑　戊戌　丁酉　逢生地。純粹可觀。早游泮水。至亥運、類聚北方。高攀

戊申　丙申　乙未　秋桂。交戊戌、通根燥土。奪去壬水。至丙寅年、冲去申

壬子　甲午　癸巳　金壬水之根。體用兩傷。不祿。

庚子　辛巳　壬午　此造戊土生於季春。局中層疊庚辛。格取從兒。喜其

庚辰　癸未　甲申　支會財局。生育有情。與前大同小異。此因中年運走

戊申　乙酉　丙戌
辛酉　丁亥　戊子

土金生助財星。所以甲第連登。仕至郡守。前造之不祿不仕。實運之背也。

壬寅　壬子　癸丑
辛亥　甲寅　乙卯
辛亥　丙辰　丁巳
壬辰　戊午　己未

辛金生於孟冬。壬水當權。財逢生旺。金水兩涵。格取從兒。讀書一目數行。至甲寅運。登科發甲。乙卯運、由署郎出守黃堂。丙辰、官印齊來。又逢丙戌年、冲動印綬。破其傷官。不祿。

壬子　壬子　癸丑
辛亥　甲寅　乙卯

辛金生於孟冬。水勢當權。雖天干三透辛金。而地支臨絕。格取從兒。讀書過目成誦。早年入泮。甲寅拔貢。

辛卯　丙辰　丁巳　出仕縣宰。乙卯運、仕路順遂。丙辰、註誤。至戌年、旺土

辛卯　戊午　己未　剋水、而歿。

凡從兒格、行運不背逢財者。未有不富貴者也。且秀氣流行。人必聰明出類。學問精醇。

六　反局

君賴臣生理最微

君賴臣生者。印綬太旺之意也。此就日主而論。如日主是木爲君。局中之土爲臣。四柱重逢壬癸亥子。水勢泛濫。木氣反虛。不但不能生木。抑且木亦不能納受其水。木必浮泛矣。必須用土止水。則木可託根。而水方能生木。木亦能受其水矣。破其印而就財。犯上之意。故名爲反局也。

雖就日主而言。四柱亦同此論。如水是官星。木是印綬。水太旺亦能浮木。須見土則木能洩水。以成反生之妙。所以理最微也。火土金水。皆同此論。

壬辰　癸丑　甲寅
壬子　乙卯　丙辰
甲寅　丁巳　戊午
戊辰　己未　庚申

甲木生於仲冬。雖日坐祿支。不致浮泛。而水勢太旺。辰土雖能蓄水。喜其戊土透露。辰乃木餘氣。足以止水。託根。謂君賴臣生也。所以早登科甲。翰苑名高。一路火土之運。祿位未可量也。

壬戌　癸丑　甲寅
壬子　乙卯　丙辰

甲木生於仲冬。前造坐寅而實。此則坐子而虛。然喜年支帶火之土。較辰土力量遠勝。蓋戌土之根固足

甲子　丁巳　戊午　以補日主之虛。行運亦同。功名亦同。仕至尚書。

戊辰　己未　庚申

己巳　丁卯　丙寅　辛生辰月。土雖重疊。春土究屬氣闢、而鬆。土有餘氣。

戊辰　乙丑　甲子　亥中甲木逢生。辰酉轉展相生。反助木之根源。遙冲

辛酉　癸亥　壬戌　巳火使其不生戊己之土。亦君賴臣生也。其不就書

巳亥　辛酉　庚申　香者。木之元神不透。然喜生化不悖。又運走東北之

地。故能武職超羣。

戊午　戊午　己未　己土生於孟夏。局中印星當令。火旺土集。又能焚木。

丁巳　庚申　辛酉　至庚子年。春闈奏捷。帶金之水。足以制火之烈。潤土

己卯　壬戌　癸亥
庚午　甲子　乙丑

之燥也。其不能顯秩。仕路蹭蹬者。局中無水之故也。

兒能生母洩天機。

兒能生母之理。須分時候而論也。如木生冬令。寒而且凋。逢金水必凍。不特金能剋木。而水亦能剋木也。必須火以剋金。解水之凍。木得陽和而發生矣。火遭水剋。生於春初冬盡。木嫩火虛。非但火忌水。而木亦忌水。必須土來止水。培木之精神。則火得生而木亦榮矣。土遇木傷。生於秋末冬初。木堅土虛。縱有火不能生溼土。必須用金伐木。則火有焰而土得生矣。金逢火煉。生於春末夏初。木旺火盛。必須水來剋火。又能滋木潤土。而金得生矣。水因土塞。生於秋冬。金多水弱。土入坤方而能塞水。必須木以疏土。則水勢通達而無阻隔矣。成母子相依之情。爲兒能生母也。若木生夏秋。火生秋冬。金生冬春。水生春夏。乃休囚之位。自無餘氣。焉能用生我之神。以制剋我之神哉。雖就日主而論。四柱之神。皆同此論。

甲申　丁卯　戊辰
丙寅　己巳　庚午
甲申　辛未　壬申
庚午　癸酉　甲戌

春初木嫩。兩申雙冲寅祿。又時透庚金。木嫩金堅。全賴丙火逢生臨旺。尤妙五行無水。謂兒能救母。使庚中之金。不傷甲木。至巳運、丙火祿地。中鄉榜。庚午運、發甲。辛未運、仕縣令。總嫌庚金蓋頭。不能升遷。壬申運、不但仕路蹭蹬。亦恐不祿。

甲申　丁丑　戊寅

乙木生於仲冬。雖逢相位。究竟冬凋不茂。又支類西

丙子　己卯　庚辰　方。財殺肆逞。喜其丙火並透。則金不寒、水不凍。寒木
乙酉　辛巳　壬午　向陽。兒能救母。爲人性情慷慨。雖在經營。規模出俗。
丙戌　癸未　甲申　剏業十餘萬。其不利於書香者。由戊土生殺壞印之
故也。

丙辰　丙申　丁酉　壬水生於季夏休囚之地。喜其三逢辰支。通根身庫。
乙未　戊戌　己亥　辰土能蓄水養木。甲乙並透。通根制土。兒能救母微
壬辰　庚子　辛丑　嫌丙火洩木生土。功名不過一衿。妙在中晚運走東
甲辰　壬寅　癸卯　北水木之地。捐納出仕。位至藩臬。

癸卯　甲寅　癸丑　己土生於仲春。四殺當令。日元虛脫極矣。還喜溼土

乙卯　壬子 辛亥　能生木。不愁木盛。若戊土必損傷矣。更妙未土通根

己卯　庚戌 己酉　有餘。足以用辛金制殺。兒能生母。至癸酉年、辛金得

辛未　戊申 丁未　祿。中鄉榜。庚戌、出仕縣令。所嫌者、年干癸水生木洩

金。仕路不顯。宦囊如洗。爲官清介。人品端方。

母慈滅子關頭異。

母慈滅子之理。與君賴臣生之意相似也。細究之。均是印旺。其關頭異

者。君賴臣生局中。印綬雖旺。柱中財星有氣。可以用財破印也。母慈滅

子。縱有財星而無氣。未可以財星破印。只得順母之性、助其子也。歲運

仍行比劫之地。庶母慈而子安。一見財星食傷之類。逆母之性。無生育

之意。災咎必不免矣。

癸卯　[癸丑 壬子]　此造俗所謂殺印相生。身強殺淺。金水運、名利雙收。
甲寅　[辛亥 庚戌]　不知癸水之氣。盡歸甲木。地支寅卯辰全。木多火熄。
丁卯　[己酉 戊申]　母慈滅子。初運癸丑壬子。生木剋火。刑傷破耗。辛亥、
甲辰　[丁未 丙午]　庚戌、己酉、戊申。土生金旺。觸犯木之旺神。顛沛異常。
無存身之地。是以六旬之前。一事無成。丁未運、助起日元。順母之
性。得際遇。娶妾連生兩子。及丙午二十年。發財數萬。壽至九旬外。

戊戌　[丁巳 戊午]　辛金生於季春。四柱皆土。丙火官星。元神洩盡。土重
丙辰　[己未 庚申]　金埋。母多滅子。初運火土。刑喪破敗。蕩焉無存。一交
辛丑　[辛酉 壬戌]　庚申。助起日元。順母之性。大得際遇。及辛酉、拱合辰
戊戌　[癸亥 甲子]　丑。捐納出仕。壬戌運、土又得地。註誤落職。

丙戌　己亥　庚子　此與前只換一戌字。因初運己亥庚子辛丑金水潤

戊戌　辛丑　壬寅　土養金。出身富貴。辛運加捐。一交壬寅。水木齊來。犯

辛丑　癸卯　甲辰　母之性。彼以土重逢木必佳。強爲出仕。犯事落職。

戊戌　乙巳　丙午

壬子　癸卯　甲辰　此俗論木生孟春。時殺獨清。許其名高祿重。不知春

壬寅　乙巳　丙午　初嫩木。氣又寒凝。不能納水。時支申金。乃壬水生地。

甲子　丁未　戊申　又子申拱水。乃母多滅子。惜運無木助。逢火運、與水

壬申　己酉　庚戌　戰。猶恐名利無成也。初行癸卯甲辰。東方木地。順母

助子蔭庇大好。一交乙巳。運轉南方。父母並亡。財散人離。丙午、水火交戰。家業破盡而亡。

夫健何爲又怕妻。

木、是夫也。土、是妻也。木旺土多。無金不怕。一見庚申辛酉字。土生金。金剋木。是爲夫健怕妻也。歲運逢金。亦同此論。如甲寅乙卯日元。是爲夫健。四柱多土。局內又有金。或甲日寅月。乙日卯月。年時土多。干透庚辛之金。所謂夫健怕妻。如木無氣而土重。卽不見金。夫衰妻旺。亦是怕妻。五行俱同此論。其有水生土者、制火之烈。火生水者、敵金之寒。水生金者、潤土之燥。火生木者、解水之凍。火旺逢燥土而水竭。火能剋水矣。土燥遇金重而木折、土能剋木矣。金重見水泛而火熄、金能剋火矣。水旺得木盛而土滲、水能剋土矣。木衆逢火烈而金鎔。木能剋金矣。此皆五行顛倒之深機。故謂反局。學者宜細詳元妙之理。命學之微奧。其盡洩於此矣。

己亥　丁卯
戊辰　丙寅
甲寅　乙丑
辛未　甲子

甲寅日元。生於季春。四柱土多。時透辛金。土生金。金剋木。謂夫健怕妻。初運木火。去其土金。早游泮水。連登科甲。甲子、癸亥。印旺逢生。日元足以任其財官。仕路超騰。

　　癸亥
　　壬戌
　　辛酉
　　庚申

己巳　丁卯
戊辰　丙寅
　　乙丑
　　甲子

甲木生於季春。木有餘氣。坐下印綬。中和之象。財星重疊當令。時透官星。土旺生金。夫健怕妻。初運木火。

甲子　癸亥　壬戌　去其土金。早年入泮。科甲連登。仕路不能顯秩者。只
辛未　辛酉　庚申　因土之病也。前造有亥。又坐祿支。更健於此。此則子
未相穿、壞印。彼則寅能制土。護印也。

乙亥　庚辰　己卯　丁巳日元。生於孟夏。月時兩透庚辛。地支又逢生助。
辛巳　戊寅　丁丑　巳亥逢沖。去火存金。夫健怕妻。喜其運走東方木地。
丁巳　丙子　乙亥　助印扶身。大魁天下。宦海無波。子運兩巳受制。不祿。
庚戌　甲戌　癸酉

癸亥　癸亥　壬戌　戊戌日元。生於子月、亥年。月透甲木。逢生。水生木木
甲子　辛酉　庚申　剋土。夫健怕妻。最喜坐下戌之燥土。中藏丁火印綬。

戊戌 己未 戊午 財雖旺、不能破印。所謂元機暗裏存也。第嫌支類北
癸丑 丁巳 丙辰 方。財勢太旺。物極必反。雖位至方伯。宦貲不豐。

癸亥 壬戌 辛酉 戊午日元。生於亥月亥年。時逢甲寅、殺旺。財殺肆逞。
癸亥 庚申 己未 夫健怕妻。惜乎印星顯露。財星足以破印。以致難就
戊午 戊午 丁巳 書香。幸而寅拱午印。剋處逢生。以印化殺。所以武職
甲寅 丙辰 乙卯 超羣。

夫健怕妻之理。重在一健字。如日主不健。爲財多身弱。終身困苦矣。

健而怕妻。怕而不怕。運遇生旺扶身之地。自然出人頭地也。

君不可亢也。貴乎損上以益下。

君不可抗者。無犯上之理也。損上者、洩上也。非剋制也。上洩則下受益矣。如以甲乙日主爲君。滿局皆木。內只有一二土氣。君旺盛而臣衰極矣。惟有順君之性。火以行之。火行則木洩。土得生扶。爲損上以益下。則上不亢君。下得安臣矣。若以金衞之。則抗君矣。且木盛能令金自缺。君仍不能抗。反觸其怒。而臣更洩氣。不但無益而有害也。豈能上安下全乎。

甲戌	丁卯　戊辰
丙寅	己巳　庚午
甲戌	辛未　壬申
乙亥	癸酉　甲戌

甲生於寅月。又得亥之生。比刼之助。年日兩支之戌土虛弱。謂君盛臣衰。最喜月透丙火。順君之性。戊土得生拱之情。則上安而下全。己巳運、火土並旺。科甲連登。庚午、辛未、火得地。金無根。又有丙火回光。庚辛

不能抗君。午未足以益臣。仕至藩臬。壬申沖寅剋丙。逆君之性。不祿。

甲子　乙亥　丙子　甲寅日元。生於季秋。土旺用事。不比春時虛土。所以

甲戌　丁丑　戊寅　此一戌足以抵彼兩戌。生於亥時。又天干皆木。君盛

甲寅　己卯　庚辰　臣衰。所嫌者局中無火以行之。羣比爭財。無以益臣。

乙亥　辛巳　壬午　則上不安而下難全矣。初運、北方水旺。助君之勢。刑喪破耗。祖業不保。丁丑運、火土齊來。稍成家業。戊寅、巳卯。土無根。木臨旺。疊遭回祿。起倒異常。刑妻剋子。至卯而亡。

臣不可過也。貴乎損下以益上。

臣不可過。須化之以德也。庶臣順而君安矣。如甲乙日主。滿局皆木。內

只一二金氣。臣盛而君衰極矣。若金運制臣。是以衰勢而行威令。必有抗上之意。必須帶火之土運。木見火而相生。臣心順矣。金逢土而得益。君心安矣。若水木並旺。不見火土。當存君之子。一路行水木之運。亦可安君。若木火並旺。則宜順臣之心。一路行火運。亦可安君。所謂臣順而性順。君衰而仁慈。亦上安而下全。若純用土金以激之。非安上全下之意也。

戊寅	乙卯	丙辰
甲寅	丁巳	戊午
甲寅	己未	庚申
庚午	辛酉	壬戌

甲寅日元。年日皆寅。滿盤是木。庚金無根。臣盛君衰極矣。喜其午時。流通木性。則戊土弱而無根。臣心順矣。又逢丙辰、丁巳、戊午、己未、帶土之火。生化不悖。臣順君安。早登科甲。仕至侍郎。庚申運、不能容臣。不祿。

癸卯　乙卯　甲寅　辛未

甲寅　癸丑　壬子　辛亥　庚戌　己酉　戊申　丁未

甲寅日元。年月皆卯。又透乙癸。未乃南方燥土。木之庫根。非生金之地。故辛金之君無能爲矣。當存君之子。以癸水爲用。運逢甲寅、癸丑。遺緒豐盈。壬子、辛亥。名利兩優。一交庚戌。土金並旺。不能容臣。犯事落職。破耗剋子而亡。

戊午　戊午　戊午　甲寅

己未　庚申　辛酉　壬戌　癸亥　甲子　乙丑　丙寅

此造三逢戊午。時殺雖坐祿支。局中無水。火土燥烈。臣盛君衰。且寅午拱會。木從火勢。轉生日主。君恩雖重。而日主之意向反不以甲木爲念。運走西方金地。功名顯赫。甚重私情。不以君恩爲念也。運逢水旺。又不能存君之子。註誤落職。

甲寅　丁丑　戊寅
丙子　己卯　庚辰
己酉　辛巳　壬午
己巳　癸未　甲申

己酉日元。生於仲冬。甲寅官星坐祿。子水財星當令。財旺生官。時逢印綬。此爲君臣兩盛。更妙月干丙火一透。寒土向陽。轉生日主。君恩重矣。早登科甲。翰苑名高。緣坐下酉金。支得巳時之拱。火生之金。衞之水養之。而日主之力量足以剋財。故其爲官重財而忘君恩矣。

知慈母恤孤之道。始有瓜瓞無疆之慶。

母衆子孤。不特子仗母勢。而母之情亦依乎子。故子母二者。皆不宜損抑。只得助其子勢。則母慈而子益昌矣。如日主甲乙木爲母。內只有一二火氣。其餘皆木。是母多子病。一不可見水。見水子必傷。二不可見金。

見金則觸母性。母子不和。子勢愈孤。惟行帶火土之運。則母性必慈。其性向子。子方能順母之意而生孫。以成瓜瓞衍慶。若行帶水之土運。則母情有變。反不容子矣。

戊午　乙卯　丙辰　乙卯日元。生於寅月卯時。滿盤皆木。只有年支午火。
甲寅　丁巳　戊午　母旺子孤。喜其無水。寅午半會。母之性慈而向子。子
乙卯　己未　庚申　亦能順母之意。而生戊土之孫。更喜運行火土。所以
己卯　辛酉　壬戌　少年早登龍虎榜。身入鳳凰池。仕至侍郎。一交庚申
觸母之性。不祿。

癸卯　乙卯　甲寅　甲寅日元。生於季春。支類東方。又生於亥時。一點丙
丙辰　癸丑　壬子　火虛露。母衆子孤。辰乃溼土。晦火養木。兼之癸水透

甲寅　辛亥　己酉　庚戌　戊申

乙亥

干時逢亥旺。母無慈愛恤孤之心。反有滅子之意。初運乙卯、甲寅。尚有生扶愛子之情。其樂自如。一交癸丑、帶水之土。母心必變。子不能安。破敗異常。至壬子、剋絕其子。家破人離。自縊而亡。

知孝子奉親之方。始克諧成大順之風。

子衆母衰。母之性依乎子。須要安母之心。亦不可逆子之性。如甲乙日爲主。滿局皆木。中有一二水氣。謂子衆母孤。母之情依乎子。必要安母之心。一不可見土。見土則子戀婦才而不顧母。母不安矣。二不可見金。見金則母勢强、而不容子。子必逆矣。惟行帶水之金運。使金不剋木、而生水。則母情必依子。子情亦順母矣。以成大順之風。若行帶土之金運。

婦性必悍。母子皆不能安。人事莫不皆然也。此四章雖主木論。火土金
水亦如之。

癸亥　甲寅　癸丑　甲寅日元。生於仲春。卯亥、寅亥、拱合。滿局皆木。年干
乙卯　壬子　辛亥　癸水無勢。子旺母孤。其情依乎木。木之性亦依乎水。
甲寅　庚戌　己酉　謂母子情協。初運甲寅、癸丑。蔭庇有餘。早游泮水。壬
丁卯　戊申　丁未　子、中鄉榜。辛亥、金水相生。由縣令遷州牧。庚戌、土金
並旺。母子不安。詿誤落職而亡。

乙亥　戊寅　丁丑　甲寅日元。生於仲春。滿局皆木。亥卯又拱。時支子水
巳卯　丙子　乙亥　衰極。其情更依乎木。日主戀己土之私情、而不顧母。
甲寅　甲戌　癸酉　丁丑運、火土齊來。反不容母。刑傷破耗。丙子、火不通

甲子　壬申　辛未　根。平安無咎。甲戌、又逢土旺。破耗異常。乙亥、癸酉生化不悖。續絃生子。重振門楣。壬申、晚景愈佳。金水相生之故也。

第二篇中　論體用精神

道有體用。不可一端論也。要在扶之抑之得其宜。

體者、形象氣局之謂也。如無形象氣局。即以日主爲體。用者、用神也。非體用之外、別有用神也。旺者抑之。弱者扶之。雖爲不易之法。然有不易中之變易者。惟在審察得其宜三字而已。旺者抑之。如不可抑。又宜扶之。弱者扶之。如不可扶。反宜抑之。此命理之眞機。五行顚倒之妙用也。蓋旺極者抑之。抑之反激而有害。則宜從其強而扶之。弱極者扶之。扶之徒勞而無功。則宜從其弱而抑之。是不可以一端論也。

如日主旺。提綱或官、或財、或食傷、皆可爲用。日主衰。別尋四柱干支有幫身者爲用。提綱是祿刃。即以提綱爲體。看其大勢。以四柱干支食神財官尋其得所者用之。

如四柱干支財殺過旺。日主旺中變弱。須尋其幫身制化財殺者用之。

日主爲體者。如日主旺。印綬多。必要財星爲用。　日主旺。官殺輕。亦以財星爲用。　日主旺。官星輕。印綬重。亦以財星爲用。

日主旺。比刼多。而無財星。以食傷爲用。　日主旺。比刼多。而財星輕。亦以食傷爲用。

日主弱。官殺旺。則以印綬爲用。　日主弱。食傷多。亦以印綬爲用。日主弱。財星旺。則以比刼爲用。　日主與官殺兩停者。則以食傷爲用。　日主與財星均敵者。則以比刼爲用。此皆用神之的當者也。

如日主不能爲力。合別干而化。化之眞者。即以化神爲體。化神有餘。則以洩化神之神爲用。化神不足。則以生助化神之神爲用。

局方曲直五格。日主是元神。卽以格象爲體。以生助氣象者爲用。或以食傷爲用。或以財星爲用。只不宜官殺。總宜視其格局之氣勢意向而用之。毋執一也。

如無格無局。四柱又無用神可取。卽或取之。或被閑神合住。或被冲神損傷。或被忌神刼占。或被客神阻隔。不但用神不能顧日主。而日主亦不顧用神。若得歲運破其合神。合其冲神。制其刼占。通其阻隔。此謂歲運安頓。隨歲運取用。亦不失爲吉也。

原註二三四五用神。的非妙造。此說大謬。八字之中。若去四五字爲用神。則除日干外。僅兩字不用。斷無此理。總之有用無用。定有一個着落。確乎不易也。命中只有喜用兩字。用神者、日主所喜、始終依賴之神也。喜神者、幫助用神之神也。忌神者、剋害用神之神也。除用神、喜神、忌神外。皆閑神客神也。學者宜審察之。大凡天干作用。生則生。剋則剋。合則合。沖則沖。易於取材。而地支作用。則有種種不同者。故天干易見。地支難推。

丙寅　乙未　丙申　此火長夏令。月支坐刃。年支逢生。時支得祿。年月兩
甲午　丁酉　戊戌　支。又透甲丙。烈火焚木。旺之極矣。一點癸水、熬乾。只
丙午　己亥　庚子　得從其強勢。運逢木火土。財喜頻增。申酉運中。刑耗

癸巳　辛丑　壬寅　多端。至亥運、激火之烈。家業破盡而亡。所謂旺之極
者。抑之反激而有害也。

戊寅　辛酉　壬戌　丙火生於初秋。秋金乘令。三申冲去一寅。丙火之根
庚申　癸亥　甲子　巳拔。比肩亦不能爲力。年月兩干又透土金。只得從
丙申　乙丑　丙寅　其弱勢。順財之性。以比肩爲病。故運至水旺之地。制
丙申　丁卯　戊辰　去比肩。事業巍峩。丙寅幫身。刑喪破耗。所謂弱之極
者。扶之徒勞無功。反有害也。此等格局頗多。以俗論之。前造必以
金水爲用。此造必以木火爲用。以致吉凶顚倒。反歸咎於命理之
無憑。故特書兩造爲證云。

人有精神。不可以一偏求也。要在損之益之得其中。

精者、生我之神也。神者、剋我之物也。氣者、本氣貫足也。三者以精爲主。精足則氣旺。氣旺則神旺。必得流通生化。損益適中。則精氣神三者皆備矣。細究之、不特日主用神體象有精神。卽五行皆有也。有餘則損之。不足則益之。雖爲一定之理。然亦有一定中之不定也。惟在審察得其中三字而已。損者、剋制也。益者、生扶也。有餘損之過。則宜洩之。不足益之過。則宜去之。此損益之妙用。蓋過於有餘。損之反觸其怒。則宜順其有餘而洩之。過於不足。益不受補。則宜從其不足而去之。是不可以一偏求也。總之精太足、宜益其氣。氣太旺、宜助其神。神太洩、宜滋其精。則生化流通。神清氣壯矣。如精太足、反損其氣。氣太旺、反傷其神。神太洩、反抑其精。則偏枯雜亂。精索神枯矣。所以水泛木浮、木無精神。木多火熾、火無精神。火炎土焦、土無精神。土重金埋、金無精神。金多水弱、水無精神。要當損益適中。則精神自足。譬如旺者宜洩。洩神得氣、爲精足。此從裏發於表。而神自足矣。旺者宜尅。尅神有力、爲神足。此由表達於裏、而精自足矣。如土生四季月。四柱土多無木。或干透庚辛或支藏申酉。此謂爲裏發於表。精足神定。如土多無金。或干透甲乙或支藏寅卯。此謂表達於裏。神足精安。土論如此。五行皆同。宜細究之。

癸酉	癸亥	壬戌
甲子	辛酉	庚申
丙寅	己未	戊午
戊戌	丁巳	丙辰

此造以甲木爲精。衰木得水滋、而逢寅祿、爲精足。以戊土爲神。坐戌通根。寅戌拱之、爲神旺。官生印、印生身、坐下長生、爲氣貫流通。生化五行俱足。左右上下。情協不悖。官來能擋。刦來有官。傷來有印。東西南北

之運。皆可行也。所以一生富貴福壽。可謂美矣。

癸未 甲寅 癸丑　此造以大勢觀之、官印相生。偏才時遇、五行不缺。四

乙卯 壬子 辛亥　柱純粹。儼然貴格。不知財官兩字休囚。又遙隔不能

丙辰 庚戌 己酉　相顧。支全寅卯辰。春土剋盡。不能生金。金臨絕地。不

庚寅 戊申 丁未　能生水。水之氣盡洩於木。木之勢愈旺、而火熾。火熾

則氣斃。氣斃則神枯。行運北方。又傷丙火之氣。反助木之精。即逢金運。所謂過於有餘。損之反觸其怒。以致終身碌碌。名利無成也。

戊戌 丙寅 丁卯　此四柱皆土。命主元神洩盡。月干乙木凋枯。所謂精

乙丑 戊辰 己巳　氣枯索。運逢壬戌。本主受傷。年逢辛未。緊剋乙木。卒

丙辰 庚午 辛未　於九月。患弱症而亡。

己丑 壬申 癸酉 按壬戌爲逆行運。當是女命。

月令乃提綱之府。譬之宅也。人元爲用事之神。宅之定向也。不可以不卜。

月令者、命中之主要也。氣象格局用神。皆屬提綱司令。天干又有引助之神。譬如廣廈不移之象。人元用事者。卽此月此日之司令神也。如宅中之向道。不可不卜。地理玄機云。宇宙有大關會。氣運爲主。山川有眞性情。氣勢爲先。所以天氣動於上。而人元應之。地勢動於下。而天氣從之。由此論之。人元司令。雖助格輔用之首領。然亦要天地相應爲妙。故知地支人元、必得天干引助。天干爲用、必要地支司令。總之人元必須司令。則能引吉制凶。月令必須出現。方能助格輔用。如寅月之戊土。巳月之庚金。無司令出現。可置勿論也。譬如寅月生人。戊土司令。甲木雖未及時。戊土雖則司令。天干不透火土而透水木。謂地衰門旺。天干不透水木而透火土。謂門旺地衰。皆吉凶參半。如丙火司令。四柱無水。寒木得火而繁榮。相火得木而生助。謂門地兩旺。福力非常也。如戊土司令。木透干。支藏水。謂門地同衰。禍生不測矣。餘月依此而論。

甲戌　丁卯 戊辰　戊寅日元。生於立春十五日後。正當甲木司令。地支
丙寅　己巳 庚午　兩寅、緊剋辰戌之土。天干甲木、又制日干之戊。似乎
戊寅　辛未 壬申　煞旺身衰。然喜無金。則日元之氣不洩。更妙無水。則
丙辰　癸酉 甲戌　丙火之印不壞。尤羨貼身透丙。化殺生身。由甲榜而懸青綬。從副尹以躋黃堂。名利雙收也。

甲戌　丁卯 戊辰　戊辰日元。生於立春後六日。正戊土司令。月透丙火。

丙寅　己巳　庚午　生化有情。日支坐辰。通根身旺。又得食神制殺。俗論

戊辰　辛未　壬申　勝於前造。不知嫩木寒土皆喜火。況殺既化。不宜再

庚申　癸酉　甲戌　制。所嫌者申時。不但日主洩氣。而且丙火臨絕。以致

書香難遂。一生起倒不寧。刑喪不免也。

生時歸宿之地。譬之墓也。人元爲用事之神。墓之穴方也。不可以不辨。

子時前三刻三分。壬水用事者。亥中餘氣。卽所謂夜子時是也。如大雪十日前壬水用事之謂也。後六刻七分。方爲癸水用事。餘時亦有前後用事。須從司令一例而推。如生時用事。與月令人元用事相附。是日主所喜者。倍增其吉。爲日主所忌者。必增凶禍。生時之美惡。譬墳墓之結穴。人元用事。如墳墓之朝向。不可以不辨。故穴吉向凶。必減其吉。穴凶

向吉。必減其凶。如丙日亥時。亥中壬水乃丙之殺。得甲木用事。謂穴凶向吉。辛日未時。未中己土乃辛金之印。得丁火用事。謂穴吉向凶。理雖如此。然時之不的。當者十有四五。夫時尚有不的。又何能辨其生剋乎。如果時的。縱不究其人元。亦可斷其規模矣。譬如天然之龍。天然之穴。必有天然之向。天然之向。必有天然之水。只要時不錯。吉凶自驗。其人元用事。到底不比提綱司令之重也。至於山川之異。世德之殊。因之發福有厚薄。見禍有重輕。而况人品端邪。亦可轉移禍福。此又非命理所得而拘也。宜消息之。

按人元用事。逐月分配。不知始於何時。朱子曰。陰陽進退。當以一爻分三十分。每日進退一分。如陰剝、每日剝三十分之一。一月方剝得

申　立秋七己兼三戊　三壬交庚至白露　十七日

酉　白露庚金管一旬　辛金專氣迎寒露　二十日

戌　寒露辛九丁三逢　戊旺提綱又立冬　十八日

亥　立冬戊七甲五日　壬水洋洋交大雪　十八日

未　小暑九丁乙三周　己旺提綱又立秋

人元用事

司令之圖

子　大雪壬水十日看　念天癸水逢小寒

午　芒種十丙九己取　丁火陰柔迎小暑　十日

丑　小寒九癸兼三辛　己旺提綱又立春　十八日

巳　立夏五戊庚初動　庚九交丙及芒種　十六日

辰　清明乙九三癸寓　戊旺提綱交立夏

卯　驚蟄十日甲木行。餘皆乙木是春明

寅　立春戊七兼丙七　餘日甲木交驚蟄　十六日

盡陽長。每日長三十分之一。亦一月方長得成。故復之一陽。不是頓然便生。乃是從坤卦中積來。從小雪後一日一分。竟大雪共三十日。
生三十分。然後成冬至之一陽。姤之陰生於小滿。積三十日然後成
夏至之一陰。故列子曰。一氣不頓進。又曰天道密移。疇覺之哉。觀月
令司令圖。逐月分配。深得此意。足見此圖相傳甚久。京易十二月辟
卦地支藏用。卽同此圖。足見其傳自周秦以前也。茲錄杭辛齋氏易
楔一節於下。
地支藏用。分析陰陽。最爲精密。周天三百六十有五度四分度之一。
歷三百六十五日四分日之一而氣周。卽六十卦三百六十爻之爻
周。坎離震兌分主二至二分。共三百八十四爻。陰陽錯綜。盈虛消息。
無不合矣。藏天干於地支者。卽乾體坤用。乾之用九。用於坤六。學者

以術家言而忽之。是猶悅琢玉之精美。而賤斧鑿爲匠器。十翼造化之筆。固無斧鑿痕。然不知斧鑿之用。又安識良工之心苦哉。

復	子	壬五日三分半　癸二十日六分半	姤	午	丙十日三分半　己九日三分　丁十三日三分半
臨	丑	己十八日六分　癸九日二分　辛三日一分	遯	未	丁九日三分　乙三日一分半　己十八日六分
泰	寅	戊七日二分半　丙七日二分半　甲十六日五分	否	申	戊己共七日　壬七日三分半　庚十六日五分
大壯	卯	甲十日三分半　乙二十日六分半	觀	酉	庚十日三分半　辛二十日六分
夬	辰	乙九日三分　癸三日一分半　戊十八日六分	剝	戌	辛九日七分　丁三日一分　戊十八日六分
乾	巳	庚七日二分半　戊七日二分半　丙十六日五分	坤	亥	戊七日二分半　甲三日二分半　壬十六日五分

又按太平御覽五行休旺論。立春艮旺。艮居丑寅之交立春之候也震相、巽胎、離沒、坤死、兌囚、乾廢、坎休。立夏巽旺。巽居辰巳之交立夏之候也離相、坤胎、兌沒、乾死、坎

囚、艮廢、震休。立秋坤旺、坤居未申之交立秋之候也兌相、乾胎、坎沒、艮死、震囚、坎廢、離休。立冬乾旺、乾居戌亥之交立冬之候也坎相、艮胎、震沒、離囚、坤廢、兌休王充論衡同。足見長生沐浴等十二名字。其傳甚遠也。

能知衰旺之眞機。其於三命之奧。思過半矣。

得時俱爲旺論。失令便作衰看。雖是至理。亦死法也。夫五行之氣流行於四時。雖日干各有專令。而其專令之中。亦有並存者在。如春木司令。甲乙雖旺。而此時休囚之戊己。亦未嘗絕於天地也。冬水司令壬癸雖旺。而此時休囚之丙丁。亦未嘗絕於天地也。特時當退避。不敢爭先。而其實春土何嘗不生萬物。冬日何嘗不照萬方乎。況八字雖以月令爲重。而旺相休囚。年月時中。亦有損益之權。故生月即不值令。亦能值年值日值時，豈可執一而論。有如春木雖強，金太重而木亦危。干庚辛而支申酉，無火制而不富。逢生而必夭，是得時不旺也。秋木雖弱，木根深而木亦強。干甲乙而支寅卯，遇官透而能受。逢水生而太過，是失時不弱也。是故日干不論月令休囚，只要四柱有根，便能受財官食神而當傷官七殺。長生祿旺，根之重者也。墓庫餘氣，根之輕者也。天干得一比肩，不如地支得一餘氣也。墓庫者，如甲乙逢未、丙丁逢戌、庚辛逢丑、壬癸逢辰是也。餘氣者，如甲乙逢辰、丙丁逢未、庚辛逢戌、壬癸逢丑是也。得二比肩，不如支中得一長生祿旺，如甲乙逢亥、寅、卯之類是也。蓋比肩如朋友之相扶，通根如家室之可託。干多不如根重，理固然也。今人不知此理，見是春土、夏水、秋木、冬火，不問有根無根，便謂之弱。見是春木、夏火、秋金、冬水。不究剋重剋輕。便謂之旺。更有壬癸逢辰、丙丁逢戌、甲乙逢未、庚辛逢丑、之類。不以爲通根身庫。甚之求刑沖以開之。竟不思刑沖傷我本根之氣。此種謬論。必宜一切掃除也。然此皆論衰旺之正而易者也。更有顛倒之理存焉。蓋太旺宜洩。旺極宜生。太衰宜剋。衰極宜洩。其理有十。　木太旺似金。喜火之煉也。洩木旺極者似火。喜水之剋也。生火太旺者似水。喜土之止也。洩火旺極者似土。喜木之剋也。生金太
生土太旺者似木。喜金之剋也。洩土旺極者似金。喜火之煉也。
旺者似火。喜水之濟也。洩金旺極者似水。喜土之止也。生水太旺者似土。喜木之制也。洩水旺極者似木。喜金之剋也。生木太衰者似水。宜金以生之。剋木衰極者似土。宜火以生之。洩火太衰者似木。宜水以生之。

剋火衰極者似金。宜土以生之。洩土太衰者似火。宜木以生之。剋土衰極者似水。宜金以生之。洩金太衰者似土。宜火以生之。剋金衰極者似木。宜水以生之。洩水太衰者似金。宜土以生之。剋水衰極者似火。宜木以生之。此五行顛倒之眞機。學者宜細詳、元元之妙。

甲辰　戊辰 己巳　甲子日坐於卯月。地支兩辰。木之餘氣也。又辰卯東

丁卯　庚午 辛未　方。子辰拱水。木太旺似金也。以丁火爲用。至巳運、丁

甲子　壬申 癸酉　火臨旺。名列宮牆。庚辛兩運。南方截脚之金。雖有刑

戊辰　甲戌 乙亥　耗而無大患。未運、剋去子水。食廩天儲。午運。子水冲剋。秋闈失意。壬申、金水齊來。刑妻剋子。破耗多端。癸運不祿。

癸卯　甲寅 癸丑　此造四支皆木。又逢水生。六木兩水。別無他氣。木旺

乙卯　壬子　辛亥　極者、似火也。以水爲用。出身祖業本豐。惟丑運刑傷。
甲寅　庚戌　己酉　壬子水勢乘旺。辛亥、金不通根。支逢水旺。此二十年
乙亥　戊申　丁未　經營獲利數萬。一交庚戌。土金並旺。破財而亡。

乙丑　癸未　壬午　此造地支土金。木無盤根之處。時干辛金。元神發透。
甲申　辛巳　庚辰　木太衰者、似水也。初運癸未、壬午。生木制金。刑喪早
甲申　己卯　戊寅　見。蔭庇難豐。辛巳、庚辰。金逢生地。白手成家。發財數
辛未　丁丑　丙子　萬。己卯運、土無根。木得地。遭回祿、破財。至寅運而亡。

己巳　戊辰　丁卯　此造地支皆逢剋洩。天干又透火土。全無水氣。木衰

己巳　丙寅　乙丑　極者、似土也。初交戊辰丁。藉豐盛之蔭庇。美景良多。
乙酉　甲子　癸亥　卯運、椿萱並謝。丙運、大遂經營之願。獲利鉅萬。寅運、
丙戌　壬戌　辛酉　剋妻破財。又遭回祿。乙丑、支全金局。火土兩洩。家業
耗散。甲子、北方水地。不祿宜矣。

乙丑　辛巳　庚辰　丙戌日元。月時兩刃。壬水無根。又逢木洩。火太旺者、
壬午　己卯　戊寅　似水也。初運庚辰、辛巳金逢生地。孔懷無輔助之人。
丙戌　丁丑　丙子　親黨少知心之輩。己卯、得際遇。戊寅、全會火局。及丁
甲午　乙亥　甲戌　丑二十年。發財數十萬。至子運而亡。

戊寅　戊午　己未　丙火生孟夏。地支兩坐長生而逢祿旺。火旺極者、似

丁巳　庚申　辛酉　土也。初運雖不逢木。喜其南方火地。遺緒豐盈。讀書
丙寅　壬戌　癸亥　過目成誦。一交庚運。卽棄詩書。好嬉游。揮金似土。申
甲午　甲子　乙丑　運家破身亡。此造若逢木運。名利兩全也。

辛巳　丙申　乙未　丁火生於八月。秋金秉令又全金局。火太衰者、似木
丁酉　甲午　癸巳　也。初運乙未、甲午。火木並旺。骨肉如同畫餅。六親亦
丁酉　壬辰　辛卯　是浮雲。一交癸巳。干透水。支拱金。出外經營。大得際
辛丑　庚寅　己丑　遇。壬辰運中發財十餘萬。

辛亥　辛卯　庚寅　此造財生殺。殺攻身。丙臨申位。申辰拱水。火衰極者、

壬辰　己丑　戊子　似金也。初運辛卯、庚寅。東方木地。椿萱凋謝。祖業無

丙申　丁亥　丙戌　恆。至已丑、出外經營。青蚨襯鞾。白鏹隨輿。及戊子二

己亥　乙酉　甲申　十年。春風吹柳。紅綾易公子之裳。杏露沾衣。膏雨沐

王孫之袖。所謂有其運、必得其福也。

戊辰　己未　庚申　此造重重厚土。生於夏令。土太旺者、似木也。其用在

戊午　辛酉　壬戌　金。庚申運、早采芹香。辛酉運、辛丑年。飲鹿鳴宴瓊林。

戊申　癸亥　甲子　雲程直上。壬戌運、刑喪挫折。丙午年亡。

己未　乙丑　丙寅

戊戌　丁巳　戊午　此造四柱火土。全無剋洩。土旺極者、似金也。初運南

丙辰　己未　庚申　方、遺業豐盈。午運入泮。己未、棘闈拔而不售。一交庚

己巳　辛酉　壬戌　申、青蚨化蜨。家業漸消。辛酉財若春後霜雪。事業蕭

己巳　癸亥　甲子　條。壬運、剋丙不祿。

壬辰　壬子　癸丑　此造支類北方。水勢汪洋。天干又透金水。土太衰者、

辛亥　甲寅　乙卯　似火也。運至甲寅、乙卯。干支皆木。名成利遂。一交丙

戊子　丙辰　丁巳　運。刑妻剋子。破耗多端。至丁巳運、歲運火土。暗傷體

癸丑　戊午　己未　用。得風疾而亡。

癸酉　癸亥　壬戌　此造四柱皆水。又得金生。土衰極者、似水也。初逢癸

甲子　辛酉 庚申　亥。平寧之境。壬戌、水無根。土得地。刑喪破耗。家業消

戊子　己未 戊午　亡。辛酉、庚申、二十年。大得際遇。白手發財數十萬。已

壬子　丁巳 丙辰　未運破耗頗鉅。壽亦至未而亡。

壬申　庚戌 辛亥　此造秋金秉令。木火全無。金太旺者、似火也。亥運壬

己酉　壬子 癸丑　水坐祿。早游泮水。壬子運、用神臨旺。撞破烟樓高攀

庚子　甲寅 乙卯　月桂。癸丑、合去壬水旺地、囊內青蚨成蜨舞。枝上子

庚辰　丙辰 丁巳　規月下啼。甲寅、乙卯。尚有制土衛水之功。仕路清高。

楓葉未應毡共冷。梅開早覺筆先香。

庚申　丙戌 丁亥　此造支類西方。又逢厚土。金旺極者、似水也。初運火

乙酉 戊子 己丑 土。祖業無恆。至戊子運。獲厚利。納粟出仕。己丑庚運。

庚戌 庚寅 辛卯 名利皆逢。一交寅運。犯事落職。名利兩失。至卯不祿。

庚辰 壬辰 癸巳

己卯 己巳 戊辰 辛金生於仲夏。地支皆逢財殺。金太衰者、似土也。初

庚午 丁卯 丙寅 運己巳、戊辰。晦火生金。求名多滯。作事少成。一交丁

辛卯 乙丑 甲子 卯。木火並旺。如枯苗得雨。悖然而興。鴻毛遇風。飄然

甲午 癸亥 壬戌 而起。家業豐裕。交丑、生金洩火、不祿。

己亥 丙寅 乙丑 此造木旺乘權。又得水生。四面皆逢財殺。金衰極者、

丁卯　甲子　癸亥　似木也。所以乙丑運中。土金暗旺。家業破盡。至甲子

庚寅　壬戌　辛酉　運。北方水旺。財源通裕。癸亥出仕。名利兩全。壬戌、水

丙子　庚申　己未　臨絕地。罷職而歸。

壬寅　壬子　癸丑　此造壬水生於孟冬。支類北方。干皆金水。水太旺者、

辛亥　甲寅　乙卯　似土也。喜其寅木吐秀。至甲寅運。早遂青雲之志。可

壬子　丙辰　丁巳　謂才藻翩翩。輝映杏壇桃李。文思奕奕。光騰藥籠參

辛丑　戊午　己未　苓。乙卯運、宦途順利。交丙而亡。

癸亥　壬戌　辛酉　此造四柱皆水。一無剋洩。其勢沖奔。不可逆也。初運

癸亥　庚申 己未　壬戌。支逢土旺。早見刑喪。辛酉、庚申。干支皆金。所謂

壬子　戊午 丁巳　月印千江。銀作浪。門臨五福。錦鋪花。交己未、妻子皆

庚子　丙辰 乙卯　傷。家業破盡。戊午運、貧乏不堪。憂鬱而卒。

丙辰　丙申 丁酉　此火土當權。又逢木助。五行無金。水太衰者、似金也。

乙未　戊戌 己亥　初交丙申丁酉。蓋頭是火。使申酉不能生水。財喜並

壬午　庚子 辛丑　旺。戊戌運中。家業饒裕。己亥、土無根。還喜支會木局。

癸卯　壬寅 癸卯　雖有破耗、而無大患。一交庚子。家破人亡。

癸卯　丁巳 丙辰　此造丙火當權。戊癸從化。煏乾壬水。水衰極者、似火

戊午　乙卯　也。初運逢火。從其火旺。豐衣足食。乙卯、甲寅。名利雙
　　　甲寅
壬寅　癸丑　全。癸丑，爭官奪財。破耗而亡。
　　　壬子
丙午　辛亥
　　　庚戌

以上二十造。五行極旺極衰。不得中和之氣。原註云旺中有衰者存。衰中有旺者存。即太旺宜洩、太衰宜剋之理也。旺之極者不可損。衰之極者不可益。即旺極宜生、弱極宜洩之理也。特選此爲證。又按太旺宜洩、旺極宜生者。即從強從旺也。（參觀獨象方局從象）太衰宜剋、衰極宜洩者。即從財官從兒也。（參觀從氣從勢）所云似木、似火、似土。乃譬喻之詞。學者宜會其意。不可執着也。

既識中和之正理。而於五行之妙。有能全焉。

中和者、命中之正理也。既得中和之正氣。又何患名利之不遂耶。夫一世優游無抑鬱而暢遂者。少險阻而迪吉者。爲人孝友而無驕諂者。居心耿介而不苟且者。皆得中和之正氣也。至若身弱而旺地取富貴、身旺而弱地取富貴者。必四柱有所缺陷。或財輕刼重。或官衰傷旺。或煞強制弱。或制強殺弱。此種雖不得中和之理。其氣却亦純正。爲人恩怨分明。惟柱中有所缺陷。或運又乖違。因而妻子財祿。各有不足。如財輕刼重妻不足。制強殺弱子不足。官衰傷旺名不足。殺強制弱財不足。其人或志高氣傲。雖貧無諂。後至歲運補其不足。去其有餘。仍得中和之理。定然起發於後。有等見富貴而生諂容。遇貧窮而作驕態。必四柱偏氣古怪。五行不得其正。故心事奸貪。作事僥倖也。若所謂有病有藥。吉凶易驗。無病無藥。禍福難知。此論仍失之偏。大凡有病者、顯而易取。無病者、隱而難推。然總以中和爲主。猶如人之無病。則四肢健旺。營衛調和。行止自由。諸多安適。設使有病則憂多樂少。舉動艱難。如遇良藥則可。若無良藥醫之。豈不爲終身之患乎。

辛巳　癸巳　壬辰　癸卯日元。生於亥時。日主之氣已貫。喜其無土。財旺
甲午　辛卯　庚寅　自能生官。更妙巳亥遙沖。去火存金。印星得用。木火
癸卯　己丑　戊子　受制。體用不傷。中和純粹。爲人、知識深沉。器重荊山
癸亥　丁亥　丙戌　璞玉。才華卓越。光浮鑑水珠璣。庚運、助辛制甲。自應

台耀高躔。朗映紫薇之彩。鼎居左列。輝騰廊廟之光。微嫌亥卯拱木。木旺金衰。未免嗣息艱難也。

己酉 乙亥 甲戌 癸日子月。似乎旺相。不知財殺太重。旺中變弱。局中

丙子 癸酉 壬申 無木。混濁不清。陰內陽外之象。月透財星。其心意必

癸未 辛未 庚午 欲愛之。時逢官殺。其心志必欲合之。所以權謀異衆。

戊午 己巳 戊辰 才略過人。出身本微。心術不端。癸酉、得逢際遇。由佐貳至觀察。奢華逢迎。無出其右。至未運、不能免禍。所謂欲不除似蛾撲燈。焚身乃止也。

庚申 辛巳 壬午 戊土生於季春午時。似乎旺相。第春時虛土。非比六

庚辰 癸未 甲申 九月之實也。且兩辰蓄水爲溼。足以洩火生金。干透

戊辰 乙酉 丙戌 兩庚。支會申辰。日主過洩。用神必在午。喜水木不見。

戊午 丁亥 戊子 日主印綬不傷。精神旺足。純粹中和。一生宦海無波。

三十餘年太平宰相。直至子運、會水局、不祿。壽已八旬矣。

訂正滴天髓徵義卷四

古越任鐵樵氏原著　　武原東海樂吾氏編訂

第二篇中　體用精神續

一　源流

何處起根源。流到何方住、機括此中求。知來亦知去。

源頭者、四柱中之旺神也。不論財官印綬食傷比刼之類。皆可爲源頭也。總要流通生化。收局得美爲佳。或起於比刼。止於財官、爲喜。或起於財官。止於比刼爲忌。如山川之發脈來龍。認氣於大父母、看尊星。認氣於眞子息、看主星。認氣於方交媾、看胎伏星。認氣於胎育、看胎息星。認氣於化煞爲權、看解星。認氣於絕處逢生、看恩星。認源之氣以勢。認流之氣以情。故源頭流住之地。即山川結穴之所也。不可以不究源頭阻節之氣。卽來龍破損隔絶之意也。不可以不察。看其源頭流止之處何地。以知其誰與誰替。看其阻節之神何神。以論其何吉何凶。如源頭起於年月是食神。住於月時是財官。則上叨祖父之蔭。下享兒孫之福。或起於年月是財官。住於日時是傷刼。則破敗祖業。刑妻剋子。如起於日時是財官。住於年月是食印。則上與祖父爭光。下與子孫立業。或起於日時是財官。住於年月是傷刼。則祖業難享。自剏維新。流住年是官印者。知其祖上清高。是傷刼者、知其祖上寒微。流住月是財官者。知其父母創業。是傷刼者、知其父母破敗。流住日時是財官食印者。必白手成家。或妻賢子貴。流住日時是傷刼梟神者。必妻陋子劣。或因妻招禍。破家受辱。然又要看日主之喜忌斷之。無不驗也。　如源頭流住之地。有阻節隔絕之神、是偏正印綬。必爲長輩之禍。柱中又有財星相制。必得妻賢之助。如有比刼之化。或得兄弟相扶。如阻節是比刼。必遭兄弟之累、或不和。柱中有官星相制。必得賢貴之解。如有食傷之化。或得子姪之助。如阻節是財星。必遭妻妾之禍。柱中有比刼相制。必得兄弟之助。或兄弟愛敬。如有官星之化。或得賢貴提攜。如阻節是食傷。必受子孫之累。柱中有印綬相制。必叨長輩之福。或親長提拔。有財星之化。必得美妻。或中饋多能。如阻節是官煞。必遭官刑之禍。柱中有食傷相制。必得子姪之力。有印綬之化。必仗長輩之助。然又要看用神之宜忌論之。無不應也。　如源頭流住是官星。又是日主之用神。就名、貴顯者十居八九。如是財星又是日主之用神。就利、發財者十居八九。如是印星。又是日主之用神。有文望而清高者、十居八九。如是食傷又是日主之用神。財子兩美者十居八九。如日主以官星爲忌神。爲官遭禍傾家者有之。如日主以財星爲忌。爲財喪身敗名節者有之。如日主以印星爲忌神。爲文書傷時犯忌而受殃者有之。如日主以食傷爲忌神。爲子孫受累而絕嗣者有之。此窮極源流之正理。不同俗書之謬論也。

辛酉 巳亥 戊戌 此以金爲源頭。流至寅木印綬生身。更妙巳時得祿。

庚子 丁酉 丙申 財又逢生。官星透露。清純而有精神。中和純粹。起處

丙寅 乙未 甲午 亦佳。歸局尤美。詞林出身。仕至通政。一生無險。名利

癸巳 癸巳 壬辰 雙輝。

辛丑　壬辰　辛卯
癸巳　庚寅　己丑
戊申　戊子　丁亥
丙辰　丙戌　乙酉

此以火爲源頭。流止水方。更妙月時兩火之源。皆得流通。至金水歸局。所以富有百萬。貴至二品。一生履險如夷。所謂景星慶雲。仰衆星之拱向。花攢錦簇。盼五福之駢臻。

辛卯　庚寅　己丑
辛卯　戊子　丁亥
丙子　丙戌　乙酉
甲午　甲申　癸未

此以木爲源頭。五行無土。不能流至金。財官又隔絕。冲而逢洩。無生化之情。初運庚寅。叨上人之福。己丑運、合子洩火、生金。財福駢臻。戊子土虛水旺。暗助木神。刑耗多端。丁亥剋金會木。家破人亡。

庚寅　癸未　甲申
壬午　乙酉　丙戌
戊午　丁亥　戊子
丁巳　己丑　庚寅

此以火爲源頭。年支寅木阻節。月干壬水隔之。不能流至金。初運土金之地。冲化阻節之神。業同秋水春花盛。人被堯天舜日恩。一交丙戌。支會火局。梟神奪食。破耗異常。又剋一妻二妾四子。至丁亥運。干支皆合化木。煢煢隻影。孤苦不堪。削髮爲僧。

凡富貴者。未有不從源頭也。分其貴賤。全在收局一字定之。去我濁氣。作我喜神。不貴亦富。去我清氣。作我忌神。不貧亦賤。學者當審察之。

二　通關

關內有織女。關外有牛郎。此關若通也。相將入洞房。

通關者、引通尅制之神也。所謂陰陽二用。妙在氣交。天降而下。地升而上。天干之氣動而專。地支之氣靜而雜。是故地運有推移。而天氣從之。天氣有轉徙。而地運應之。天氣動於上。而人元應之。人元動於下。而天氣從之。所以陰勝逢陽則止。陽勝逢陰則佳。是謂天地交泰。干支有情。左右不悖。陰陽生育而相通也。若殺重喜印。殺露印亦露。殺藏印亦藏。此顯然通達。不必節外生枝。倘原局無印。必須歲運逢印而通之。或暗會明合而通之。局內有印。被財星損壞。或官星化之。或比刼解之。或被合住、則冲開之。或被冲壞、則合化之。或隔一物、則剋去之。前後上下。不能援引。得歲運相逢尤佳。如年印時殺。干殺支印。前後遠立。上下懸隔。或爲閑神忌物所間。此原局無可通之理。必須歲運暗冲暗會。剋制閑神忌物。該冲則冲。該合則合。引通相剋之勢。此關一通。所謂琴遇子期。馬逢伯樂。求名者青錢萬選。問利者億則屢中。如牛郎織女之入洞房。遂其所願。殺印之論如此。食傷財官之論亦如此。

按原局無通關之神。歲運逢之固吉。然究不及原局有根而微。歲運助之爲尤美。所謂根在苗先是也。

癸酉　癸亥 壬戌
甲子　辛酉 庚申
丁卯　己未 戊午
丙午　丁巳 丙辰

此造天干地支皆殺生印。印生身。時歸祿旺。尤妙四冲、反爲四助。金見水、不剋木而生水。水見木、不剋火而生木。此自然不隔不占。無阻節之物。日主弱中變旺。遇水仍能生木。逢金仍能生水。印綬不傷。所以秋闈早捷。仕至觀察。

戊寅　甲子　乙丑　此癸水臨旺。貼身相剋。被戊土合去。反作幫身。月支
癸亥　丙寅　丁卯　亥水本助殺得年支寅亥合來，生身。寅本遙隔。反爲
丁未　戊辰　己巳　親近。時支之亥。又逢未會。以難爲恩。一來一去。何等
辛亥　庚午　辛未　情協。一往一會。通關無阻。所以科甲連登。仕至黃堂。

戊辰　丙辰　丁巳　春金氣弱。時殺緊剋。年逢印綬。遠隔不通。又被旺木
乙卯　戊午　己未　剋土壞印。不但戊土不能生化。即日支之丑土。亦被
辛丑　庚申　辛酉　卯木所壞。此局內無可通之理。中運南方殺地。碌碌
丁酉　壬戌　癸亥　風霜。奔馳未遇。交庚申、剋去木神。得奇遇。分發陝西。
屢得軍功。及辛酉二十年。仕至副尹。蓋金能剋木、幫身。印可化殺

而通關也。

己巳 丙寅 乙丑 春金虛弱。木火當權。年印月殺。未得相通。時支未土。

丁卯 甲子 癸亥 又會卯化。木只有生殺之情。而無輔主之意。兼之一

辛卯 壬戌 辛酉 路運途無金。一派水木。仍滋殺之根源。以致破敗祖

乙未 庚申 己未 業。一事無成。至亥運會木生殺而亡。

三 清濁

一清到底有精神。管取生平富貴眞。澄濁求清清得去。時來寒谷也回春。

命之最難辨者。清濁兩字也。清而有氣。則精神貫足。清而無氣。則精神枯槁。精神枯則邪氣入。邪氣入則清氣散。清氣散則不貧亦賤矣。夫清濁者。八字皆有也。非正官一端而論也。身弱有印、忌財。財星不現。清可

知矣。即使有財。不可便作濁論。須要看其情勢。如財與官貼。官與印貼。印與日主貼。則財生官。官生印。印生身。印之源頭更長。至行運再助其印綬。自然富貴矣、即使無財。不可便作佳論。亦要看其情勢。或印星無氣。與官星不通。或印星太旺。日主枯弱。不受印星之生。或官星貼日。印星遠隔。日主先受官剋。印星不能生化。至行運再逢財官。不貧亦夭矣。如正官格身旺喜財。所忌者印綬傷官。其次也。亦要看情勢。如傷官與財貼。財與官貼。官與比肩貼。不特官星無礙。抑且傷官化刼、生財。財生官旺。官之源頭更長。至行運再遇財官之地。名利兩全矣。如傷官與財星遠隔。反與官星緊貼。財不能爲力。至行運再遇傷官之地。不貧亦賤矣。如傷官在天干。財星在地支。必須天干財運以解之。傷官在地支。財星在天干。必須地支財運以通之。或財官相貼、而財神被合神絆住。或被閑神劫占。亦須歲運冲其合神。制其閑神。皆爲澄濁求淸。雖舉正官而論。八格皆同此論。總之喜神宜得地逢生。與日主緊貼者佳。忌神宜失勢臨絕。與日主遠隔者美。日主喜印。印星貼身。或坐下印綬。即日主之精神也。官星貼印。或坐下官星。此即印綬之精神。餘可例推。

癸酉　癸亥　壬戌　丙生子月。坐下長生。印透根深。弱中之旺。喜其官星

甲子　辛酉　庚申　當令透而坐財。所謂一淸到底有精神也。更妙源流

丙寅　己未　戊午　不悖。純粹可觀。金水運、登科發甲。名高翰苑。惜中運

乙未　丁巳　丙辰　火土。以致終老詞林。

甲子　丁卯　戊辰　春土坐亥。財官太旺。最喜獨印逢生。財藏生官。則印

丙寅　己巳　庚午　綬之元神愈旺。氣貫生時。而日主之氣不薄。更妙連

己亥　辛未　壬申　珠生化。尤羨運途不悖。所以恩分雕錦。寵錫金蓮地

辛未　癸酉　甲戌　近禁城。職居清要。

癸未　癸亥　壬戌　此與前癸酉一造。大同小異。前則官坐財地。此則官

甲子　辛酉　庚申　坐傷地。兼之子未相貼。不但天干之官受剋。即地支

丙寅　己未　戊午　之官亦傷。更嫌刼入財鄉。所謂財刼官傷。縱使芹香

丁酉　丁巳　丙辰　早采。仍蹬蹭秋闈。辛酉庚申運。干支皆財。財如放梢

春竹。利如蔓草生枝。家業豐裕。一交己未。傷妻剋子。連遭回祿。家

業大破。可知窮通在運矣。

滿盤濁氣令人苦。一局清枯也苦人。半濁半清猶是可。多成多敗度晨昏。

濁者、四柱混雜之謂也。或正神失勢。邪氣乘權。此氣之濁也。或提綱破損。別求用神。此格之濁也。或官旺喜印。財星壞印。此財之濁也。或官衰喜財。比刼爭財。此比刼之濁也。或財旺喜刼。官星制刼。此官之濁也。或財輕喜食傷。印綬當權奪食。此印之濁也。或身强殺淺。食傷得勢。此食傷之濁也。分其所用。斷其名利之得失。六親之宜忌。無不驗也。然濁與清枯二字。宜細辨别之。寧使清中濁。不可清中枯。夫濁者、雖成敗不一。多有險阻。倘遇行運得所。掃除濁氣。亦有起發之機。如行運又無安頓之地。乃困苦矣。清枯者、不特日主無根之謂也。即日主有氣。而用神無氣者。亦是也。枯又非弱比也。枯者、無根而朽也。即遇滋助之鄉。亦不能發生也。弱者、有根而嫩也。所以扶之即發。助之即旺。根在苗先之意也。

凡命之日主枯者。非貧即夭。用神枯者。非貧即孤。所以清有精神終必發。偏枯無氣斷孤貧。滿盤濁氣須看運。抑濁扶清也可亨。試之驗也。

乙亥　己卯 戊寅
庚辰　丁丑 丙子
戊戌　乙亥 甲戌
丁巳　癸酉 壬申

戊戌日元。生於辰月巳時。木退氣。土乘權。印綬重逢。用官則被庚金合壞。用食則官又不從化。而火又剋金。無奈何而用財。又有巳時遙冲。又不當令。若遨庚金生助。貪合忘生。且遙隔無情。所以起倒不一。幸而財官尚有餘氣。至乙亥運。補起財官。遂成小康。

癸亥　戊午 丁巳

火長夏令。原屬旺論。然時在季夏。火氣稍退。兼之重

己未 丙辰 乙卯 疊傷官洩氣。丑乃溼土。能晦丙火之光。以旺變弱濁
丙午 甲寅 癸丑 氣當權。清氣失勢。兼之先行三十年火土運。半生起
己丑 壬子 辛亥 倒多端。至乙卯甲寅木疏厚土。掃除濁氣。生扶日元。
衛護官星。左會右合。財茂業成。

丁卯 丙午 乙巳 此造大略觀之。財生官。官生印。印生身。似乎清美。無
丁未 甲辰 癸卯 如午未南方。火烈土焦。能脆金不能生金。且木從火
庚午 壬寅 辛丑 勢。又壞印綬。無生化之情。非清枯而何。更嫌運走東
己卯 庚子 己亥 南。明月清風誰與共。高山流水少知音。

四 眞假

令上尋眞聚得眞。假神休要亂眞神。眞神得用平生貴。用假終爲碌碌人。

眞者、得時秉令之神也。假者、失時退氣之神也。言日主所用之神。在提綱司令。又透出天干。謂聚得眞。不爲假神破損。生平富貴矣。縱有假神。安頓得好。不與眞神緊貼。或被閑神合住。或遙隔無力。亦無害也。倘與眞神緊貼。或相剋相冲。或合眞神暗化忌神。終爲碌碌庸人矣。如行運得助。抑假扶眞。亦可功名小遂。而身獲康寧。故喜神宜四生。忌神宜四絕。局內看眞神。行運看解神。是先天而爲地紀。所以測地。先看提綱以定格局。中天而爲人紀。所以範人。次看人元司令而爲用神。後天而爲天紀。所以觀天。後看天元發露而輔格助用。是天地人之三式。合而用之。則造化之功成矣。造化功成。則富貴之機定矣。然後再定運程之宜忌。則窮通了然矣。後學者須究三元之正理。審其眞假。察其喜忌。究冲合之愛憎。論歲運之宜否。斯爲的當。故規矩雖可言傳。妙用由人心悟也。

甲子　丁卯　戊辰　己土卑薄。生於春初。寒溼之體。其氣虛弱。得甲丙並

丙寅　己巳　庚午　透。印正官清。聚得眞也。柱中金不現。而水得化假神

己丑　辛未　壬申　不亂。更喜運走東南。印旺之地。仕至尚書。

甲子　癸酉　甲戌

壬申　癸卯　甲辰　殺逞財勢。嫩木逢金。最喜寅木眞神當令。時干透出

壬寅　乙巳　丙午　乙木元神。寅申之冲。謂之有病。運至南方火地。去申

丙子　丁未　戊申　金之病。仕至封疆。聲名赫奕。

乙未　己酉　庚戌

庚申　己卯　庚辰　此造日臨旺地。會局幫身。不當以弱論。喜其時干甲

戊寅　辛巳　壬午　木眞神發露。所嫌者年遇庚申。剋甲冲寅。又逢戊土

壬子　癸未　甲申　之助。謂假神亂眞。雖然早采芹香。屢困秋闈。至壬午

甲辰　乙酉　丙戌　運。制化庚金。秋桂高攀。加捐縣令。申運冲寅。假神得

助。不祿。

眞假參差難辨論。不明不暗受迍邅。提綱不與眞神照。暗處尋眞也有眞。

氣有眞假。眞神失勢。假神得局。法當以眞爲假。以假爲眞。氣有先後。眞氣未到。假氣先到。法當以眞作假。以假作眞。如寅月生人。不透甲木而

透戊土。年月日時支。有辰戌丑未之類。亦可作用。如不透戊土而透金。即使在木火司令之時。而年日時支或得申字冲寅。或得酉丑拱金。或天干又有戊巳生金。此謂眞神失勢。假神得局。亦可取用。四柱眞神不足。假氣亦虛。而日主愛假憎眞。歲運扶假抑眞。亦可發福。如歲運助眞損假。凶禍立至。此謂以實投虛。以虛乘實。是猶醫者知參芪之能生人。而不知參芪之能害人也。知砒酖之能殺人。而不知砒酖之能救人也。有是病而服是藥則生。無是病而服是藥則死。且命之貴賤不一。邪正無常。動靜之間。莫不有眞假之跡。格局倘有眞假。用神豈無眞假乎。大凡安享蔭庇現成之福者。眞神得用居多。刱業興家勞碌而少安逸者。假神得局者居多。或眞神受傷者有之。薄承厚刱。多駁雜者。眞神不足居多。一生起倒。世事崎嶇者。假神不足居多。細究之無不驗也。

乙酉　丁丑
戊寅　丙子
壬午　乙亥
庚戌　甲戌

壬水生於立春後二十二日。正當甲木眞神司令。而天干土金並透。地支通根戌酉。此謂眞神失勢。假神得局。用以庚金化殺。法當以假作眞。純粹可觀。雖嫌支全火局。剋金灼水。喜其火不透干。又得戊土生化。

　　　癸酉
　　　壬申
　　　辛未
　　　庚午

更妙運走西北。所以早登雲路。甲第蜚聲。仕至封疆。總嫌火局爲病。仕路未免起倒耳。

庚戌　己卯
戊寅　庚辰
戊寅　辛巳
癸未　壬午
　　　癸未
　　　甲申

癸水生於立春後二十六日。正當甲木眞神司令。而天干土金並透。地支丑戌通根。傷官雖當令。而官殺之勢縱橫。即使傷能敵殺。而日主反洩。況未能敵乎。

癸丑　乙酉　丙戌

庚金雖是假神。無如日主愛假憎眞。用庚金有二妙。一則化官殺之强。二則生我之日元。時干比肩幫身。又能潤土養金。第中運南方。生殺壞印。奔馳不遇。至甲申、運轉西方。用神得地。得軍功。飛升知縣。乙酉更佳。仕至州牧。一交丙、壞庚印。不祿。

丙子　庚子　辛丑
己亥　壬寅　癸卯
辛酉　甲辰　乙巳
己亥　丙午　丁未

此造以俗論之。寒金喜火。金水傷官喜見官。且日主專祿。必用丙火無疑。不知水勢倡狂。竊去命主元神。不但不能用官。即或用官。而丙火全無根氣。必須用己土之印。使其止水生金、衛火。己入亥宮臨絕。欲使丙火生土。而丙火先受水剋。焉能生土、所以己土反被水傷。眞神無情。假神虛脫。初運庚子辛丑。比刦幫身。蔭庇之餘。衣食頗豐。壬運丁艱。一交寅運。東方木地。虛土受傷。破蕩祖業。刑妻剋子。出外不知所終。

五　恩怨

兩意情通中有媒。雖然遙立意尋追。有情却被人離間。怨起恩中死不灰。

恩怨者、喜忌也。日主所喜之神遠。得合神化而近之。所謂兩意情通、如中有媒也。喜神遠隔。得旁神引通而相和好。則有恩而無怨矣。只有閑神、忌神、而無喜神。得閑神、忌神、合化喜神。所謂邂逅相逢也。喜神遠隔。與日主雖有情被閑神忌神隔絕。日主與喜神、各不相顧。得閑神忌神合會化作喜神。謂私情牽合。更爲有情。喜神與日主緊貼。可謂有情矣。遇合、化爲忌神。或喜神與日主、雖不緊貼。却有情於日主。中有忌神隔之。或喜神與閑神合助忌神。此如被人離間。以恩爲怨。死不灰心。如日主喜丙火、在時干。月透壬水爲忌。如年干丁火、合壬化木。不特去其忌神。而反生助喜神。與日主喜庚金、在年干。雖有情而遠立。月干乙木合庚而近之。此閑神化爲喜神。如中有媒矣。日主喜火局內無火。反有癸水之忌。得戊土合癸水、化爲喜神。謂邂逅相逢也。日主喜金惟年支坐酉。與日主遠隔。日主坐巳忌神緊貼。得丑支會局以成金之喜神。謂私情牽合也。餘可例推。

丁酉　癸卯　壬寅

甲辰　辛丑　庚子

戊戌　己亥　戊戌

此重重厚土。甲木退氣。不能疏土。則日主之情。必在年支酉金。發洩菁英。金逢火蓋頭。其意亦欲日主之生。雖然遠隔。兩意情通。喜辰酉合而近之。如中有媒

戊午　丁酉　丙申　矣。初運癸卯、壬寅。離間喜神。功名蹭蹬。困苦刑傷。辛丑運中晦火會金。入泮、連登科甲。庚子、己亥、戊戌、西北土金之地。仕至尚書。

丁酉　甲辰　癸卯　丁火生於巳月午時。比刼並旺。又逢木助。其勢猛烈。
乙巳　壬寅　辛丑　年支酉金。本日主之所喜。遙隔遠立。又被丁火蓋之。
丁丑　庚子　己亥　巳火刼之。似乎無情。最喜坐下丑土。烈火逢溼土。則
丙午　戊戌　丁酉　成生育慈愛之心。邀巳酉合成金局。歸之庫內。其情似相和好。不特財來就我。又能洩火吐秀。故能發甲。仕至藩臬。名利雙全。

癸酉　丁巳　丙辰　丙火生於午月午時。旺可知矣。一點癸水。本不相濁。

戊午　乙卯　甲寅　戊土合之。又助火之烈。年支酉金本有情與辰合。又
丙辰　癸丑　壬子　被午火離間。求合不得。所謂怨起恩中也。兼之運走
甲午　辛亥　庚戌　東南木火之地。一生祇有刑傷破耗。並無財喜之事。

剋三妻七子。遭回祿四次。至寅運而亡。

六　閑神

一二閑神用去麼。不用何妨莫動他。半局閑神任閑着。要緊之場自作家。

有用神必有喜神。喜神者、輔格助用之神也。然有喜神亦必有忌神。忌神者、破格損用之神也。自用神喜神忌神之外。皆閑神也。閑神居多。故有一二半局之稱。閑神不傷體用。不礙喜神。可不必動他也。任其閑着。至歲運遇破格損用之時。而喜神不能輔格護用之際。謂要緊之場。得

閑神制化歲運之凶神忌物。匡扶格局喜用。或得閑神合歲運之神。化爲喜用。而輔格助用。爲我一家人也。如用木。木有餘。以火爲喜神。以金爲忌神。以水爲仇神。以土爲閑神。木不足。以水爲喜神。以土爲忌神。以金爲仇神。以火爲閑神。是以用神必得喜神之佐。閑神之助。則用神有勢。不怕忌神矣。餘可類推。

庚寅　己丑　庚寅
戊子　辛卯　壬辰
甲寅　癸巳　甲午
丙寅　乙未　丙申

甲木生於子月。兩陽進氣。旺印生身。支坐三寅。松柏之體。旺而且堅。一點庚金臨絕。不能剋木。反爲忌神。寒木向陽。時干丙火清透。敵其寒凝。洩其菁英。而爲用神。冬火本虛。以寅木爲喜神。月干戊土能制水。又能生金。故爲閑神。以水爲仇神。喜其丙火清純。至卯運、洩水生火。

早登科甲。壬辰、癸巳、得閑神制合。宦途平坦。甲午、乙未、火旺之地。

仕至尚書。

甲子　戊辰　己巳

甲木生於仲春。支逢祿刃。干透比肩。旺之極矣。時上

丁卯　庚午　辛未

庚金無根爲忌。月干丁火爲用。通輝之氣。所以早登

甲寅　壬申　癸酉

雲路。仕至觀察。惜無土之閑神。運至壬申金水。體用

庚午　甲戌　乙亥

並傷。故不能免禍耳。

七　羈絆

出門要向天涯游。何事裙釵恣意留。

此乃貪合不化之意也。既合宜化。化之喜者。名利自如。化之忌者。災咎

必至。合而不化。謂伴住留連。貪彼忘此。而無大志有爲也。日主有合。不

顧用神之輔我。而忘其大志也。用神有合。不顧日主之有爲。不佐其成功也。又有合神眞、本可化者。反助其從合之神而不化也。又有日主休囚、本可從者。反逢合神之助而不從也。此皆有情而反無情。如裙釵之恣意留也。

乙未 己卯 戊寅　戊土生於季春。乙木官星透露。盤根在未。餘氣在辰。
庚辰 丁丑 丙子　本可爲用。嫌其合庚。謂貪合忘剋。不顧日主之喜我。
戊辰 乙亥 甲戌　合而不化。庚金亦可作用。又有丙火當頭。至二十一
丙辰 癸酉 壬申　歲因小試不利。即棄詩書。不事生產。毫無遠志。到老
無成也。

丁丑 壬寅 辛丑　丙火生於仲春。印正官淸。日元生旺。足以用官。所嫌

癸卯　庚子　己亥　丙辛一合。不顧用神之輔我。辛金柔軟。丙火逢之而

丙戌　戊戌　丁酉　怯。柔能制剛。戀戀不捨。忘有爲之志。更嫌卯戌合而

辛卯　丙申　乙未　化刼。所以幼年過目成誦。後因戀酒色。廢學喪資。竟

以酒色傷身。一事無成。

不管白雲與明月。任君策馬朝天闕。

此乃逢冲得用之意也。冲則動。動則馳也。局中除用神喜神之外。而日主與他神、有所貪戀者。得用神喜神冲而去之。則日主無私意牽制。乘喜神之勢而馳驟矣。局中用神喜神、與他神有所貪戀者。日主能冲剋他神而去之。則喜神無私情之覊絆。隨日主而馳驟矣。此無情而反有情。如丈夫之志。不戀私情。而大志有爲也。

丁卯　庚戌　己酉　此造殺雖秉令。而印綬亦旺。兼之比刼並透。身旺足
辛亥　戊申　丁未　以用殺。不宜合殺。合則不顯。加以辛金貼身。而日主
丙寅　丙午　乙巳　之情必貪戀羈絆。喜其丁火刼去辛金。使日主無牽
丙申　甲辰　癸卯　制之意。更妙申金滋殺。日主依喜用而馳驟矣。至戌
申運。登科發甲。大志有爲也。

辛巳　乙未　甲午　壬水生申月。雖秋水通源。而財殺並旺。以申金爲用。
丙申　癸巳　壬辰　第天干丙辛、地支申巳、皆合。合之能化。亦可幫身。合
壬寅　辛卯　庚寅　之不化。反爲羈絆。不顧日主喜我爲用也。且金當令。
庚戌　己丑　戊子　火通根。只有貪戀之私。而無化合之意。妙在日主自
剋丙火。使丙火無暇合辛。寅去冲動申金。使其剋木。則丙火之根

反拔。而日主之王固無牽制之私。用神隨日主而馳驟矣。至癸巳運。連登科甲。仕至觀察。而成其大志也。

第二篇下　四柱總論

天道有寒暖。發育萬物。人道得之。不可過也。

寒暖者、生成萬物之理也。不可專執西北金水爲寒。東南木火爲暖。考機之所由變。上升必變下降。收闔必變開闢。然質之成、由於形之機。陽之生、必有陰之位。陽主生物。非陰無以成。形不成、亦虛生。陰主成物。非陽無以生。質不生、何由成。惟陰陽中和變化。乃能發育萬物。若有一陽而無陰以成之。有一陰而無陽以生之。是謂鰥寡。無生成之意也。如此推詳。不但陰陽配合。而寒暖亦不過矣。況四時之序。相生而成。豈可執定子月陽生、午月陰生、而論哉。本文末句。不可過也。適中而已矣。寒雖甚、要暖有氣。暖雖至、要寒有根。則能生成萬物。若寒甚而暖無氣。暖至而寒無根。必無生成之妙也。是以過於寒者。反以無暖爲美。過於暖者。反以無寒爲宜也。蓋寒極暖之機。暖極寒之兆也。所謂陰極則陽生。陽極則陰生。此天地自然之理也。

甲申　丁丑　戊寅　此寒金冷水。木凋土寒。若非寅時。則年月木火無根。

丙子　己卯　庚辰　不能作用矣。所謂寒雖甚要暖有氣也。由此論之所

庚辰　辛巳　壬午　重者、寅也。地氣上升。木火絕處逢生。一陽解凍。然不

戊寅　癸未　甲申　動、丙火亦不發。妙在寅申遙冲。謂之動。動則生火矣。

大凡四柱緊冲爲剋。遙冲爲動。更喜運走東南。科甲出身。仕至黃

堂。所謂得氣之寒。遇暖而發。此之謂也。

己酉　乙亥　甲戌　此亦寒金冷水。土凍木凋。與前大同小異。前則有寅。

丙子　癸酉　壬申　木火有根。此則無寅。木火臨絕。所謂寒甚而暖無氣。

庚辰　辛未　庚午　反以無暖爲美。所以初運乙亥。北方水地。有喜無憂。

甲申　己巳　戊辰　甲戌暗藏丁火。爲丙火之根、刑喪破耗。癸酉運、剋去丙火。食廩。壬申、財業日增。辛未運、南方丙火。得地生根。破耗多端。庚午運、逢寅年。木火齊來。不祿。

丁丑　乙巳　甲辰　此火焰全離。重逢刼刃。熯之至矣。一點壬水。本不足

丙午　癸卯　壬寅　以制猛烈之火。喜其坐辰。通根身庫。更可愛者。年支

丙午　辛丑　庚子　丑土。丑乃北方溼土。能生金晦火而蓄水。所謂暖雖

壬辰　己亥　戊戌　至而寒有根也、科甲出身。仕至封疆。微嫌運途欠醇。

多於起伏也。

癸未　丙辰　乙卯　此支類南方。又生巳時。暖之至矣。天干兩癸。地支全
丁巳　甲寅　癸丑　無根氣。所謂暖之至。寒無根。反以無寒爲美。所以初
丙午　壬子　辛亥　運丙辰。叨蔭庇之福。乙卯甲寅。洩水生火。家業增新。
癸巳　庚戌　己酉　癸丑寒氣通根。嘆椿萱之並逝。嗟蘭桂之摧殘。壬子

運祝融之變。家破而亡。

地道有燥溼。生成品彙。人道得之。不可偏也。

燥溼者、水火相成之謂也。故主有主氣。內不祕乎五行。局有局氣。外必貫乎四柱。溼爲陰氣。當逢燥而成。燥爲陽氣。當遇溼而生。是以木生夏

令。精華發洩。外有餘而內實虛脫。必藉壬癸以生之。丑辰溼土以培之。則火不烈。木不枯。土不燥。水不涸。而有生成之義矣。若見未戌暖土。反助火而不能晦火。縱有水、亦不能爲力也。惟金百鍊不易其色。故金生冬令。雖然洩氣休囚。竟可用丙丁以敵寒。未戌燥土以除溼。則火不晦。水不狂。金不寒。土不凍。而有生發之氣矣。若見丑辰溼土。反助水而不能制水。縱有火、亦不能爲力也。此地道生成之妙理也。

丙辰　壬寅　癸卯
辛丑　甲辰　乙巳
庚辰　丙午　丁未
丙子　戊申　己酉

此造以俗論之。以爲寒金喜火。干透兩丙。獨殺留清。推其木火運中。名利雙全。不知支中重重溼土。年干丙火。合辛化水。時干丙火。無根。只有寒溼之氣。並無生發之意。只得用水。不能用火矣。所以初運壬寅癸卯。制土衞水。衣食頗豐。至丙午丁未二十年。妻子皆傷。家業破盡。削髮爲僧。

丁未　辛亥　庚戌
壬子　己酉　戊申
庚戌　丁未　丙午
丙戌　乙巳　甲辰

此造如以水勢論之。生於仲冬水旺。所喜者支中重重燥土。足以去其溼氣。子未相剋。使子不能助壬。丁壬一合、使壬不能剋丙。中運土金、入部辦事。運籌挫折。境遇違心。丁未南方火旺。議敍出仕。至丙午二十年。得奇遇。仕至州牧。

癸未　丙辰　乙卯
丁巳　甲寅　癸丑
甲午　壬子　辛亥

甲午日元。支全巳午未。燥烈極矣。天干金水無根。反激火之烈。只可順火之氣也。初運木火。順其氣勢、財喜頻增。至癸丑刑喪挫折。破耗多端。壬子冲激更甚。

庚午　庚戌　己酉　犯人命。遭回祿。破家而亡。

癸丑　丙辰　乙卯　此與前造只換辰丑兩字。丑乃北方溼土。晦火蓄水。

丁巳　甲寅　癸丑　癸水通根而載丑。辰亦溼土。又是木之餘氣。日元足

甲辰　壬子　辛亥　以盤根。庚金雖不能生水輔用。而癸水坐下餘氣。竟

庚午　庚戌　己酉　可作用。初運、木旺。幫身護用。和平迭吉。至癸丑、北方

水地。及壬子、辛亥、三十年。經營得意。事業遂心。

德勝才者。局全君子之風。才勝德者、用顯多能之象。

善惡邪正。不外五行之理。君子小人。不離四柱之情。陽氣動闢。光亨之義可觀。陰氣靜翕。包含之理斯奧。和平純粹。格正局清。不爭不妒。合去

者皆偏氣。化出者皆正神。喜官而財能生官。喜財而官能制刼。忌印而財能壞印。喜印而官能生印。陽盛陰衰。陽氣當權。所用者皆陽氣。所喜者皆陽類。無驕諂於上下。皆君子之風也。偏氣雜亂。舍弱用強。多爭多合。合去者皆正氣。化出者皆邪神。喜官而臨刼地。喜財而居印位。忌印而官星生印。喜印而財星壞印。陰盛陽衰。陰氣當權。所用者皆陰氣。所喜者皆陰類。趨勢於左右。皆多能之象也。然得氣勢和平。用神分明。施爲亦必正矣。

癸酉　丁巳　丙辰
戊午　乙卯　甲寅
庚寅　癸丑　壬子

庚金生於仲夏。正官得祿。年時酉丑通根。正得中和之氣。寅午財官拱合。財不壞印。官能生印。財官印三字。生化不悖。癸從戊合。去其陰濁之氣。所以品行端

丁丑　辛亥　庚戌　方。恆存古道。早游泮水。訓蒙自守。丁酉登科。後大挑知縣不赴。改就教職。安貧樂道、以終身。

丙寅　辛丑　壬寅　己土生於仲冬。寒溼之體。水冷木凋。庚金又剋木生水。似乎混濁。妙在年干透丙。一陽解凍。冬日可愛。去

庚子　癸卯　甲辰　庚金之濁。不特己土喜其和暖。而甲木亦喜其發榮。

己亥　乙巳　丙午　更妙戌時燥土。砥定泛濁之水。培其凋枯之木。而日

甲戌　丁未　戊申　主根元亦固。況甲己爲中和之合。故處世端方。恆存古道。謙恭和厚。有古君子之風。微嫌水勢太旺。功名不過廩貢。

丙戌　壬寅　癸卯　此造水冷金寒。土凍木凋。得年干透丙。一陽解凍。似

辛丑　甲辰　乙巳　乎佳美。第丙辛合而化水。以陽變陰。反增寒溼之氣。

己卯　丙午　丁未　陽正之象。又爲陰邪之類。故其爲人貪婪無厭。奸謀

甲子　戊申　己酉　百出。趨財奉勢。見富貴而生諂容。勢利驕矜。所謂多

能之象是也。

局中顯奮發之機者。神舒意暢。象內多沉埋之氣者。心鬱志灰。

無抑鬱而舒暢者。局中不太過、不缺陷。所用者皆得氣。所喜者皆得力。所忌者皆失時失勢。閑神不黨忌物。反有益於喜用。忌其合而遇冲。忌其冲而遇合。體陰用陽。故一陽生於北。陰生則陽成。如亥中之甲木是也。歲運又要輔格助用。必多奮發。少舒暢而多抑鬱者。局中或太過、或缺陷。所用者皆失令。所喜者皆無力。所忌者皆得時得勢。閑神刼占喜神。反黨助忌神。喜其合而遇冲。忌其合而遇合。體陽用陰。故二陰生於

南陽生則陰成。如午中之巳土是也。歲運又不能補喜去忌。必多鬱困。然局雖陰晦。而運途配合陽明。亦能舒暢。象雖陽明。而運途配其陰晦。亦主困鬱。故運途更宜審察。如用亥中甲木。天干有壬癸。則運宜戊寅巳卯。天干有庚辛。則運宜丙寅丁卯。天干有丙丁。則運宜壬寅癸卯。天干有戊己。則運宜甲寅乙卯。如用午中己土。天干有壬癸。則運宜戊午己未。天干有庚辛。則運宜丙午丁未。天干有甲乙。則運宜庚午辛未。此從藏神而論。明支亦同此論。如用天干之木。地支水旺。則運宜丙寅丁卯。天干有水。則運宜戊寅己卯。地支金多。則運宜甲子乙亥。天干有金。則運宜壬寅癸卯。地支土多。則運宜甲寅乙卯。天干有土。則運宜甲子乙亥。地支火多。則運宜甲辰乙丑。天干有火。則運宜壬子癸丑。如此配合。庶無爭戰之患。而有制化之情。反此則不美矣。細究之、自有深機也。

戊辰　乙丑　丙寅
甲子　丁卯　戊辰
壬子　己巳　庚午
辛亥　辛未　壬申

壬水生於仲冬。三逢祿旺。所謂崑崙之水。可順而不可逆也。喜其子辰拱水。則戊土之根不固。月干甲木爲用。洩其泛濫之水。此即局中顯奮發之機也。運至丙寅丁卯。寒木得火以發榮。去陰寒之金土。是以早登甲第。翰苑名高。至戊辰運。逆水之情。以致阻壽。

甲申　丁丑　戊寅
丙子　己卯　庚辰
癸亥　辛巳　壬午
癸亥　癸未　甲申

癸水生於仲冬。三逢旺支。其勢汪洋。喜其甲丙並透。支中絕處逢生。水木土互相衛護。金得流行。水得溫和。木得發榮。火得生扶。用神必是甲木。爲奮發之機。一交戊寅。雲程直上。己卯、早遂仕路之光。庚辰、辛巳。

雖有制化之情。却無生扶之意。以致蹭蹬仕路。未能顯秩也。

甲申 辛未 壬申 此造天干四字。地支皆坐祿旺。惟日主坐當令之祿。
庚午 癸酉 甲戌 足以任其財官。清而且厚。精足神旺。所以東西南北
丁亥 乙亥 丙子 之運。皆無咎也。出身世家。遺業百餘萬。早登科甲。仕
壬寅 丁丑 戊寅 至方伯。六旬外退歸林下。一妻四妾十三子。優游晚
境。壽越九旬。

癸丑 甲子 癸亥 此天干三朋。地支一氣。食神清透。殺印相生。皆云名
乙丑 壬戌 辛酉 利兩全之格。不知癸水至陰。又生季冬。支皆溼土。土
癸丑 庚申 己未 溼水弱。溝渠之謂也。且水土冰凍。陰晦溼滯。無生發
癸丑 戊午 丁巳 之氣。名利皆虛。凡富貴之造。寒暖適中。精神奮發。未

有陰寒溼滯偏枯之象。而能富貴者也。至壬申年。父母皆亡。讀書

又不能通。又無恆業可守。人又陰弱。一無作爲。竟爲乞丐。

吉神太露。起爭奪之風。凶物深藏。成養虎之患。

吉神太露、起爭奪者。天干氣專、易於刦奪故也。如財無關鎖。人人得而用之。假如天干以甲乙爲財。歲運遇庚辛則起爭奪之風。必須天干先有丙丁官星回剋、方無害。如無丙丁之官。或得壬癸之食傷合化亦可。故吉神宜深藏地支者、則吉。凶物深藏成患者。地支氣雜、難於制化故也。如家賊之難防。養成禍患。假如地支以寅中丙火爲刦財。歲運逢申。冲出申中庚金。雖能剋木。終不能去其丙火。歲運遇亥子。仍生合寅木。反滋火之根苗。不比凶物明透天干者。易於制化也。所以吉神深藏。終

身之福。凶物深藏。始終有禍。總之吉神顯露、通根當令者。露亦無害。凶物深藏、失時休囚者。藏亦無妨。鬼谷子曰。陰陽之道。與日月合其明。與天地合其德。與四時合其序。三命之理。誠本於此。若不愼思明辨。孰能得其要領乎。

己卯　庚午　己巳
辛未　戊辰　丁卯
丙子　丙寅　乙丑
辛卯　甲子　癸亥

丙火生於未月。火氣正盛。坐下官星被未土傷盡。只得用天干辛金。所嫌者未爲燥土。不能生金。又暗藏刼刃。年干己土。本可生金。又坐下梟地。所謂吉神顯露。凶物深藏者也。初運己巳戊辰、土旺之地。財喜輻輳。事事遂心。一交丁卯。土金兩傷。連遭回祿三次。傷丁七人。丙寅、妻子皆剋。出外不知所終。

壬午　丙午　丁火生於孟夏。柱中刼旺逢梟。天干壬水無根。置之
乙巳　丁未　不用。最喜丑中一點財星深藏歸庫。丑乃溼土。能洩
丁丑　戊申　己酉　火氣。不但無爭奪之風。反有生生之誼。因初運丙午、
丙午　庚戌　辛亥　壬子　癸丑　丁未。所以身出寒門。書香不繼。喜中運三十載西方

土金之地。化刼生財。財發十餘萬。所謂吉神深藏。終身之福也。

震兌主仁義之眞機。勢不兩立、而有相成者存。

震、陽也。東方屬木。甲乙寅卯是也。和煦主仁。兌、陰也。西方屬金。庚辛申酉也。肅殺主義。震兌相成之理有五。攻、成、潤、從、暖也。春初之木。木嫩金堅。火以攻之。仲春之木。木旺金衰。土以成之。夏令之木。木洩金燥。水以潤之。秋令之木。木凋金銳。土以從之。冬令之木。木衰金寒。火以暖之。則

無兩立之勢。而有相成之情矣。

丙寅 辛卯 壬辰 甲木生於立春後四日。春初木嫩。天氣寒凝。日主坐

庚寅 癸巳 甲午 申。月透庚金。丑土貼生申金。木嫩金堅。用火以攻之。

甲申 乙未 丙申 喜得年干透丙。三陽開泰。萬象回春。何其妙也。初運

乙丑 丁酉 戊戌 辛卯壬辰。有傷丙火。蹭蹬芸牕。癸巳、運轉南方。丙火

祿旺。納粟入監。連捷南宮。甲午、乙未。宦海無波。申運不祿。

庚戌 庚辰 辛巳 甲木生於仲春。坐祿逢刃。木旺金衰。用土以成之。方

己卯 壬午 癸未 能化火生金。斲削以成器。初游幕獲利納捐。至癸未

甲寅 甲申 乙酉 運、出仕。甲申、乙酉、木無根。金得地。從佐貳升知縣而

丁卯 丙戌 丁亥 遷州牧。

庚辰　癸未　甲申　甲木生於仲夏。時干丁火、透出。用水以潤之。然水亦
壬午　乙酉　丙戌　賴金生。金亦賴水養。更妙支逢兩辰。洩火生金蓄水。
甲辰　丁亥　戊子　一氣相生。五行俱足。是以早游泮水。科甲聯登。仕至
丁卯　己丑　庚寅　觀察。一生惟丙戌運、金水兩傷不利。餘皆順境。

庚戌　乙酉　丙戌　甲木生於孟秋。財生殺旺。雖天干三透甲乙。而地支
甲申　丁亥　戊子　不載。木凋金銳。用土以從之也。格成從殺。戌運、武甲
甲戌　己丑　庚寅　出身。丁亥運生木剋金。刑耗多端。戊子、己丑、財生煞
乙丑　辛卯　壬辰　旺。仕至副將。

辛酉 己亥 戊戌 甲木生於仲冬。木衰金寒。用火以暖之。金亦得其制
庚子 丁酉 丙申 矣。況乎時逢祿旺。一陽解凍。所謂得氣之寒。遇暖而
甲子 乙未 甲午 發。故寒木必得火以生之也。所以科甲聯登仕至侍
丙寅 癸巳 壬辰 郎。

右五造以甲木爲例。乙木亦同此論。

坎離宰天地之中氣。成不獨成、而有相濟者在。

坎離者、子午也。以天干之緯道言、則辰巳間爲黃道之中。以地支之經度言。則午未相會之處。爲天頂之中。經度起於南北極。午未會處、南極也。子丑合處、北極也。故子午爲天地之中氣。坎離相持之理有五。升、降、

和、解、制也。升者、天干離衰。地支坎旺。必得地支有木。則地氣上升。降者、天干坎衰。地支離旺。必得天干有金。則天氣下降。和者、天干皆火。地支皆水。必須有木運以和之。解者、天干皆水。地支皆火。必須有金運以解之。制者、水火交戰於干支。必須歲運視其强者而制之。此五者、坎離之作用如此。則無獨成之勢。而有相持之功矣。

丙子　庚子　辛丑　壬寅　癸卯　甲辰　乙巳　丙午　丁未

己亥

丙寅

戊子

丙火生於孟冬。又逢兩子。天干離衰。地支坎旺。用寅木以升之也。至壬寅東方木地。采芹折桂。卯運、出仕。一路運走東南。仕至觀察。

壬午　癸卯 甲辰　壬水生於孟春。支全火局。雖年月兩透比肩。皆屬無
壬寅　乙巳 丙午　根。天干坎衰。地支離旺。用庚金以降之也。惜乎運途
壬戌　丁未 戊申　東南。在外奔馳四十年。一無成就。至五旬外。交戊申、
庚戌　己酉 庚戌　庚逢生旺。得際遇。發財巨萬。娶妻生三子。年己六旬
矣。至戌運而終。

丙子　丁酉 戊戌　此造地支兩申、兩子。水逢生旺。金作水論。天干四丙。
丙申　己亥 庚子　地支無根。離衰坎旺。須以木運和之也。惜乎五行不
丙子　辛丑 壬寅　順。五十年西北金水之地。其艱難險阻。刑傷顛沛可
丙申　癸卯 甲辰　知。五旬外運走壬寅東方木地。財進業興。及癸卯甲
辰。發財數萬。

癸巳	辛酉	庚申
壬戌	己未	戊午
壬午	丁巳	丙辰
壬寅	乙卯	甲寅

壬午日元。生於戌月。支會火局。年支坐巳。天干皆坎。地支皆離。必須金運以解之也。初交辛酉庚申。正得成其既濟。解其財殺之勢。叨化日之光。豐衣足食。一交己未。刑耗異常。戊午財殺並旺。出外遇盜喪身。

壬子	丁未	戊申
丙午	己酉	庚戌
壬子	辛亥	壬子
丙午	癸丑	甲寅

此造水火交戰於天干。火當令。水休囚。喜其無土。日主不剋。初交丁未年。逢戊午。天剋地冲。財殺兩旺。父母雙亡。流爲乞丐。交申運、逢際遇。己酉運、發財數萬。娶妻生子成家。

強衆而敵寡者。勢在去其寡。强寡而敵衆者。勢在成乎衆。

衆寡之説、強弱之意也。須分日主四柱兩端論之。（一）以日主分衆寡。如日主是火。生於寅卯巳午月。官星是水。四柱無財。反有土之食傷。即使有財。財無根氣。不能生官。此日主之黨衆。敵官星之寡。勢在盡去其官。歲運宜扶衆抑寡者吉。（二）以四柱分衆寡。則分四柱之強弱。然又要與日主符合、弗反背爲妙。假使水是官星。休囚無氣。土是傷官。當令得時。其勢足以去其官星。歲運亦宜制官爲美。日主是火。亦要通根得氣。則能生土。或爲木而剋土。則日主自能化木。轉轉相生。所謂日火符合者也。強寡而敵衆者。如日主是火。雖不當令。却有根坐旺。官星是水。雖不及時。却有財生助。或財星當令。或成財局。此官星雖寡。得財星扶則強。歲運宜扶寡而抑衆者吉。雖舉財官而論。其餘皆同此論。

戊辰　丙寅　丁卯　此造重重厚土。乙木無根。傷官又旺。其勢足以敵官
乙丑　戊辰　己巳　星之寡。初交丙寅丁卯。官星得地。刑耗多端。戊辰、得
戊戌　庚午　辛未　際遇。捐納出仕。及己巳二十年。土生金旺。從佐貳而
辛酉　壬申　癸酉　履琴堂。至午運、破金不祿。

戊午　癸亥　甲子　此傷官當令。印星並見。官殺雖透無根。勢在去官。初
壬戌　乙丑　丙寅　年運走北方。官星得勢。一事無成。丙寅、丁卯。生助火
丁卯　丁卯　戊辰　土。經營發財巨萬。戊辰、己巳。去盡官殺。一子登科。晚
癸卯　己巳　庚午　景崢嶸。此造戊午拱火。日時逢印。日主旺極。莫作用
印而推。亦不可作去官留殺論也。

癸丑　辛酉　庚申　丙火生於九月。日主本不及時。第坐陽刃。會火局、謂之強寡。

壬戌　己未　戊午　年月壬癸進氣。癸水通根餘氣。丑土洩其火局。

丙午　丁巳　丙辰　庚金生助壬癸、爲衆也。勢在成乎衆。故交辛酉、庚申。

庚寅　乙卯　甲寅　金生水旺。遺業豐盈。其樂自如。一交己未。火土並旺。父母雙亡。及戊午二十年。破敗家業。妻子皆傷。至丙辰、流落外方而亡。

剛柔不一也。不可制者、引其性情而已矣。

剛柔之道。陰陽健順而已矣。然剛之中未嘗無柔。柔之中未嘗無剛。夫春木、夏火、秋金、冬水、季土。得時當令。原局無剋制之神。其勢雄壯。其性剛健。不洩則不清。不清則不秀。不秀則爲頑物矣。若以剛斲其柔。謂寡不敵衆反激其怒、而更剛矣。春金、夏水、秋木、冬火、仲土。失時無氣。原局無生助之神。其勢柔軟。其性至弱。不刼則不鬬。不鬬則不化。不化則爲朽物矣。若以柔引其剛。謂虛不受補反益其弱、而更柔矣。是以洩者有生生之妙。剋者有成就之功。引者有和悅之情。從者有變化之妙。剋洩引從四字。宜詳審之。不可概定。必須以無入有。向實尋虛。斯爲元妙之旨。大凡得時當令。四柱無剋制之神。用食神順其氣勢。洩其菁英。暗處生財。爲以無入有。失時休囚。原局無刼印幫身。用食神制殺。殺得制則生印。爲向實尋虛。宜活用。切勿執一而論也。

壬戌　己酉　庚戌
戊申　辛亥　壬子

庚金生於七月。支類土金。旺之極矣。壬水坐戌逢戊。梟神奪盡。時透丙火。支拱寅戌。必以丙火爲用。惜運庚寅（癸丑　甲寅）走四十載土金水地。所以五旬之前。一事無成。至甲寅運剋制梟神。生起丙火。及乙卯二十年。財發巨萬。

丙戌（乙卯　丙辰）

所謂蒲柳望秋而凋。松柏經霜益茂也。

辛酉（丙申　乙未）乙木生於八月。木凋金銳。辛日主坐下庫根。干透兩

丁酉（甲午　癸巳）丁。足以盤根制殺。祖業豐盈。芹香早采。但此造之病。

乙未（壬辰　辛卯）不在殺旺。實在丑土。丑土之害。不特生金晦火。其害

丁丑（庚寅　己丑）在丑未之冲也。天干木火。全賴未中一點微根。冲則

被丑中金水暗傷。以致秋闈難捷。至癸巳運。全會金局。癸水剋丁。

遭水厄而亡。

壬申（己酉　庚戌）庚金生於七月。地支三申。旺之極矣。時干甲木無根。

戊申　辛亥　壬子　用年干壬水。洩其剛殺之氣。所嫌者月干梟神奪食。

庚辰　癸丑　甲寅　初年運走土金。刑喪早見。祖業無恆。一交辛亥運轉

甲申　乙卯　丙辰　北方。經營得意。及壬子癸丑三十年。財發十餘萬。其

幼年未嘗讀書。後竟知文墨。此亦運行水地。發洩菁華之意也。

戊辰　庚戌　辛亥　乙木生於八月。財生官殺。弱之極矣。所喜者坐下印

己酉　壬子　癸丑　綬。引通官殺之氣。更妙甲木透時。謂藤蘿繫甲。出身

乙亥　甲寅　乙卯　雖寒微。至亥運入泮。壬子聯登甲第。早遂仕路之光。

甲申　丙辰　丁巳　丑運丁艱。甲寅剋土扶身。不次升遷。乙卯仕至侍郎。

此造之所喜者。亥水也。若無亥水。不過庸人耳。且亥水必須在坐下。如在別支。不得生化之情。功名不過小就耳。

順逆不齊也。不可逆者、順其氣勢而已矣。

順逆之機。進退不悖而已矣。不可逆者。當令得勢之神。宜從其意向也。

故四柱有順逆。其氣自當有辨。五行有顛倒。作用各自有法。是故氣有乘本勢而不顧他雜者。氣有借他神而可以成局者。有從旺神而不可剋制者。有依弱資扶者。所以制殺莫如乘旺。化殺正以扶身。從殺乃依權勢。留殺正爾迎官。其氣有陰有陽。陽含陰生之兆。陰含陽化之妙。其勢有清有濁。濁中清貴之機。清中濁賤之根。逆來順去富之基。順來逆去貧之意。此即順逆之微妙。學者當深思之。書云去其有餘。補其不足。雖是正理。然亦不究淺深之機。只是泛論耳。不知四柱之神。不拘財官殺印食傷之類。乘權得勢。局中之神。又去助其強暴。謂二人同心。或日主得時秉令。四柱皆拱合之神。謂權在一人。只可順其氣勢以引通之。

則其流行而爲福矣。若勉强得制。激怒其性。必罹凶咎。須詳察之。

庚辰　辛巳　壬午　天干皆庚。又坐祿旺。印星當令。剛之極矣。謂權在一

庚辰　癸未　甲申　人。行伍出身。壬午、癸未運。水蓋天干。地支之火。難以

庚申　乙酉　丙戌　剋金。故無害。一交甲申西方金地。乙酉合化皆金。仕

庚辰　丁亥　戊子　至總兵。丙運犯旺神。死於軍中。

癸酉　癸亥　壬戌　庚辰日元。支逢祿旺。水本當權。又會水局。天干枯木

甲子　辛酉　庚申　無根。置之不論。謂金水二人同心。必須順其金水之

庚辰　己未　戊午　性。故癸亥壬運。蔭庇有餘。戌運制水。還喜申酉戌全。

甲申　丁巳　丙辰　雖見刑喪而無大患。辛運入泮。酉運補廩。庚運登科。申運大旺財源。一交己未運。轉南方。刑妻剋子。家業漸消。戊午觸水之性。家業破盡而亡。

壬子　壬子　癸丑　壬水乘權坐亥子。所謂崑崙之水。冲奔無情。丙火剋

辛亥　甲寅　乙卯　絕。置之不論。遺業頗豐。甲寅、乙卯。順其流。納其氣。入

乙亥　丙辰　丁巳　學補廩。丁財並發。家道日隆。一交丙運。水火交戰。刑

丙子　戊午　己未　妻剋子。破耗異常。辰運、蓄水無咎。丁己運、連遭回祿兩次。家破身亡。

休咎係乎運。尤係乎歲。戰冲視其孰降。和好視其孰切。

富貴雖定乎格局。窮通實係乎運途。所謂命好不如運好也。日主如我

之身。局中喜神用神。是我所用之人運途乃我所臨之地。故以地支爲重。要天干不背。相生相扶爲美。故一運看十年。切勿上下截看。不可使蓋頭截脚。如上下截看。不論蓋頭截脚。則吉凶不驗矣。

如喜行木運。必要甲寅、乙卯。次則甲辰、乙亥、壬寅、癸卯。喜行火運。必要丙午、丁未。次則丙寅、丁卯、丙戌、丁巳。喜行土運。必要戊午、己未、戊戌、己巳。次則戊辰、己丑。喜行金運。必要庚申、辛酉。次則戊申、己酉、庚辰、辛巳。喜行水運。必要壬子、癸丑。次則壬申、癸酉、辛亥、庚子。寧使天干生地支。弗使地支生天干。天干生地支而蔭厚。地支生天干而氣洩。

何謂蓋頭。如喜木運、而遇庚寅辛卯。喜火運、而遇壬午癸巳。喜土運、而遇甲戌甲辰乙丑乙未。喜金運、而遇丙申丁酉。喜水運而遇戊子己亥。

何謂截脚。如喜木運而遇甲申乙酉乙丑乙巳。喜火運而遇丙子丁丑丙申丁酉丁亥。喜土運、而遇戊寅己卯戊子己酉戊申。喜金運、而遇庚午辛亥庚寅辛卯庚子。喜水運、而遇壬寅癸卯壬午癸未壬戌癸巳是也。

蓋干頭喜支運。以重支。則吉凶減半。截脚喜干。支不載干。則十年皆否。

假如喜行木運。而遇庚寅辛卯。庚辛本爲凶運。而金絕寅卯。謂之無根。雖有十分之凶而減其半。如原局天干有丙丁透露。得回制之能。又減其半。或再遇太歲逢丙丁。制其庚辛。則無凶矣。寅卯本爲吉運。因蓋頭有庚辛之剋。雖有十分之吉。亦減其半。如原局地支有申酉之冲。不但無吉而反凶矣。

又如喜木運。遇甲申乙酉。木絕於申酉。謂之不載。故甲乙之運不吉。如原局天干又透庚辛。或太歲干頭遇庚辛。必凶無疑。所以十年皆凶。如原局天干透壬癸。或太歲干頭逢壬癸。能洩金生木。則和平無凶矣。故運逢吉不見其吉。運逢凶不見其凶者。緣蓋頭截脚之故也。

太歲管一年否泰。如所遇之人。故以天干爲重。然地支不可不究。雖有與神之生剋。不可與日主運途相冲戰。最凶者、天剋地冲。歲運冲剋。日主旺相。雖凶無礙。日主休囚。必罹凶咎。日犯歲君。日主旺相、無咎。日主休囚、必凶。歲君犯日。亦同此論。故太歲和不可與大運一端論也。如運逢木吉。歲逢木反凶者。皆戰冲不和之故也。依此而推。則吉凶無不驗矣。

庚辰　戊子　己丑
丁亥　庚寅　辛卯
庚辰　壬辰　癸巳
丁丑　甲午　乙未

庚辰日元。生於亥月。天干丁火並透。辰亥皆藏甲乙。足以用火。初運戊子己丑。晦火生金。未遂所願。庚運丙午年。庚坐寅支截腳。天干兩丁。足可敵一庚。又逢丙午年。剋盡庚金。是年登第。丁未又連捷。榜下知縣。寅運、宦資頗豐。辛卯截腳。局中丁火回剋。仕至郡守。壬辰、水坐庫根。至壬申年。兩丁皆傷。不祿。

乙未　丁亥　丙戌
戊子　乙酉　甲申
庚辰　癸未　壬午
丁丑　辛巳　庚辰

庚辰日元。生於子月。未土穿破子水。天干木火。皆得辰未之餘氣。足以用木生火。丙運入泮。癸酉年、行乙運。癸合戊化火。酉是丁火長生。故以此年必中。殊不知乙酉截脚之木。非木也。實金也。癸酉年水逢金生。

又在冬令。焉能合戊化火。必剋丁火無疑。酉中純金。乃火之死地。陰火長生之說。俗傳之謬也。恐至八月、月建又辛酉。局中木火皆傷。防生不測之災。竟卒於省中。

戊子　丙辰 丁巳
乙卯　戊午 己未
丙寅　庚申 辛酉
丁酉　壬戌 癸亥

丙寅日元。坐於卯月。木火並旺。土金皆傷。水亦休囚。幼運丙辰丁巳遺業消磨。戊午己未。燥土不能生金、洩火。經營虧空萬金。逃於外方。交庚申辛酉二十年。竟獲居奇之利。發財十餘萬。

癸巳　甲午 乙未
丙申　丙申 丁酉
丙午
甲午

丙午日元。生於巳月午時。羣比爭財。㨾乾癸水。初運甲午。少刼猖狂。父母早亡。己巳助刼。家業敗盡。丙申、

丙午　戊戌　己亥　丁酉、火蓋頭。且局中巳午火回剋金。貧乏不堪。交戊

甲午　庚子　辛丑　戊、稍能立足。

何爲戰。

戰者、剋也。如丙運庚年。謂之運剋歲。日主喜庚。要丙坐子辰。庚坐中辰。局中得戊己洩丙。得壬癸剋丙。則吉。如丙坐午寅。局中又無水土制化。必凶。如庚運丙年。謂之歲剋運。日主喜庚則凶。喜丙則吉。喜庚者要庚坐中辰。丙坐子辰。又局中逢水土制化者吉。反此必凶。喜丙者依此而推。

辛卯　癸巳　壬辰　丙火生於午月。旺刃當權。支全寅卯辰。土從木類。庚

甲午　辛卯　庚寅　辛丙不通根。初交癸巳壬辰。金逢生助。家業饒裕。其

丙辰　己丑　戊子　樂自如。辛卯金截脚。刑喪破耗。家業十敗八九。庚運

庚寅　丁亥　丙戌　丙寅年。剋妻。庚坐寅支、截脚。丙寅、歲剋運。又庚絕丙

生。局中無剋化之神。於卯午月、木從火勢。凶禍連綿。得疾而亡。

辛卯　癸巳　壬辰　乙木生於午月。卯酉緊冲日祿。月干甲木臨絕。五行

甲午　辛卯　庚寅　無水。夏火當權洩氣。傷官用刼。所忌者金。初運壬辰

乙卯　己丑　戊子　癸巳。印透生扶。平順之境。辛卯運、惟辛酉年冲去卯

乙酉　丁亥　丙戌　木。刑喪剋破。至庚運丙寅年。所忌者金、而丙火剋去

之。局無土水。洩制丙火。又火逢生。金坐絕。入泮。得舒眉曲也。

何爲冲。

冲者、破也。如子運午年。謂之運冲歲。日主喜子。要干頭逢庚壬。午之干

頭逢甲丙。亦無咎。如子之干頭遇丙戊。午之干頭遇庚壬。亦有咎。日主喜午。子之干頭逢甲戊。午之干頭遇甲丙。則吉。如子之干頭遇庚壬。午之干頭遇甲丙。則凶。如午運子年。謂之歲冲運。日主喜午。要午之干頭逢丙戊。子之干頭遇甲丙。則吉。如午之干頭遇丙戊。子之干頭遇庚辛。必凶。餘可類推。

何謂和。

和者、合也。如乙運庚年。庚運乙年。合而能化。喜金則吉。合而不化。反爲覊絆。不顧日主之喜我。則不吉矣。喜木亦然。所以喜庚者、必要庚金得地。乙木無根。則合化爲美矣。若子丑之合。不化亦是剋水。喜水者、必不吉也。

何謂好。

好者、類相同也。如庚運申年。辛運酉年。是謂眞好。乃支之祿旺。自我本氣歸垣。如家室之可住。如庚運辛年。辛運庚年。乃天干之助。如朋友之幫扶。究竟不甚關切。必先要旺運通根。自然依附爲好。如運無根氣。其見勢衰而無依附之情。非爲好也。

造化始於元。亦始於貞。再造貞元之會。胚胎嗣續之機。

易、元亨利貞者。生生不息循環無端之謂也。佛典言世界。則曰成住壞空。言人生、則曰生老病死。蓋以造化之機。必經過此四程序。如以八字言。年爲元。月爲亨。日爲利。時爲貞。年月吉者。前半世吉。日時吉者。後半世吉。如以大運言。則初十五年爲元。次十五年爲亨。中十五年爲利。後十五年爲貞元亨運吉者。前半世吉利貞運吉者。後半世吉皆貞元之道也。循環之理。盛極而衰。否極而泰。不特人生在世。運有吉凶順逆。即壽終之後。而行運仍在。觀其運之吉凶。可知其子孫之興替。故其人既終之後。而其家興旺者。身後運必吉也。其家衰敗者。身後運必凶也。爲人子者。不可不知考之年。而善繼述之。若考之身後運吉。自可承先啓後。如考之身後運凶。亦可安分經營。挽回造化。（身後之運。當然有子孫本身自己之運參加。須活看。不可執着。）若祖宗富貴、自詩書中來。子孫享富貴而棄詩書者。祖宗家業自勤儉中來。子孫享家業而忘勤儉者。是割扶桑之幹而接以桑梓。未有不槁者。其本源各自不相附也。學者宜深思之。

訂正滴天髓徵義卷五

古越任鐵樵氏原著　　武原東海樂吾氏編訂

第三篇　徵驗

（一）六親

夫妻因緣宿世來。喜神有意傍天財。

六親之法。生我者爲父母偏正印綬是也。我生者爲子女食神傷官是也。我剋者爲妻妾偏正財星是也。剋我者爲官煞。祖與父是也。同我者爲兄弟。比肩刼財是也。此理正名順不易之法。夫財以妻論。財神清、則中饋賢能。財神濁、則河東獅吼。清者、喜神即是財星。不爭不妒是也。濁者、生殺壞印。爭妒無情是也。舊說不問日主衰旺。總以陽刃刼才爲剋妻。究其理則實非。須分日主衰旺喜忌之別。四柱配合活看爲是。

如財神輕而無官。比刼多。主剋妻。財神重而身弱。無比刼。主剋妻。官殺旺而用印。見財星。主妻陋而剋。官殺輕而身旺。見財星。遇比刼。主妻美而剋。刼刄重。財星輕。有食傷。逢梟印。主妻遭凶死。財星微。官殺旺。無食傷。有印綬。主妻弱有病。刼刄旺而無財。有食傷。妻賢必剋。妻陋不傷。刼刄旺而財輕。有食傷。妻賢不剋。妻陋必亡。官星弱。遇食傷。有財星。妻賢不剋。官星輕。食傷重。有印綬。遇財星。妻陋不剋。身强殺賤。財星滋殺。官輕傷重。財星化傷。印綬重疊。財星得氣者。主妻賢而美。或得妻財致富。殺重身輕。財星黨殺。官多用印。財星壞印。傷官佩印。財星得局。主妻不賢而陋。或因妻招禍傷身。日主坐財。財爲喜用者。

必得妻財。　日主喜財。財合閑神而化財者。必得妻力。　日主喜財財合閑神而化忌神者。主妻有外情。　日主忌財財合閑神而化財者。主琴瑟不和。

以上皆以四柱情勢、日主喜忌而論。若財星浮泛。宜財庫以收藏。財星深伏。宜冲動而引助。須細究之。

癸卯　甲子 癸亥　此造寒金坐祿。印綬當權。足以用火敵寒。所忌者年

乙丑　壬戌 辛酉　干癸水。剋丁爲病。全賴月干乙木通根。洩水生火。此

庚申　庚申 己未　喜神即是財星也。更喜財星逢合。謂財來就我。其妻

丁丑　戊午 丁巳　賢淑勤能。生三子。皆就書香。

丁未 甲辰 癸卯 丁火生於孟夏。杜中梟刼當權。一點癸水。不足相制。
乙巳 壬寅 辛丑 最喜坐下酉、冲去卯木。生起癸水。出身貧寒。癸運入
丁酉 庚子 己亥 學。又得妻財。壬運登科。辛丑、選知縣。仕至郡守。此造
癸卯 戊戌 丁酉 若無酉金。不但無妻財。而且名亦不成矣。

乙亥 己卯 戊寅 丙火生於季春。印綬通根生旺。日主坐財。時干又透
庚辰 丁丑 丙子 壬水。必以乙木爲用。可嫌者、乙庚化金。生殺壞印。其
丙申 乙亥 甲戌 妻不賢。妒悍異常。無子而絕。財之爲害可畏哉。
壬辰 癸酉 壬申

子女根枝一世傳。喜神看與殺相連。

食神傷官爲子女書云食神有壽妻多子。時逢七殺本無兒。食神有制定多兒。此可爲食傷爲子之確證。然此亦死法。總要變通爲是。先將食傷認定。然後再看日主之衰旺。四柱之喜忌而用之。喜神看與殺相連者。乃通變之至論也。

如日主旺。無印綬。有食傷。子必多。

日主旺。印綬重。食傷輕。子必少。

日主旺。印綬重。食傷輕。有財星。子多而賢。

日主旺。印綬多。無食傷。有財星。子多而能。

日主弱。有印綬。無食傷。子必多。

日主弱。印綬輕。食傷重。子必少。

日主弱。印綬輕。有財星子必無。

日主弱。食傷重。印綬無。亦無子。

日主弱。食傷輕。無比刼。有官星子必無。

日主弱。官煞重。印綬輕。微伏財。必多女。

日主弱。七煞重。食傷輕。有比刼。女多子少。

日主弱。官煞重無印比。子必無。

日主旺。食傷輕。逢印綬、遇財星。子少孫多。

日主旺。印綬重。官煞輕。有財星。子雖剋而有孫。

日主弱。食傷旺。有印綬。遇財星。子雖有若無。

日主弱。官煞旺。有印綬。遇財星。有子必逆。

又有日主旺。無印綬。食傷伏。有官殺子必多者。又有日主旺。比刼多。無印綬。食傷伏。子必多者。蓋母多滅子之意也。故木多火熄。金剋木則生火。火多土焦。水剋火則生土。土重金埋。木剋土則生金。金多水滲。火剋金則生水。水多木浮。土剋水則生木。以官殺爲子者。此之謂也。明雖以官殺爲子。暗仍以食傷爲子。此逆局反剋相生之法。非竟以官殺爲子也。大率身旺財爲子。身衰印作兒。此皆確有徵驗者。仔細推之。無不應也。

辛丑　庚子　己亥　此造日主旺。比刼多。年月傷官並透通根。丑爲溼土。
辛丑　戊戌　丁酉　能生金蓄水。戌爲火庫。日主臨之。不致寒凍也。是以
戊戌　丙申　　　　家業富厚。更喜運走西方。不悖。自十六歲生子。每年

癸丑　甲午　癸巳　得一。連生十六子。並無損傷。此因命之美。印星不現。
辛金明潤。不雜木火之妙也。

癸亥　癸亥　壬戌　此造官殺當令。嫌其甲木透干。不能棄命從殺。只得
甲子　辛酉　庚申　殺重用印。則忌卯酉逢冲。去甲木之旺地。雖天干有
丁酉　己未　戊午　情。家業頗豐。而地支不協。所以妻生八女。妾生八女。
癸卯　丁巳　丙辰　所謂身衰印作兒。此財星壞印之故也。

乙未　庚辰　己卯　戊土生於巳月。柱中火土本旺。辛金露而無根。兼之
辛巳　戊寅　丁丑　巳時。丁火獨透。剋辛。局中全無溼氣。更嫌年干乙木。
戊戌　丙子　乙亥　助火之烈。所以剋兩妻。生十二子。刑過十子。後存二

丁巳　甲戌　癸酉　子。

戊子　甲子　乙丑　壬水生於孟冬。喜其無金。食神獨透。所以書香小就。
癸亥　丙寅　丁卯　甲寅入泮。有十子皆育。其不刑妻者。無財之妙也。秋
壬戌　戊辰　己巳　闈不利者。支無寅卯也。此造如戊土換之以木。青雲
甲辰　庚午　辛未　得路矣。

庚寅　丁亥　戊子　辛金生於戌月。印星當令。又寅拱丙生。天干比刼。不
丙戌　己丑　庚寅　能下生亥水。又亥卯拱木。四柱皆成財官。二妻四妾。
辛亥　辛卯　壬辰　生三子皆剋。生十二女。又剋其九。還喜秋金有氣。家

辛卯 癸巳 甲午 業豐隆。

丁酉 丙午 乙巳 土生夏令。重疊印綬。四柱全無水氣。燥土不能洩火

丁未 甲辰 癸卯 生金。剋三妻五子。至丑運、濕土晦火生金。又會金局。

戊戌 壬寅 辛丑 得一子方育。由此數造觀之。食神傷官爲子明矣。凡

丁巳 庚子 己亥 子息之有無。命中有一定之理。命中只有五數。水一、

火二、木三、金四、土五也。當令者倍之。休囚者減半。除加減之外而

多者。秉賦之故也。

辛卯 庚寅 己丑 此造春木雄壯。金透無根。喜其丁火透露。傷其辛金。

辛卯 戊子 丁亥 所以巳丑戊子運中。不但得子不育。而且財多破耗。

甲辰　丙戌　乙酉　丁亥　支拱木而干透火。丁財並益。丙戌愈美。生五子。

丁卯　甲申　癸未　家業增新。由此觀之。凡八字之用神。即是子星。如用神是火。其子必在木火運中。或木火流年得。如非木火運年得。必子息命中多木火。或木火日主。否則。難招或不肖。試之屢驗。然命內用神。不特妻財子祿。而窮通壽夭。皆在用神一字定之。其可忽諸。

父母或隆與或替。歲月所關果非細。

父母者、生身之根本。是以歲月所關。知其興替。如年月官印相生。日時財傷不犯。則上叨蔭庇。下受兒榮。　年月官印相生。日時刑傷沖犯。則破蕩祖業。敗壞門風。　年官月印。月官年印。祖上清高。　日主喜官。時日逢財。日主喜印。時日逢官。必勝祖强宗。　日主喜官。時日逢傷。日主喜印。時日逢財。必敗祖辱宗。　年財月印。日主喜印。時日逢官印者。知其幫父興家。　年傷月印。日主喜印。時日逢官者。知其父母創業。　年印月財。日主喜印。時上遇官者。知其父母破敗。時日逢印者。知其自刱成家。　年官月印。日主喜官。時日逢財。出身富貴。守成之造。　年傷月刦。年印月刦。日主喜財。時日逢財。或傷者出身寒微。刱業之命。　年刦月財。日主喜財。遺緒豐盈。日主喜刦。清高貧寒。年官月傷。日主喜官。時日逢官。必跨竈。時日遇刦。必破敗。　總之財官印綬在於年月。爲日主之喜。父母不貴亦富。是日主之忌。不貧亦賤。宜詳察之。

癸卯　甲子　癸亥　此造官印透而得祿。財星藏而歸庫。格局未嘗不美。

乙丑　壬戌　辛酉　所嫌者、丑時傷官肆逞。官星退氣。日主衰弱。全賴乙
丙子　庚申　己未　木生火而衞官。年月官印相生。亦出身宦家。至亥運
己丑　戊午　丁巳　入泮。壬戌、水不通根。破耗異常。加捐出仕。不守正軌。
至酉運、財星壞印。竟伏國刑。

乙卯　丙戌　乙酉　戊土生於孟冬。財星臨旺。官印雙清坐祿。日元臨旺
丁亥　甲申　癸未　逢生。四柱純粹可觀。五行生化有情。喜用皆有精神。
戊午　壬午　辛巳　所以行運不能破局。身出宦家。連登科甲。生五子、皆
丙辰　庚辰　己卯　登仕籍。富貴福壽之造也。

丁巳　庚戌　己酉　此造柱中三火二土。似乎旺相。不知亥子當權。冲壞

辛亥 戊申 丁未 印綬。天干火土虛脫。其祖上大富。至父輩破敗。兼之

戊子 丙午 乙巳 初運西方金地。生助旺水。半生顛連不遇。及交丁未。

戊午 甲辰 癸卯 運轉南方。接連丙午二十年。大遂經營之願。發財十

餘萬。

乙亥 庚辰 己卯 此造支逢兩祿乘權。年干印透通根。凡推命者。均作

辛巳 戊寅 丁丑 旺論。用以財星。斷其名利雙收。然丙火生於孟夏。火

丙辰 丙子 乙亥 氣方進。年干印綬。被月干財星所壞。巳亥逢冲。破祿、

癸巳 甲戌 癸酉 去火。則金木反得生扶。木火失勢矣。又坐下辰土。竊

去命主元神。時干癸水蓋頭。巳火亦傷。必作弱推。當以巳火爲用。

初運東方木地。出身遺業豐盈。丑運、生金洩火。刑耗異常。丙子火

不通根。官星得地。定多破耗。家業十去八九。夫婦皆亡。

弟兄誰廢與誰興。提用財神看重輕。

比肩爲兄。敗財爲弟。祿刃亦同此論。如殺旺無食。殺重無印。得敗財合殺。必得弟力。　殺旺食輕。印弱逢財。得比肩敵殺。必得兄力。　官輕傷重。比刼生傷。制殺太過。比刼助食。必遭兄弟之累。　財輕刼重。印綬制傷。不免司馬之憂。　財官失勢。刼刃肆逞。恐有周公之慮。　財生殺黨。比刼幫身。大被可以同眠。　殺重無印。主衰傷伏。鴒原能無興歎。　殺旺印伏。比肩無氣。弟雖敬而兄必衰。　官旺印輕。財星得氣。兄雖愛而弟無成。　日主雖衰。印旺月提。兄弟成羣。　身旺逢梟。刼重無官。獨自主持。　財輕刼重。食傷化刼。可無斗粟尺布之謠。　財輕遇刼。官星明顯。不作煮豆然萁之詠。梟比重逢。財輕殺伏。未免折翼之悲啼。主衰有印。財星逢刼。反許棠棣之競秀。不論提綱之喜忌。全憑日主之愛憎。審察宜精。斷無不驗。

丁亥 辛丑 庚子

丙火生於春初。謂相火有焰。不作旺論。月干壬水通根。亥子煞旺無制。喜其丁壬、寅亥、合而化印。以難爲

壬寅 己亥 戊戌

恩。時支財星生官壞印。又得丁火蓋頭。使其不能剋

丙子 丁酉 丙申

木。所以同胞七人。皆就書香。而且兄友弟敬。

丁酉 乙未 甲午

癸巳 丁巳 丙辰

此造陽刄當權。又逢生旺。更可嫌者。戊癸合而化火。

戊午 乙卯 甲寅

財爲衆刼所奪。兄弟六人。皆不成器。遭累不堪。總之

丙午　癸丑　壬子　劫刃太旺。財官無氣。兄弟反少。縱有不如無也。然官

庚寅　辛亥　庚戌　煞太旺。亦傷殘。必須身財並旺。官印通根。方可敦友

愛之情。

（二）　富貴貧賤吉凶壽夭。

何知其人富。財氣通門戶。

財旺身弱無官者。必要有食傷。身旺財旺無食傷者。必須有官有殺。身

旺印旺食傷輕者。財星得局。身旺官衰印綬重者。財星當令。身旺劫旺

無財印而有食傷者。身弱財重無官印而有比劫者。皆財氣通門戶也。

財即是妻。可以通論也。若清則妻美。濁則家富。其理雖正。尚未深論也。

如身旺有印。官星洩氣。四柱不見食傷。用財星生官。無食傷、則財星亦

淺。主妻美而財薄也。身旺無印。官弱逢傷得財星化傷生官。財亦通根。官亦得助。不特妻美而且富厚。身旺官弱。食傷重見。財星不與官通。家雖富而妻必陋也。身旺無官。食傷有氣。財星不與刼連。無印而妻財並美。有印則財旺妻傷。此四者宜細究之。

甲申　丁丑　戊寅

丙子　己卯　庚辰

壬寅　辛巳　壬午

辛亥　癸未　甲申

王水生於仲冬。陽刃當權。年月木火無根。日支食神冲破。似乎平常。然喜日寅時亥。乃木火生地。寅亥合。則木火之氣愈貫。子申會則食神反得生扶。所謂財氣通門戶也。富有百餘萬。凡鉅富之命。財星不多。只要生化有情。即是財氣通門戶。若財臨旺地。不宜見官。日主失令。必要比刼助之爲美。

壬申　丁未　戊申　癸水生於仲夏。又逢午時。財官太旺。喜其日元得地。
丙午　己酉　庚戌　更妙年干刼坐長生。財星有氣。尤羡五行無木。則水
癸亥　辛亥　壬子　不洩而火無助。壬水可用。且運走西北。金水得地。遺
戊午　癸丑　甲寅　緒不豐。自剏數十萬。一妻四妾八子。

何知其人貴。官星有理會。

身旺官弱。財能生官。官旺身弱。官能生印。印旺官衰。財能壞印。印衰官旺。財星不現。刼重財輕。官能去刼。財星壞印。官能生印。用官、官藏財亦藏。用印、印露官亦露者。皆官星有理會。所以貴顯也。如身旺官旺。印亦旺。格局最淸而四柱食傷。一點不混。財星又不出現。官星之情依乎印。

印之情依乎日主。只生得一箇本身。所以有官無子也。縱使稍雜食傷。亦被印星所剋。子亦艱難。如身旺官旺印弱。食傷暗藏。不傷官星。不受印星所剋。自然貴而有子。必身旺官衰。食傷有氣。有印而財能壞印。無財而暗成財局。不貴而子多必富。如身旺官衰。食傷旺而無財。有子必貧。如身弱官旺。食傷旺而無印。貧而無子。或有印逢財。亦同此論。

癸卯　壬戌　辛酉　此造官殺乘權。原可畏也。然喜支拱印局。巧借栽培。

癸亥　庚申　己未　流通水勢。官星有理會也。第嫌初運庚申、辛酉。生殺壞印。

丁卯　戊午　丁巳　偃蹇功名。己未、支全印局。干透食神。雲程直上。

辛亥　丙辰　乙卯　仕至尚書。然有其命。必得其運。倘不得其運。一介寒儒矣。

癸酉　丙辰　乙卯
丁巳　甲寅　癸丑
丙午　壬子　辛亥
壬辰　庚戌　己酉

丙火生於孟夏。坐祿臨旺。喜其巳酉拱金。財生官。官制刼。更妙時透壬水。助起官星。以成旣濟。三旬外、運走北方、水地。登科發甲。名利雙輝。勿以官殺混雜爲嫌。身旺者、必要官殺混雜而發也。

甲午　丁卯　戊辰
丙寅　己巳　庚午
辛酉　辛未　壬申
己丑　癸酉　甲戌

此造財臨旺地。官遇長生。日主坐祿。印綬通根。天干四字。地支皆臨祿旺。五行無水。淸而純粹。春金雖弱。喜其時印通根得用。庚運幫身。癸酉年登科。午運殺旺。病晦刑喪。辛運巳卯年。發甲、入詞林。後運金水幫身。仕路未可限量也。

乙巳	庚辰	己卯	庚金生於立夏後五日。土當令。火未司權。庚金之生
辛巳	戊寅	丁丑	坐實。且辰支申時。生扶並旺。身强殺淺。嫌其財露無
庚辰	丙子	乙亥	根逢刼。所以出身貧寒。一交丁運。官星元神發露。戊
甲申	甲戌	癸酉	寅、巳卯、兩年。財星得地。喜用齊來。科甲聯登。又入詞

林。書云以殺化權。定顯寒門貴客。此之謂也。

何知其人貧。財神反不眞。

財神不眞者有九。如財重而食傷多者。一不眞也。財輕喜食傷、而印旺者。二不眞也。財輕刼重、食傷不現。三不眞也。財多喜刼、官星制刼。四不眞也。喜印、而財星壞印。五不眞也。忌印、而財星生官。六不眞也。喜財、而財合閑神而化者。七不眞也。忌財、而財合閑神化財者。八不眞也。官殺旺而喜印、財星得局者。九不眞也。此九者、財神不眞之正理也。然貧者多而富者少。故貧有幾等之貧。富有幾等之富。不可概定。有貧而貴者。有貧而正者。有貧而賤者。宜分辨之。如財輕官衰、逢食傷、而見印綬者。或喜印、財星壞印、得官星解者。此貴而貧也。官殺旺而身弱。財星生助官殺。有印則一衿易得。無印則老於儒冠。此淸貧之格。所爲皆正也。財多而心志必欲貪之。官旺而心事必欲求之。非合而合。不從而從。合之不化。從之不眞。此等之命。見富貴而生諂容。遇財利而忘恩義。謂貧而賤也。即僥倖致富。亦不足貴。凡敗業破家之命。初看似乎佳美。非財官雙美。即干支雙淸。非殺印相生。即財臨旺地。不知財官雖可養命榮身。必先要日主旺相。方能任其財官。若太過不及。皆爲不眞。能散能耗、則有之。終不能致富貴也。此等格局最多。難以枚舉。宜細究之。

壬子　己酉　庚戌　戊土生於孟秋。支類西方。秀氣流行。格局本佳。出身
戊申　辛亥　壬子　大富。所嫌者、年干壬水。通根會局。則財星反不眞矣。
戊戌　癸丑　甲寅　兼之運走西北金水之地。所以輕財重義。耗散異常。
辛酉　乙卯　丙辰　惟戊運、入泮得子。辛亥、壬子、貧乏不堪。

癸卯　癸丑　壬子　此造財藏殺露。殺印相生。又聯珠相生。似乎貴格。所
甲寅　辛亥　庚戌　以祖業數十萬。不知年干之殺無根。其菁華盡被印
丁巳　己酉　戊申　綬竊去。不用癸水明矣。必用酉金之財。蓋頭覆之以
己酉　丁未　丙午　土。似乎有情。但木旺土虛。相火逢生。則己酉不會財

不眞矣。一交壬子。洩金生木。一敗塗地。至亥運、印遇長生。竟遭餓死。

庚午　癸未　甲申
此夏火逢金。財滋弱殺。兩支不雜。殺刃雙清。定然名

壬午　乙酉　丙戌
利兼全。不知地支木火。不載金水。杯水車薪。不但不

丙寅　丁亥　戊子
能制火。反洩財星之氣。夏月庚金敗絕。財之不眞可

庚寅　己丑　庚寅
知矣。早運癸未、甲申、乙酉。土金之地。豐衣足食。一交

丙戌。支全火局。刑妻剋子。破耗異常。數萬家業。盡付東流。丁亥、合

壬寅而化木。孤苦不堪而死。

乙卯　甲申　癸未
秋金乘令。財官並旺。食神吐秀。大象觀之。富貴之命。

乙酉　壬午　辛巳
第財星太重。官星拱局。日主反弱。不任其財官。全賴

庚寅　庚辰 己卯　劫刃扶身。被卯沖午剋。時干壬水。不能剋火。反洩日
壬午　戊寅 丁丑　元之氣。則財星不眞矣。初運甲申祿旺。早年入泮。其
後運走南方。貧乏不堪。
辛丑　乙未 甲午　此財星坐祿。一殺獨清。似乎佳美。所嫌者、印星太重。
丙申　癸巳 壬辰　丑土生金洩火。丙辛合而化水。以財爲劫。兩申合巳。
癸巳　辛卯 庚寅　則財更不眞。初運乙未、甲午。木火並旺。祖業頗豐。一
庚申　己丑 戊子　交癸巳。皆從申合。一敗如灰。竟如乞丐。

庚辰　丙戌 丁亥　丁火日元。時逢旺地。兩印生身。火焰金疊。似乎富格。
乙酉　戊子 己丑　不知月干乙木。從庚而化。支會金局。四柱皆財。反不

丁丑　庚寅　辛卯　眞矣。祖業亦豐。初運丙戌、丁亥比刦幫身。財喜如心。

乙巳　壬辰　癸巳　戊子己丑生金晦火。財散人離。竟凍餓而死。

何知其人賤。官星還不見。

富貴之中。未嘗無賤。貧賤之中。未嘗無貴。賤之一字。不易知也。如身弱官旺。不用印綬化之。反以傷官强制。如身弱印輕。不以官星生印。反以財星壞印。如財重身輕。不以比刦幫身。反忌比刦奪財。合此格者。忘却聖賢明訓。不思祖父積德。以致災生不測。殃及子孫。如身弱印輕。官旺無財。或身旺官弱。財星不現。合此格者。處貧困不改其節。遇富貴不易其志。非理不行。非義不取。故知貪富貴而戀金谷者。竟遭一時之顯戮。樂簞瓢而甘緼者。終受千載之令名。是以有三等官星不見之理。如官輕印重而身旺。或官重印輕而身弱。或官印兩平、而日主休囚者。此上等官星不見也。如官輕劫重無財。或官煞重無印。或財輕劫重官伏者。此中等官星不見也。如官旺喜印。財星壞印。或官殺重無印食傷强制。或官多忌財。財星得局。或喜官星、而官星合他神化傷者。或忌官星、他神合官星又化官者。此下等官星不見也。細究之、不但貴賤分明。而賢不肖亦了然矣。

丁丑　辛亥　庚戌　丁火生於仲冬。干透壬水。支全亥子丑北方。官星旺極。辰乃溼土。不能制水。反能晦火。日主虛弱。甲木凋枯。自顧不暇。且溼木不能生無焰之火。謂清枯之象。官星反不眞也。喜其無金。氣勢純淸。其爲人學問眞

壬子　己酉　戊申

丁亥　丁未　丙午

甲辰　乙巳　甲辰

醇。處世無苟。訓蒙度日。苦守清貧。上等官星不見也。

丙辰 辛卯 壬辰 此造財絕無根。官又無氣。兼之運走東南之地。幼年
庚寅 癸巳 甲午 喪父。依母轉嫁他姓。數年母死。牧牛度日。少長則苦
丙午 乙未 丙申 力傭工。後雙目失明。不能傭作。求乞度日。
壬辰 丁酉 戊戌

丁卯 癸卯 壬寅 此春暮逢火。理宜用印化煞。財星壞印。癸水剋丁亥
甲辰 辛丑 庚子 水冲巳。似乎制煞有情。不知春水休囚。木火並旺。不
辛亥 己亥 戊戌 但不能剋火。反去生木洩金。財官本可榮身。而日主
癸巳 丁酉 丙申 不能勝任。雖心志必欲求之。亦何益哉。出身本屬微

賤。初習梨園。後因失音隨宦人極伶俐。且極會趨逢。隨仕數年。發財背主。竟捐納從九品出仕。作威作福。無所不爲。後因犯事革職。依然落魄。

何知其人吉喜神爲輔弼。

喜神者、輔用助主之神也。凡八字必要有喜神。則用神有勢。一生有吉無凶。故喜神、乃吉神也。若柱中有用神而無喜神。歲運不逢忌神、無害。一遇忌神、必凶。如戊土生於寅月。以寅中甲木爲用神。忌神必是庚辛申酉之金。日主元神厚者。以壬癸亥子爲喜神。則金見水而貪生。不來剋木矣。日主元神薄者。以丙丁巳午爲喜神。則金見火而畏。亦不來剋木矣。如身弱以寅中丙火爲用神。喜天干透出。以水爲忌神。以比刼爲喜神。所以用官用印有別。用官者、身旺可以財爲喜神。用印者、身弱有官、而後用刼爲喜神。使其刼去財星。則印綬不傷、官星無助之意也。如原局有用神無喜神。而用神得時秉令。氣象雄壯。大勢堅固。四柱安和。用神緊貼。不爭不妒者。即遇忌神。亦不爲凶。如原局無喜神。有忌神。或暗伏或出現。或與用神緊貼。或爭或妒。或用神不當令。或歲運引出忌神。助起忌神。譬之國家有內間。私通外寇。兩來夾攻。其凶立見。論士如此。餘可類推。

甲子　丁卯　戊辰　春初土虛。殺旺逢財。以丙火爲用。喜其財印相隔。生

丙寅　己巳　庚午　生不悖。更妙未時幫身爲喜。四柱純粹。主從得宜。所

戊寅　辛未　壬申　以早登甲第。一生有吉無凶。仕至觀察。後退歸優游

己未 癸酉 甲戌　林下生六子。皆登科第。夫婦齊眉。壽越八旬。

丙申 庚子 辛丑　此寒金喜火。得時支寅木之生。則火有焰。然用財殺、

己亥 壬寅 癸卯　必先身旺。妙在年支坐祿。三印貼身。更妙亥水當權。

庚辰 甲辰 乙巳　申金貪生忘冲。無火則土凍金寒。無木則水旺火虛。

戊寅 丙午 丁未　以火爲用。以木爲喜。木火兩字。缺一不可。所以生平

無凶無險。登科發甲。宦海無波。後嗣繼美。壽至八旬之外。

何知其人凶。忌神輾轉攻。

忌神者、損害體用之神也。故八字先要有喜神。則忌神無勢。以忌神爲病。以喜神爲藥。有病有藥、則吉。有病無藥、則凶。一生吉少凶多者。皆忌

神得勢之故耳。如寅月生人不用甲木、而用戊土。則甲木爲當令之忌神。看日主之意向。或喜火以化之。或用金以制之。安頓得好。又逢歲運扶喜抑忌。亦可轉凶爲吉。歲運又不來扶喜抑忌。又不與忌神結黨者。不過終身碌碌。無所發達而已。若無火之化、金之制。又遇水之生。歲運又黨助忌神。傷我喜神。輾轉相攻。凶禍多端。到老不吉。論木如此。餘可類推。

乙亥　丁丑　丙子
戊寅　乙亥　甲戌
丙子　癸酉　壬申
甲午　辛未　庚午

丙火生於寅月。印星當令。時逢刃旺。甲乙並旺透。四柱無金。寅亥化木。子水冲破。官星無用。必以月干戊土爲用。忌神即是甲木。亥子之水、反生旺木。所謂忌神輾轉攻也。初交丁丑。生助用神。祖業十餘萬。其樂自如。一交丙子。火不通根。父母雙亡。連遭回祿。乙亥水木並旺。又遭回祿。剋三妻四子。赴水而亡。

辛巳　己丑　戊子　丙火生寅。木嫩火相。未爲旺也。生丑時、竊去命主元
庚寅　丁亥　丙戌　神。以寅木爲用。所嫌庚金當頭之忌。木嫩逢金。火虛
丙辰　乙酉　甲申　而洩。初交己丑、戊子。生金洩火。幼喪父母。孤苦不堪。
己丑　癸未　壬午　丁亥、丙戌。火在西北。不能去盡忌神。所以歷盡風霜。
稍成家業。一交乙酉。干支皆化忌神。刑妻剋子。遭水厄而亡。

何知其人壽。性定元氣厚。

四柱得地。五行停勻。所合者皆閑神。所化者皆用神。冲去者皆忌神。留存者皆喜神。無缺無陷。不偏不枯。則性定矣。性定不生貪戀之私。不作

苟且之事。爲人寬厚和平。仁德兼資。未有不富貴福壽者也。元神厚者。官弱逢財。財輕遇食。身旺而食傷發秀。身弱而印綬當權。所喜者皆提綱之神。所忌者皆失令之物。提綱與時支有情。行運與喜用不悖。是皆元神厚處。宜細究之。清而純粹者。必富貴而壽。濁而混雜者。必貧賤而壽。

辛丑　壬辰　辛卯　此從巳火起源頭。生丑土。丑土生辛金。辛金生癸水。
癸巳　庚寅　己丑　癸水生甲木。甲木生丙火。甲祿於寅。癸祿居子。丙祿
甲子　戊子　丁亥　居巳。官坐財地。財逢食生。五行元神皆厚。四柱通根、
丙寅　丙戌　乙酉　生旺。左右上下有情。爲人剛柔相濟。仁德兼資。貴至

極品。富有百萬。子十三人。壽至百歲。無疾而終。

己酉 甲戌 癸酉 此以酉金爲源頭。生亥水。亥合寅而生丙火。丙火生
乙亥 壬申 辛未 戊土。元神皆厚。鄉榜出身。仕至觀察。爲人寬厚端方。
丙寅 庚午 己巳 九子二十四孫。富有百餘萬。壽至百二十歲。無疾而
戊子 戊辰 丁卯 終。

己酉 庚午 己巳 此以未土爲源頭。生辛金。辛金生壬水。壬水生寅木。
辛未 戊辰 丁卯 四柱生化有情。元神厚而純粹。所忌者火。喜其包藏
壬寅 丙寅 乙丑 不露。早登科甲。仕至三品。爲人品行端方。謙和仁厚。
壬寅 甲子 癸亥 八子十九孫。壽至九旬有六。

丁未　庚戌　庚辰　丙子

己酉　戊申　丁未　丙午　乙巳　甲辰　癸卯　壬寅

此以丁火爲源頭。生土。土生金。官坐財庫。身旺用官。中年行運不背。所以早登鄉榜。名利雙輝。爲人有剛明決斷之才。無刻薄欺瞞之意。惜乎無木。火之元神不足。孫枝雖旺。子息未免有損之憂。

乙未　戊寅　乙卯　庚辰

丁丑　丙子　乙亥　甲戌　癸酉　壬申　辛未　庚午

此支類東方。曲直仁壽格。大勢觀之。財官有氣。名利裕如。第五行火不出現。財之元神虛脫。寅卯辰東方木旺。官星之根亦薄。所以一生操勞刻苦。資囊未滿先傾。且平生仗義疏財。爲人無驕諂。存古道。苦守清貧。生四子。皆得力。壽至九十四歲。

癸丑　癸丑　壬子　戊戌日逢庚申時。食神有力。殺旺無印。足以強制。生
甲寅　辛亥　庚戌　八九子。有三四子貴顯。而授一品之封典。十金有情
戊戌　己酉　戊申　之效也。其爲人貪惡兩備者。不能化殺之故也。淫靡
庚申　丁未　丙午　無禮者。火不現、水得地之故也。蓋寅申沖、則丙火必

壞。丑戌刑、則丁火亦傷。兼之癸水透、則日主之心志。必欲合而求之。不顧寅戌支藏之火。暗中剋盡。夫火司禮。無禮、則無所不爲矣。設使年干癸水換於丁火。未有不仁德者也。其富貴福壽皆申時之力也。後生落頭疽而亡。積惡多端、天誅之矣。

戊辰　辛酉　壬戌　此十金傷官。辰中癸水。正財歸庫。申中壬水。偏財逢
庚申　癸亥　甲子　生。刼雖旺而不能奪。且土氣盡歸於金。傷官化刼。暗

己卯　乙丑　丙寅　處生財。兼之獨殺爲權。故爲人權謀異衆。地支皆陰

戊辰　丁卯　戊辰　溼之氣。作事詭譎多端。一生所重者財。而少道德。四旬無子。娶兩妾。又無子。壽至九旬外。惜財如命。卒後家業四十餘萬。分奪而盡。細究之。皆因財星過於藏蓄。不得流通之故也。財不流行。秋金逢土而愈堅。生意遂絕耳。

大凡財厚無子者。皆類此格。故無子之人。其性情必多鄙吝。不知財散民聚。倘使富人無子。能輕其財於親族之中。分多潤寡。何患無子哉。即如此造。金氣太堅。水不露頭。未得生生之妙。能散其財。則金自流行。子必招矣。然散財亦有功過。散財於應赴僧道。修殿造廟。有過無功。散財於貧苦親友。扶危濟困。有功無過。修德獲報。

人事原可挽回。作善降祥。天心詎難感召。壽本五福之首。壽而無子。終於無益。與其富壽而無子。不若貧壽而有子也。

何知其人天。氣濁神枯了。

氣濁神枯之命。易中之難看者。氣濁神枯四字。可分言之。濁字作弱字論。氣濁者、日主失令。用神淺薄。忌神深重。提綱與時支不照。年支與日支不和。喜冲而不冲。忌合而反合。行運與喜用無情。反與忌神結黨。雖不壽而有子。神枯者、身弱而印綬太重。身旺而剋洩全無。身弱用印、而財星壞印。身弱無印、而重疊食傷。或金寒水冷而土溼。或火焰土燥而木枯者。皆夭而無子也。

乙丑　甲申　癸未　此造三印扶身。辰酉合而不冲。四柱無水。似乎中格。

乙酉　壬午　辛巳　第支皆溼土。晦火生金。辰乃木之餘氣。與酉合財。木
丙辰　庚辰　己卯　不能托根。合而化金。則木反被其損。天干兩乙。地支
辛卯　戊寅　丁丑　不載。凋可知矣。由此推之。日元虛弱。至午運、破酉衛
卯。得一子。辛巳、全會金局、壞印。則元氣大傷。會財則財極必反。夫
婦雙亡。

己丑　丁卯　丙寅　此重重厚土。埋藏脆嫩之金。五行無木。未得疏揚之
戊辰　乙丑　甲子　利。一點亥水剋絕。支藏甲乙。無從引助。然春土氣虛。
辛亥　癸亥　壬戌　藏財可用。初運東方木地。庇蔭有餘。寅運、得一子。乙
戊戌　辛酉　庚申　丑運、土又通根而夭。

壬寅　癸卯　甲辰　春木重逢祿支。得申時似乎時殺留清。不知木旺金
壬寅　乙巳　丙午　缺。必要有火爲佳。天干三壬。寅中丙火受剋。神枯可
甲寅　丁未　戊申　知。至丙運、逢三壬回剋。家業敗盡。夭而無子。凡水木
壬申　己酉　庚戌　並旺無土者。最忌火運。即不傷身。刑耗異常。若俗論
必用申金。丙火剋金之故也。如丙火剋金爲害。則前之乙巳運。緊
剋申金。而且三刑。何反美乎。

辛丑　庚子　己亥　此重重溼土。疊疊寒金。癸水濁而且凍。所謂陰之甚、
辛丑　戊戌　丁酉　寒之至者也。毫無生發。氣濁神枯。故其人愚昧不堪。
癸酉　丙申　乙未　一事無成。至戊戌運。生金剋水而夭。以俗論之。兩干
癸丑　甲午　癸巳　不雜。金水雙清。地支三朋。殺印相生之美。定爲貴格。

前則春木帶嫩金。斲削成大器。皆作名利兩全論。不知天命皆類

此格。宜深究之。

（三）　性情

五氣不戾。性正情和。濁亂偏枯。性乖情逆。

五氣者、先天洛書之氣也。陽居四正。陰居四隅。土寄居於艮坤。此後天定位之序也。東方屬木。於時爲春。於人爲仁。南方屬火。於時爲夏。於人爲禮。西方屬金。於時爲秋。於人爲義。北方屬水。於時爲冬。於人爲智。坤艮爲土。坤居西南者。以火生土、土生金也。艮居東北者。萬物皆生於土。冬盡春來。非土不能止水栽木也。故土生於寅。亦生於申。易艮成始而成終。仁義禮智。得信以成之。故土於人爲信也。五行賦於人者。須要五

行不戾。中和純粹。則有惻隱辭讓誠實之情。若偏枯混濁。太過不及。則
有是非乖逆驕傲之性矣。

己丑　乙丑　甲子　甲子日元。生於孟春。木當令而不太過。火居相位而
丙寅　癸亥　壬戌　不烈。土雖多而不燥。水雖少而不涸。金本無而暗蓄。
甲子　辛酉　庚申　則不受火之剋。而得土之生。無爭戰之風。有相生之
戊辰　己未　戊午　美。爲人不苟。無驕諂刻薄之行。有謙恭仁厚之風。

己酉　丙寅　乙丑　己卯日元。生於仲春。土虛寡信。木多金缺。陰火不能
丁卯　甲子　癸亥　生濕土。禮義皆虛。且八字純陰。一味趨炎附勢。其衷
己卯　壬戌　辛酉　懷損人利己之心。萌幸災樂禍之意。

乙丑　庚申　己未

丙戌　丙申　丁酉　丙生季夏。火焰土燥。天干甲乙枯木。助火之烈。更嫌
乙未　戊戌　己亥　子水、冲激之炎。偏枯混亂之象。性情乖張。處世多驕
丙子　庚子　辛丑　傲。且急燥如風火。順其性千金不惜。逆其性一芥中
甲午　壬寅　癸卯　分。因之家業破敗無存。

火烈而性燥者。遇金水之激。

火燥而烈。其炎上之性。只可純用溼土潤之。則知禮而成慈愛之德。若遇金水激之。則火勢愈烈而不知禮。災禍必生也。濕土者、丑辰也。晦其光、斂其性、則明矣。

丙戌　乙未　丙申　丙火日元。生於午月。年月又透甲丙。猛烈極矣。最喜

甲午　丁酉　戊戌　丑時。干支皆濕土。能收丙之烈。能晦午之光。順其性、

丙午　己亥　庚子　悅其情、不陵下也。其人威而不猛。名利雙輝。

己丑　辛丑　壬寅

辛巳　癸巳　壬辰　丙火生於午月午時。木從火勢。烈之極矣。無土以順

甲午　辛卯　庚寅　其性。金無根。水無源。激其猛烈之性。所以幼失父母。

丙子　己丑　戊子　依兄嫂而居。好勇不安分。年十五六。身材雄偉。膂力

甲午　丁亥　丙戌　過人。好習拳棒。樂與里黨無賴交游。放蕩無忌。兄嫂

不能禁。後因搏虎而被虎噬。

水奔而性柔者。全金木之神。

水性本柔。其冲奔之勢。剛急爲最。若逢火冲之。土激之。則逆其性而更剛矣。奔者、旺極之勢也。用金以順其勢。用木以疏其淤塞。所謂從其旺勢。納其狂神。其性反柔。剛中之德。易進難退之意也。雖智巧多能。而不失仁義之情矣。

四柱	大運		
癸亥	癸亥	壬戌	
甲子	辛酉	庚申	
壬申	己未	戊午	
庚子	丁巳	丙辰	

壬申日元。生於子月。年時亥子。干透癸庚。其勢冲奔莫遏也。月干甲木凋枯。又被金伐之。不能納水。反用庚金順其氣勢。爲人剛柔相濟。仁德兼資。積學篤行。不求名譽。初運癸亥。從其旺神。蔭庇大好。壬戌、水不通根。戌土激之。刑喪破耗。辛酉、庚申、入泮補廩。又得四子。家業日

增。一交己未。激其沖奔之勢。連剋三子。破耗異常。至戊運而亡。

壬寅　癸丑　甲寅　天干四壬。生於子月。沖奔之勢。最喜寅時。疏其辰土
壬子　乙卯　丙辰　之淤塞。納其壬水之旺神。所以不驕不傲。秉性穎異。
壬辰　丁巳　戊午　讀書過目不忘。爲文倚馬萬言。甲寅入泮。乙卯登科。
壬寅　己未　庚申　奈數奇不能得遂所學。至丙辰、沖激旺水。羣比爭財。
不祿。

癸未　壬戌　辛酉　壬子日元。生於亥月申時。年月兩透癸水。只可順其
癸亥　庚申　己未　勢。不可逆其流。所嫌未戌兩字。激水之性。故其爲人、
壬子　戊午　丁巳　是非顛倒。作事不端。無所忌憚。初運壬戌。支逢土旺。
戊申　丙辰　乙卯　父母皆亡。辛酉、庚申。洩土生水。雖無賴邪僻之行。倖

免凶咎。一交己未。助土激水。一家五口。回祿燒死。

木奔南而軟怯。

木奔南、洩氣太過。柱中有金、必得水以通之。則火不烈。如無金、必得辰土以收火氣。得其中矣。爲人恭而有禮。和而中節。如無水以濟土。土以晦火。發洩太過。則聰明自恃。又多遷變不常。而成婦人之仁矣。

庚辰	癸未	甲申
壬午	乙酉	丙戌
甲午	丁亥	戊子
丙寅	己丑	庚寅

甲午日元。生於午月。木奔南方。雖時逢祿支。丙火逢生。寅午拱火。非日主有矣。最喜月透壬水以濟火。然壬水、無庚金之生。不能剋丙爲用。庚金無辰土、亦不能生水。此造所妙者辰也。晦火、養木、蓄水、生金。使火不烈。木不枯。金不鎔。水不涸。全賴辰之一字。得中和之象。申運、壬

水逢生。及乙酉、金旺水生。入泮補廩、而舉於鄉。丙戌、火土並旺。服制重重。丁亥、壬水得地。出宰閩中。德教並行。政成民化。所謂剛柔相濟。仁德兼資也。

丙戌　乙未　丙申　甲申日元。生於午月。兩透丙火。支會火局。木奔南方。
甲午　丁酉　戊戌　燥土不能晦火、生金。無水則申金剋盡。柔軟極矣。其
甲申　己亥　庚子　爲人暱私恩。不知大體。作事狐疑。少決斷。所爲心性
丙寅　辛丑　壬寅　多疑。貪小利。背大利。一事無成。

金見水以流通。

金者、剛健中正之體也。能任大事。能決大謀。見水則流通。剛煞之性。能用智矣。得氣之正者。金旺遇水也。其人內方外圓。能知權變。處世不傷

廉惠。行藏自合中庸。得氣之偏者。金衰水旺也。其人作事荒唐。口是心非。有挾術待人之意也。

甲申　甲戌　乙亥　庚生酉月。又年時申酉。秋金銳銳。喜其坐下子水。透
癸酉　丙子　丁丑　出癸水元神。流通金性。洩其菁華。爲人任大事而布
庚子　戊寅　己卯　置有方。處煩雜而主張不靡。且慷慨好施。剋己利人
乙酉　庚辰　辛巳　也。

壬申　癸丑　甲寅　庚生仲冬。天干兩透壬水。支會水局。金衰水旺。本屬
壬子　乙卯　丙辰　偏象。更嫌時透丙火混局。金主義而方。水司智而圓。
庚辰　丁巳　戊午　金多水少。智圓行方。水泛金衰。方正之氣絕。圓智之

丙子　己未　庚申　心盛矣。中年運逢火土。沖激壬水之性。刑傷破耗。財散人離。半身奸詐。誘人財物。盡付東流。凡人窮達貧富。數已注定。君子樂得爲君子。小人枉自爲小人。

最拗者西水還南。

西方之水。發源崑崙。其勢浩蕩。不可遏也。亦可順其性。用木以納之。則智之性、行於仁矣。如用土以制之。不得其性。反有沖奔之患。其性仍逆而强拗。至於還南。其沖激之勢。尤難砥定。強拗異常。全無仁禮之性矣。

癸亥　己未　戊午　壬申日元。生於亥年申月。亥爲天門。申爲天關。即天

庚申　丁巳　丙辰　河之口。正西方之水。發源最長。所喜者時干甲木。得

壬申　乙卯　甲寅　辰土通根養木。足以納水。則智之性行而爲仁。禮亦

甲辰　癸丑　壬子　備矣。爲人有驚奇之品彙。無巧利之才華。中年南方火運。得甲木生化。名利兩全。

癸亥　己未　戊午
庚申　丁巳　丙辰
壬子　乙卯　甲寅
丙午　癸丑　壬子

壬子日元。生於申月亥年。西方之水。浩蕩之勢。無歸納之處。時逢丙午。冲激以逆其性。爲人强拗無禮。兼之運走南方火土。家業破敗無存。至午運强娶人妻。被人毆死。俗以丙火爲用。運逢火土爲佳。不知金水同心。可順不可逆。須逢木運、生化有情。可免凶災而人亦知禮矣。

至剛者東火轉北。

東方之火。火逞木勢。其炎上之性。不可禦也。只可順其剛烈之性。用溼土以收之。則剛烈之性、化爲慈愛之德矣。一轉北方。焉制焚烈之勢。必剛暴無禮。若無土以收之。仍行火木之運。順其氣勢。亦不失慈讓惻隱之心矣。

丙寅　甲午　丙午　己丑

乙未　丙申　丁酉　戊戌　己亥　庚子　辛丑　壬寅

丙午日元。生於午月寅年。年月又透甲丙。其焚烈炎上之勢。不可遏也。最妙丑時。溼土收其猛烈之性。爲人有容有養。驕諂不施。運逢土金。仍得丑土之化。科甲連登。仕至郡守。

丁卯　丙午　丙午

乙巳　甲辰　癸卯　壬寅　辛丑　庚子

丙午日元。生於午月。年時寅卯。庚金無根。置之不用。格成炎上。局中無土吐秀。書香不利。行伍出身。至卯運、得官。壬運失職。寅運、得軍功。驟升都司。辛丑運、生

庚寅　己亥　戊戌　化之機無咎一交庚子沖激午刃又逢甲子年雙沖
陽刃死於軍中

順生之機遇擊神而抗

順者宜順逆則宜逆則和平而性順矣如木旺得火以通之順也土以行之生也不宜見金水之擊也木衰得水以生之反順也金以助水逆中之生也不宜見火土之擊也我生者爲順生我者爲逆旺者宜順衰者宜逆則性正情和如遇擊神旺者勇急衰者懦弱如格局得順逆之序其性情本和平至歲運遇擊神亦能變爲强弱宜細究之

己亥　乙丑　甲子
丙寅　癸亥　壬戌
甲寅日元生於寅月木旺得丙火透出順生之機通輝之象讀書過目成誦所嫌者時遇金水之擊年干

甲寅　辛酉　庚申　己土虛脫。不制其水。兼之初運北方水地。不但功名

壬申　己未　戊午　難遂。而且破耗刑傷。一交辛酉。助水之擊。合去丙火

而亡。

庚寅　己卯　庚辰　甲午日元。生於寅月。戊土透出。寅午拱火。順生之機。

戊寅　辛巳　壬午　德性慷慨。襟懷磊落。亦嫌時逢金水之擊。讀書未售。

甲午　癸未　甲申　破耗多端。兼之中運不齊。有志未伸。還喜春金不旺。

壬申　乙酉　丙戌　火土通根。體用不傷。後昆繼起。

逆生之序。見閑神而狂。

逆則宜逆。順則宜順。則性正情和矣。如木旺極得水以生之逆也。金以成之。助逆之生也。不宜見己丑之閑神也。如木衰極、得火以行之。反逆

也。土以化之。逆中之順也。不宜見辰未之閑神也。此旺極衰極。乃從旺從弱之理。非旺衰得中之意。如旺極見閑神。必爲狂猛。衰極見閑神。必爲姑息。歲運見之亦然。火土金水如之。

壬子　壬子
辛亥　癸丑
甲寅　甲寅
甲子　乙卯
　　　丙辰
　　　丁巳
　　　戊午
　　　己未

甲寅日元。生於亥月。水旺木堅旺之極矣。一點辛金。從水之勢。不逆其性。安而且和。逆生之序。更妙無土。不逆水性。初運北方。入泮登科甲寅、乙卯。從其旺神。出宰名區。丙辰、尚有拱合之情。雖落職而免凶咎。丁巳、遇閑神冲擊。逆其性序而卒。

壬寅　壬子
辛亥　癸丑
　　　甲寅
　　　乙卯

甲寅日元。生於寅年亥月。辛金順水。不逆木性。逆生之序。所嫌巳時爲閑神。火土冲剋逆其性。又不能制

甲寅　丙辰　丁巳　水。初交壬子。遺緒豐盈。癸丑、地支閑神結黨。刑耗多
己巳　戊午　己未　端。甲寅、乙卯。丁財並益。一交丙辰。助起火土。妻子皆
傷。又遭回祿。自患顛狂之症。投水而亡。

戊戌　戊午　己未　甲寅日元。生於巳月。丙火司令。雖坐祿支。其精神洩
丁巳　庚申　辛酉　盡。火旺木焚。喜土以行之。此衰極從弱之理。初運戊
甲寅　壬戌　癸亥　午己未。順其火土之性。祖業頗豐。又得一衿。庚申、逆
己巳　甲子　乙丑　火之性。洩土之氣。至癸亥年。沖激火勢而亡。

陽明遇金。鬱而多煩。

陽明之氣。本多暢遂。如遇溼土藏金。則火不能剋金。金又不能生水。而
成憂鬱。一生得意者少。而失意者多。則心鬱志灰、而多煩悶矣。必要純

行陰濁之運。引通金水之性。方遂其所願也。

乙丑　乙酉　甲申　丙火日主。支全寅午戌。食神生旺。眞神得用。格局最

丙戌　癸未　壬午　佳。初運乙酉甲申。引通丑內藏金。家業頗豐。又得一

丙午　辛巳　庚辰　衿。所嫌者、支會火局。時上庚金臨絕。又有比肩爭奪。

庚寅　己卯　戊寅　不能作用。丑中辛金。伏鬱於內。是以十走秋闈不第。

且少年運走南方。三遭回祿。四傷其妻。五剋其子。至晚年孤貧一

身。

壬戌　丁未　戊申　丙寅日元。生於午月。支全火局。陽明之象。此緣刼刃

丙午　己酉　庚戌　當權。壬水無根。置之不用。不及前造多矣。丑中辛金

丙寅　辛亥　壬子　伏鬱。所喜者、運走西北陰濁之地。出身吏部。發財十

己丑　癸丑　甲寅　餘萬。異路出仕。升州牧。名利兩全而多暢遂也。

陰濁藏火。包而多滯。

陰晦之氣。本難奮發。如遇溼木藏火。陰氣太盛。不能生無焰之火。而成溼滯之患。故心欲速而志未逮。臨事而模稜少決。所爲心性多疑。必須純行陽明之運。引通木火之氣。則豁然通達矣。

癸亥　庚申　己未　癸水生於仲秋。支全酉亥丑。爲陰濁。天干三水一辛。
辛酉　戊午　丁巳　逢戌時、陰濁藏火。亥中溼木。不能生無焰之火。喜其
癸丑　丙辰　乙卯　運走東南陽明之地。引通包藏之氣。身居鼎甲。發揮
壬戌　甲寅　癸丑　素志也。

丁丑　庚戌　己酉
辛亥　戊申　丁未
癸亥　丙午　乙巳
癸亥　甲辰　癸卯

地支三亥一丑。天干二癸一丁。陰濁之至。年干丁火。雖不能包藏。虛而無焰。亥中甲木。無從引助。喜其運走南方陽明之地。又逢丙午丁未流年。科甲連登。仕至觀察。

辛丑　戊戌　丁酉
己亥　丙申　乙未
辛酉　甲午　癸巳
癸巳　壬辰　辛卯

支全丑亥酉。月干溼土。逢辛癸陰濁之氣。時支巳火。本可煖局。大象似比前造更美。不知巳酉丑金局。則亥中甲木受傷。巳火丑土之財官。竟化梟而生刼矣。縱運行火土。不能援引。出家爲僧。

陽刃局、戰則逞威、弱則怕事。傷官格、清則謙和。濁則剛猛。用神多者。情性不常。時支枯者。虎頭蛇尾。

陽刃局旺。則心高志傲。戰則恃勢逞威。弱則多疑怕事。合則矯情立異。如丙日主。以午爲陽刃。干透丁火爲露刃。支會寅戌。或逢卯生。干透甲乙。或逢丙助。皆謂之旺。支逢子爲冲。遇亥申爲制。得丑辰爲洩。干透壬癸爲剋。逢己土爲洩。皆謂之弱。支得未爲合。遇巳爲幫。則中和矣。傷官須分眞假。而身弱有印、不見財、爲淸。假而身旺有財、不見印爲貴。眞者、月令傷官。或支會傷局。又透天干者、是也。假者滿局比刼。無官星以制之。雖有官星、氣力不能敵。柱中不論食神傷官。皆可作用。縱無才亦美。只不宜見印。見印破傷爲凶。凡傷官格、清而得用。爲人恭而有禮。和而中節。人才卓越。學問淵深。反此者傲而多驕。剛而無禮。以强欺弱。奉勢趨利。用神多者。少恒一之志。多遷變之心。　時支枯者。狐疑少決。始勤終怠。夏木之見水。必先有金。則水有源。冬金之遇火。須身旺有木。則火有焰。富貴無疑。若夏水無金。冬火無木。淸枯之象。名利皆虛也。

丙寅　乙未　丙申　丙火生於午月。陽刃局、逢寅午生拱。又逢比助。旺可
甲午　丁酉　戊戌　知矣。最喜辰時。壬水透露。更妙申辰、洩火生金而拱
丙申　己亥　庚子　水。正得既濟。所以早登科甲。仕版連登。掌兵刑重任。
壬辰　辛丑　壬寅　執生殺大權。

丙申　乙未　丙申　此與前造八字皆同。前坐下申金。生拱壬水有情。此

甲午 丁酉 戊戌 則申在年支遠隔。又被比刼所奪。至申運生殺。又甲

丙寅 己亥 庚子 子流年。會成殺局。冲去陽刃。中鄉榜。以後一阻雲程。

壬辰 辛丑 壬寅 與前造天淵之隔者。申金不接壬水之氣也。

戊子 己未 庚申 丙日午提。刃強當令。子冲之。辰洩之。弱可知矣。天下

戊午 辛酉 壬戌 三戊。竊日主之精華。兼之運走西北金水之地。則陽

丙辰 癸亥 甲子 刃更受其敵。不但功名蹭蹬。而且財源鮮聚。至甲寅

戊戌 乙丑 丙寅 年。會火局。疏厚土。恩科發榜。

庚午 丙戌 丁亥 庚生仲秋。支中官星三見。則酉金陽刃受制。五行無

乙酉　戊子　己丑
庚子　庚寅　辛卯
壬午　壬辰　癸巳

土。弱可知矣。喜其時上壬水爲輔。吐其秀氣。所以聰明權勢爲最。第月干乙木透露。戀財而爭合。一生所愛者財。不知急流勇退。但財臨刃地。日在官鄉。官能制刃。財必生官。官爲君象。故運走庚寅。金逢絕地。官得生拱。其財仍歸官矣。此前清權相和珅命造也。

己丑　乙亥　甲戌
丙子　癸酉　壬申
壬辰　辛未　庚午
戊申　己巳　戊辰

壬水生於子月。官殺並透通根。全賴支會水局。助起陽刃。謂殺刃兩旺。惜乎無木。秀氣未吐。身出寒微。喜其丙火敵寒解凍。爲人寬厚和平。行伍出身。癸酉運、助刃幫身、得官。壬申運、一歲九遷。仕至極品。一交未運制刃。至丁丑年、火土並旺。又剋合子水。不祿。

辛卯　甲午　癸巳
乙未　壬辰　辛卯
甲子　庚寅　己丑
庚午　戊子　丁亥

甲子日元。生於未月午時。謂夏木逢水。傷官佩印。所喜者卯木剋住未土。則子水不受其傷。足以冲午。有病得藥。去濁留清。天干甲乙庚辛。各立門戶。不作混論。乃滋印之喜神。更妙運走東北水木之地。體用合宜。一生宦途平順。

庚午　癸未　甲申
壬午　乙酉　丙戌
甲戌　丁亥　戊子
庚午　己丑　庚寅

甲木生於午月。支中三午一戌。火炎土燥。傷官肆逞。月干壬水無根。全賴庚金滋水。所以科甲聯登。其仕路蹭蹬者。祇因地支皆火。天干金水木無託根之地。神有餘而精不足也。

甲子　丁丑　戊寅　庚金生於仲冬。金水寒冷。月干丙火。得年支甲木生
丙子　己卯　庚辰　扶。解其寒凍之氣。謂冬金得火。但子辰雙拱。日元必
庚辰　辛巳　壬午　虛。用神不在丙火而在辰土。比肩佐之。所以運至庚
庚辰　癸未　甲申　辰、辛巳。仕版連登。

丁巳　辛亥　庚戌　辛金生於仲冬。金寒水冷。過於洩氣。全賴酉時扶身。
壬子　己酉　戊申　巳酉拱而佐之。天干丁火。不過取其敵寒解凍。非用
辛巳　丁未　丙午　丁火也。用神必在酉金。故運至土金之地。仕路顯赫。
丁酉　乙巳　甲辰　一交丁未。敗事矣。凡冬金喜火。取其暖局之意。非作
用神也。

訂正滴天髓徵義卷六

古越任鐵樵氏原著　武原東海樂吾氏編訂

第三篇　徵驗續

四　疾病

五行和者。一世無災。

五行在天爲五氣。在地爲五行。在人爲五臟。肝、心、脾、肺、腎、也。人爲萬物之靈。得五行之全。故人身爲一小天地。以臟腑各配五行。而陰陽屬焉。凡一臟配、一腑。腑皆屬陽。故爲甲丙戊庚壬。臟皆屬陰。故爲乙丁己辛癸。或不和或太過不及則病。有風熱溼燥寒之症矣。不特八字五行宜和。卽臟腑五行、亦宜和也。八字五行之和。以歲運和之。臟腑五行之和。

以五味和之、和者、解之意也。若五行和。五味調。則災病無矣。故五行之和。非生而不剋、全而不缺、爲和也。其要貴在洩其旺神。瀉其有餘。有餘之旺神瀉。不足之弱神受益矣。此之爲和也。若強制旺神。寡不敵衆、觸怒其性。旺神不能損。弱神反受傷矣。是以旺神太過者宜洩。不太過者、宜剋。弱神有根者、宜扶。無根者、反宜傷之。凡八字、須得一神有力。制化合宜。主一世無災。非全而不缺爲美。生而不剋爲和也。

癸未　癸丑　壬子　戊生寅月。木旺土虛。喜其坐戌通根。足以用金制殺。

甲寅　辛亥　庚戌　況庚金亦坐祿支。力能伐木。所謂不太過者、宜剋也。

戊戌　己酉　戊申　雖年干癸水生殺。得未土制之。使其不能生木。喜者

庚申　丁未　丙午　有扶。憎者得去。五行和矣。且一路運程、與體用不背。

壽至九旬。耳目聰明。行止自如。子旺孫多。名利福壽俱全。一世無災無病。

甲寅　辛未　壬申　局中七殺五見。一庚臨午無根。所謂弱神無根宜去

庚午　癸酉　甲戌　之。旺神太過宜洩之也。用午火則和矣。喜其午火當

戊寅　乙亥　丙子　令。全無水氣。雖運逢金水。不能破局而無礙。運走木

甲寅　丁丑　戊寅　火。名利兩全。此因神氣足。精氣自生。是以富貴福壽。一世無災。子廣孫多。後嗣繼美。

甲子　丁丑　戊寅　癸亥日元。年月坐子。旺可知矣。最喜卯時洩其菁英。

丙子　己卯　庚辰　裏發於表。木氣有餘。火虛得用。謂精足神旺。喜其無

癸亥　辛巳　壬午　土金之雜。有土則火洩。不能止水。反與木不和。有金

乙卯 癸未 甲申 則木損。更助其汪洋。其一生無災者。緣無土金之混也。年登耄耋。而飲啖愈壯。耳目聰明。步履康健。見者疑爲五十許人。名利兩全。子孫衆多。

血氣亂者。平生多疾。

血氣亂者。五行背而不順之謂也。五行論水爲血。人身論脉卽血也。心胞主血。故通手足厥陰經。心屬丁火。心胞主血。膀胱屬壬水。丁壬相合。故心能下交於腎。則丁壬化木。而神氣自足。得旣濟相生。血脉流通而無疾病矣。故八字貴乎剋處逢生、逆中得順、而爲美也。若左右相戰。上下相剋。喜逆逢順。喜順逢逆。火旺水涸。火多焚木。水旺土蕩。水泛沈金。土旺木折。土重晦火。金旺火虛。金多洩土。木旺金缺。木多滲水。此五行顛倒相剋之理。犯此者必多災病。

丙申　丙申　丁酉
乙未　戊戌　己亥
丁未　庚子　辛丑
庚戌　壬寅　癸卯

丁生季夏。未戌燥土。不能晦火生金。丙火足以焚木剋金。則土愈燥而不洩。申中壬水涸而精必枯。故初患痰火。亥運水不敵火。反能生木助火。正杯水車薪。火勢愈烈。吐血而亡。

壬寅　戊申　己酉
丁未　庚戌　辛亥
丙申　壬子　癸丑
甲午　甲寅　乙卯

丙火生於未月午時。年干壬水無根。申金遠隔。本不能生水。又被寅冲午刼。則肺氣愈虧。兼之丁壬相合。化木從火。則心火愈旺。腎水必枯。所以病犯遺泄。又有痰嗽。至戌運、全會火局。肺愈絕。腎水燥。吐血而亡。

甲辰　丁卯　戊辰　木當令。火逢生。辰本溼土。能蓄水。被丙寅所剋。脾胃
丙寅　己巳　庚午　受傷。肺金自絕。木多滲水。而腎水亦枯。至庚運。木旺
丙寅　辛未　壬申　金缺。金水並見。木火金肆逞矣。吐血而亡。此造木火
壬辰　癸酉　甲戌　同心。可順而不可逆。反以壬水爲忌。故初行丁卯、戊
辰、己巳、等運。反無礙。

忌神入五臟而病凶。

忌神入五臟者。陰濁之氣埋藏於地支也。陰濁深伏。難制難化。爲病最凶。如其爲喜。一世無災。如其爲忌。生平多病。土爲脾胃。脾喜緩。胃喜和。忌木而入土。則不和緩而病矣。金爲大腸肺。肺宜收。大腸宜暢。忌火而

入金。則肺氣上達。大腸不暢而病矣。水爲膀胱腎。膀胱宜潤。腎宜堅。忌土而入水。則腎枯膀胱燥而病矣。木爲肝胆。肝宜條達。胆宜平。忌金而入木。則肝急而生火。胆寒而病矣。火爲小腸心。心宜寬。小腸宜收。忌水而入火。則心不寬、小腸緩、而病矣。又要看有餘不足。如土太旺。木不能入土。則脾胃自有餘之病。脾本忌溼。胃本忌寒。若土濕而有餘。其病發於春冬。反忌火以燥之。土燥而有餘。其病發於夏秋。反忌水以潤之。如土虛弱。木足以疏土。若土濕而不足。其病發於夏秋。土燥而不足。其病發於冬春。蓄虛溼之土。遇夏秋之燥。虛燥之土。逢春冬之溼。使木託根而愈茂。土受其剋而愈虛。若虛溼之土。再逢虛溼之時。虛燥之土。再逢虛燥之時。木必虛浮不能盤根。土反不畏其剋也。餘倣此。

庚寅　庚寅　辛卯　丙火生於季冬。坐下子水。火虛無焰。用神在木。木本
己丑　壬辰　癸巳　凋枯。雖處兩陽。萌芽未動。庚透臨絕。爲病甚淺。所嫌
丙子　甲午　乙未　者月支丑土。使庚金通根。丑內藏辛。正忌神深入五
乙未　丙申　丁酉　臟。又己土乃庚金嫡母。晦火生金。足以破寅。子水爲

腎。丑合之。不能生木。化土、反能助金。丑土之爲病。不但生金。抑且移累於水。是以病患肝腎兩虧。至卯運能破丑土。名列宮牆。乙運庚合。巳丑拱金。虛損之症。不治而卒。

丁亥　庚戌　己酉　辛金生於孟冬。丁火剋去比肩。日主孤立無助。傷官
辛亥　戊申　丁未　透而當令。竊去命主元神。用神在土。不在火也。未爲
辛未　丙午　乙巳　木之庫根。辰乃木之餘氣。皆藏乙木之忌。年月兩亥。

壬辰　甲辰　癸卯　又是木之生地。亥未拱木。此忌神入五臟、歸六腑。由

此論之。謂脾虛腎泄。其病患頭眩遺洩。又更甚於胃脘痛。無十日

之安。至巳酉運。日主逢祿。采芹得子。戊運、剋去壬水、補廩、申運、壬

水逢生。病勢愈重。丁運、日主受傷而卒。

觀右兩造。其病症與八字五行之理。顯然相合。果能深心研究。其

壽夭窮通。豈不能預定乎。

客神游六經而災小。

客神游六經者。陽虛之氣。浮於天干也。陽而虛露。易制易化、爲災必小。

猶病之在表。外感易於發散。不至大患。故災小也。究其病源。仍從五行

陰陽、以分臟腑。五臟而論臟。亦勿以天干爲客神論。虛地支爲忌神論

實。必須究其虛中有實。實處反虛之理。其災祥了然有驗矣。

壬辰 乙巳 丙午 庚午日元。生於辰月戌時。春金殺旺。用神在土。月干

甲辰 丁未 戊申 甲木。本是客神。得兩辰蓄水藏木。不但游六經。而且

庚午 己酉 庚戌 入五臟。且年干壬甲相生。不剋丙火。初運南方生土。

丙戌 辛亥 壬子 所以脾胃無病。然熬水燥金、而患弱症。至戊申運。土

金並旺。局中以木爲病。木主風。金能剋木。接連巳酉、庚戌、三十載。

發財十餘萬。辛亥運、金不通根。水得長生、忽患風疾而卒。

癸丑 丁巳 丙辰 壬寅日元。生於五月戌時。殺旺又逢財局。殺愈肆逞。

戊午 乙卯 甲寅 所以客神不在午火。反在寅木。助其火勢。客神又化

壬寅 癸丑 壬子 忌神。戊癸化火。則金水相傷。運至乙卯。金水臨絕。得

庚戌 辛亥 庚戌 肺腎兩虧之症。聲啞而嗽。於甲戌年正月、木火幷旺、

而卒。

乙亥 己卯 戊寅 丙子日元。生於季春。溼土司令。蓄水養木。用神在木。

庚辰 丁丑 丙子 得亥之生。辰之餘。寅之助。乙木雖與庚金合而不化。

丙子 乙亥 甲戌 庚金浮露天干爲客神。不能深入臟腑而游六經也。

庚寅 癸酉 壬申 水爲精。亥子兩見。辰又拱而蓄之。木爲氣。春令有餘。

寅亥生合。火爲神。時在五陽。進氣、通根年月。氣貫生時。精氣神三者俱足。則邪氣無從而入。行運又不背。一生無疾。名利裕如。唯土虛溼。又金以洩之。所以脾胃虛寒。不免泄瀉之病耳。

木不受水者血病。

春木不受水者。喜火之發榮也。冬木不受水者。喜火之解凍也。夏木之有根而受水者。去火之烈、潤地之燥也。秋木得地而受水者。洩金之銳、化殺之頑也。春冬生旺之木。要其衰而受水。夏秋休囚之木。要其旺而受水。反此、則不受。不受、則血不流行。故致血病矣。

丁亥　丙午
丁未　乙巳
乙亥　甲辰
己卯　癸卯
　　　壬寅
　　　辛丑
　　　庚子
　　　己亥

乙木生於未月休囚之位。年月兩透丁火。洩氣太過。最喜時祿通根。則受亥水之生。潤其燥烈之土。更妙會局幫身、通輝之象。至甲辰運。虎榜居首、科甲連登。格取傷官用印也。

丙戌　丙申
　　　丁酉

乙木生於未月。干透丙丁。通根巳戌。發洩太過。不受

乙未　戊戌　己亥　水生。反以亥水爲病。格成順局、從兒。初交丙申丁酉。

乙巳　庚子　辛丑　得丙丁蓋頭、平順之境。戊戌運、剋盡亥水。名利兩得。

丁亥　壬寅　癸卯　至巳亥、水地。病患膨脹。只因四柱火旺。又逢燥土。水無所歸。故得此病而亡。

土不受火者氣傷。

燥實之土不受火者。喜水之潤也。虛溼之土不受火者忌木之剋也。冬土有根而受火者。解天之凍、去地之溼也。秋土得地而受火者。制金之有餘、補土之洩氣也。遇燥則地不潤。過溼則天不和。是以火不受。木不容。遇燥必氣虧。過溼必脾虛。不受則病矣。

己巳　庚午　己巳　戊土生於未月。重疊厚土。喜其天干無火。辛金透出。

辛未　戊辰　丁卯　謂裏發於表。其精華皆在辛金運走己巳戊辰。生金

戊戌　丙寅　乙丑　有情。名利裕如。丁卯運、辛金受傷。地支火土並旺。不

己未　甲子　癸亥　能疏土、反從火勢。則土愈旺。辛屬肺。肺受傷。血脉不

能流通、病患氣血兩虧而亡。

庚辰　庚寅　辛卯　己亥日元。生於丑月。虛溼之地。辰丑蓄水藏金。庚壬

己丑　壬辰　癸巳　透而通根。只得順其虛溼之氣。反以水爲用、而從財

己亥　甲午　乙未　也。初運庚寅辛卯。天干逢金生水。地支遇木剋土。蔭

壬申　丙申　丁酉　庇有餘。壬辰癸運。不但財業日增。抑且名列宮墻。己

運、剋妻、破財。此造四柱無火。得申時壬水逢生。格成從財。故遺業

豐厚。讀書入學。妻子兩全。若一見火。爲財多身弱。一事無成。至甲

午運。木無根而從火。己巳年、火土並旺。氣血必傷。患腸胃血症而亡。

金水傷官。寒則冷嗽。熱則痰火。火土印綬。熱則風痰。燥則皮痒。論痰多木火。生毒鬱火金。金水枯傷而腎經虛。水木相勝而脾胃泄。

金水傷官、過於寒者。其氣辛涼。眞氣有虧。必主冷嗽。過於熱者。水不勝火。火必剋金。水不勝火者、心腎不交也。火能剋金者。肺家受傷也。冬令虛火上炎。故主痰火。

火土印綬、過於熱者。木從火旺也。火旺焚木。木屬風。故主風痰。過於燥者。火炎土焦也。土潤、則血脈流行而營衛調和。皮屬土。土喜緩。緩、即潤也。所以過燥則皮痒。過濕則生瘡。夏土宜濕。冬土宜燥。在人則無病。在物則發生。總之火多主痰。水多主嗽。

木火多痰者。火旺逢木。木從火勢。則金不能剋木。水不能勝火。火必剋金而傷肺。不能下生腎水。木又洩水氣。腎水必燥。陰虛火炎。痰則生矣。

生毒鬱火金者。火烈水涸。火必焚木。木被火焚。土必焦燥。燥土能脆金。

金鬱於內。脆金逢火。肺氣上逆。肺氣逆則肝腎兩虧。肝腎虧則血脉不行。加以七情憂鬱而生毒矣。

土燥不能生金。火烈自能暵水。腎經必虛。

土虛不能制水。木旺自能剋土。脾胃必傷。

凡此五行不和之病。細究之、必驗也。然與人事可相通也。不可專執而論。如病不相符。可究其六親之吉凶事體之否泰。必有應驗者。

如日主是金。木是財星。局中火旺。日主不能任其財。必生火而助殺。反爲日主之忌神。或有水。水仍生木。則金氣愈虛。金爲大腸肺。肺傷而大腸不暢。不能下生腎水。木洩水而生火。必主腎肺兩傷之病。

然亦有無此病者。必財多破耗、衣食不敷、以當其咎也。

然亦有無病而財源旺者。其妻必陋惡。子必不肖也。此數者必有一驗。

其中亦有妻賢子肖而無病、且財源旺者。歲運一路土金之妙也。

然亦有局中金水、與木火停匀、而得肺腎之病者。或財多破耗。或妻陋子劣者。亦因歲運一路木火、而金水受傷之故也。宜仔細推詳。不可執一而論。

壬辰　癸丑
甲寅

辛金生於仲冬。金水傷官。局中全無火氣。金寒水冷。

壬子　乙卯　丙辰　土溼而凍。初患冷嗽。然傷官佩印。格局純清。讀書過

辛酉　丁巳　戊午　目成誦。早年入泮。甲寅乙卯。洩水之氣。家業大增。至

己丑　己未　庚申　丙辰運。水火相剋而得疾。丙寅年、火金旺水愈激。竟

成弱症而亡。

己丑　乙亥　甲戌　金水傷官。丙火透露。去其寒凝。故無冷嗽之病。癸酉、

丙子　癸酉　壬申　入學、補廩、而舉於鄉。

辛酉　辛未　庚午　或問金水傷官喜見官星。何以癸酉金水之運。而得

壬辰　己巳　戊辰　功名。不知金水傷官喜火。不過要其煖局。非取以爲

用也。取火爲用者。十無一二。取水爲用者。十有八九。取火者、必要

木火齊來。又要日元旺相。此造日元雖旺。局中少木。虛火無根。必

以水爲用神也。壬申運、由教習得知縣。辛未運、丁丑年、火土並旺。合去壬水。子水亦傷。得疾而亡。

甲戌　丁丑　戊寅
丙子　己卯　庚辰
庚子　辛巳　壬午
丙戌　癸未　甲申

庚金生於子月。丙火並透。地支兩戌燥土。乃丙之庫根。又得甲木生丙。過於熱也。運至戊寅、己卯。而患痰火之症。庚辰比肩幫身。支逢溼土。其病勿藥而愈。加捐出仕。辛巳、長生之地。名利兩全。其不用火者。身衰之故也。

凡金水傷官用火。必要身旺逢財。中和用水。衰弱用土也。

己巳　己巳　戊辰
庚午　丁卯　丙寅

己土生於仲夏。火土印綬。己本溼土。又坐下亥水。丙火透而逢生。年月又逢祿旺。此之謂熱非燥也。寅亥

己亥　乙丑 甲子　化木生火。夏日可畏。兼之運走東南、木地。風屬木。故
丙寅　癸亥 壬戌　患風疾。且己亥體陰用陽。得午助。心與小腸愈旺。亥
逢寅洩。庚金不能下生。腎氣愈虧。又患遺泄之症。幸善調養。而病
勢無增。至乙丑、運轉北方。前病皆愈。甲子、癸亥、水地。老而益壯。又
納妾生子。發財數萬。

辛未　丁酉 丙申　戊土生於戌月。未戌皆帶火燥土。時逢丁巳。火土印
戊戌　乙未 甲午　綬。戊本燥土。又助其印。時在季秋。此之謂燥。非熱也。
戊戌　癸巳 壬辰　年干辛金。丁火剋之。辛屬肺。燥土不能生金。初患痰
丁巳　辛卯 庚寅　症。肺家受傷之故也。其不致大害者。運走丙申、丁酉。
西方金地也。至乙未、甲午。木火相生。土愈燥。竟得蛇皮瘋。所謂皮

痒是也。癸巳運、水無根。不能剋火。反激其焰。其疾卒以亡身。此火土熇乾癸水。腎家絕也。

己丑　丙子　乙亥

丁丑　甲戌　癸酉

己亥　壬申　辛未

乙丑　庚午　己巳

己土生於季冬。支逢三丑。日主本旺。過於寒溼。丁火無根。不能去其寒溼之氣。乙木凋枯。置之不用。書香難就。己土屬脾。寒而且溼。故幼多瘡毒。癸酉壬申運。財雖大旺。兩脚寒溼瘡。數十年不愈。又中氣大虧。亦乙木凋枯之意也。

丙戌　庚子　辛丑

己亥　壬寅　癸卯

甲戌　甲辰　乙巳

甲木生於亥月。印雖當令。四柱土多剋水。天干庚金無根。又與亥水遠隔。戌中辛金。鬱而受剋。午丙引出戌中丁火。亥水被戌土制定。不能剋火。所謂鬱火金

庚午　丙午　丁未　也。庚爲大腸。丙火剋之。辛爲肺。午火攻之。壬爲膀胱。戊土傷之。謂火毒攻內。甲辰運、木又生火。沖出戌中辛金。被午剋之。生肺癰而亡。

庚寅　甲申　乙酉　木火傷官用印。得庚金貼身。生癸水之印。純粹可觀。
癸未　丙戌　丁亥　讀書過目不忘。惜庚癸兩字。地支不載。更嫌戌時會
甲午　戊子　己丑　起火局。不但金水枯傷。而且火能焚木。命主元神洩
甲戌　庚寅　辛卯　盡。幼成弱症、肺腎兩虧。至丙戌運、熇水剋金而殀。

癸酉　甲寅　癸丑　春木當權。卯酉雖沖。木旺金缺。土亦受傷。更嫌卯戌、
乙卯　壬子　辛亥　寅戌、拱合化殺。本主脾虛肺傷之疾。然竟一生無病。

庚戌　庚戌　但酉弱卯强。妻雖不剋。而中壽難言。生二子、皆不肖。
戊寅　己酉
　　　戊申　爲匪類。故免其病。財亦旺也。
　　　丁未

（五）出身

巍巍科第邁等倫。一個元機暗裏存。

凡命、論人之出身最難。故有元機存焉。元機者、不特格局淸奇迴異。用神眞假之分。須究支中藏神司令。包羅用神喜神。使閑神忌神。不能爭戰。反有生拱之情。又有格局本無出色處。而名冠羣英者。必先究其世德之美惡。次論山川之靈秀。所以鍾靈毓秀。從世德而來。不論命也。然看命之要。非殺印相生爲貴。官印雙淸爲美也。如顯然殺印財官、動人心目者。必非佳造。若用神輕微。喜神暗伏。秀氣深藏者。初看並無好處。

越看越有精神。其中必有元機。宜仔細搜尋。

壬辰 癸卯 甲辰 己土生於孟春。官當令。天干覆以財星。生官有情。然

壬寅 乙巳 丙午 春初己土。濕而且寒。年月壬水。通根身庫。喜其寅中

己未 丁未 戊申 丙火司令爲用。伏而逢生。所謂元機暗裏存也。至丙

戊辰 己酉 庚戌 運、元神發露。戊辰年比助時干。刼去壬水。則丙火不

受剋。大魁天下。以俗論之。官星不透。財輕刼重。爲平常命也。

壬戌 乙巳 丙午 甲木生於季春。木有餘氣、又得比祿之助。時干丙火

甲辰 丁未 戊申 獨透。通輝純粹。年干壬水。坐下燥土之制。又逢比刼

甲戌 己酉 庚戌 之洩。轉輾相生。則丙火更得其勢。至戊運、戊之元神。

丙寅 辛亥 壬子 透出制壬。兩冠羣英。三元及第。其仕路未能顯秩者。

運走西方金地洩土生水之故也。

甲寅　戊寅　己卯
丁丑　庚辰　辛巳
丁卯　壬午　癸未
庚戌　甲申　乙酉

丁火生於季冬。局中印綬疊疊。弱中變旺。足以用財。庚金虛露。本無出色。喜其丑內藏辛爲用。亦是元機暗裏存也。丑乃日元之秀氣。能引比肩來生。又得卯戌合、而丑土不傷。所以身居鼎右、探花及第。

丁亥　辛亥　庚戌
壬子　己酉　戊申
庚子　丁未　丙午
辛巳　乙巳　甲辰

庚金居於仲冬。傷官太旺。過於洩氣。用神在土。不在火也。柱中之火。不過取其暖局耳。四柱無土。取巳中藏戊。水旺剋火。火能變土。亦是元機暗裏存也。至戊運、丙辰年。火土相生。巳中元神並發。亦居鼎右。

清得盡時黃榜客。雖存濁氣亦中式。

清得盡者、非一行成象、兩氣雙清、之謂也。雖五行盡出。而清氣獨逢生旺。或眞神得用。或清氣深藏者。皆爲清得盡。黃榜標名也。若清氣當權。閑神忌客不司令。不深藏。得歲運制化者。亦發科發甲也。清氣當權。雖有濁氣。安放得所。不犯喜用。雖不能發甲、亦發科也。清氣雖不當令。得閑神忌客。不黨濁氣。匡扶清氣。或歲運安頓者。亦可中式也。

戊辰　丙辰　丁巳　己土生於卯月。煞旺提綱。乙木元神透露。支類東方。
乙卯　戊午　己未　時干丙火生旺。局中不雜金水、清得盡者也。若一見
己卯　庚申　辛酉　金。不但不能剋木。而金自傷觸其旺神。徒與木不和。
丙辰　壬戌　癸亥　爲不盡也。

癸未　戊午　丁巳　庚金生於未月。燥土本難生金。喜其坐下子水。年透
己未　丙辰　乙卯　元神。謂三伏生寒。潤土養金。雖然土旺水衰。妙在申
庚子　甲寅　癸丑　時拱子。有洩土生水扶身之美也。更妙火不顯露。清
甲申　壬子　辛亥　得盡也。初交戊午丁巳丙運。生土熇水。功名蹭蹬。家
業破耗。辰運、支全水局。舉於鄉。交乙卯、制去己未之土。入詞林。又
掌文柄。仕路顯赫。

癸未　壬戌　辛酉　甲木生於亥月。癸水並透。其勢泛濫。冬木喜火。最喜
癸亥　庚申　己未　卯時。不特丁火通根。抑且日主臨旺。又會木局。洩水
甲午　戊午　丁巳　生火扶身。更妙無金。清得盡矣。至己未運。制其癸水。

丁卯　丙辰　乙卯　丙辰流年。捷南宮。入翰苑。官居清要。

壬辰　庚戌　辛亥　癸卯日元。食神太重。不但日元洩氣。而且制煞太過。
己酉　壬子　癸丑　喜其秋水通源。獨印得用。更妙辰酉合而化金。金氣
癸卯　甲寅　乙卯　愈堅。局中金無火氣。清得盡矣。所以早登雲路。名高
乙卯　丙辰　丁巳　翰苑。惜中運逢木。仕路不能顯秩也。

己亥　癸酉　壬申　庚金生於戌月。地支兩子一亥。干透丙火。剋洩交加。
甲戌　辛未　庚午　喜其印旺月提。雖嫌甲木生火剋土。得甲巳合而化
庚子　己巳　戊辰　土。清得盡也。至己巳流年。印星有助。冲去亥水甲木

丙子　丁卯 丙寅　長生。名題雁塔。

己亥　乙亥 甲戌　庚金生於仲冬。地支兩子一亥。干透丙火。剋洩並見。

丙子　癸酉 壬申　喜其己土透露。洩火生金。五行無木。清得盡也。至己

庚子　辛未 庚午　巳年。印星得助。名高翰苑。所不足者。印不當令。又己

辛巳　己巳 戊辰　土遙列而虛。故降職知縣。

丙申　癸巳 甲午　丙火生於季春。兩殺並透。支會煞局。喜其辰土當令、

壬辰　乙未 丙申　制殺。辰中木有餘氣而生身。病在申金。會而盡也。所

丙子　丁酉 戊戌　以天資過人。丁卯年、合殺而印星得地。中鄉榜。辛未

壬辰　己亥　庚子　年、去其子水。木火皆得餘氣。春闈亦捷。究竟申金爲嫌。不得大用歸班。更嫌運走西方。酒色爲事也。

戊午　癸亥　甲子　壬水生於戌月。水進氣、而得坐下陽刃幫身。年干之
壬戌　乙丑　丙寅　殺。比肩攩之。謂身殺兩停。其病在午子水冲之。又嫌
壬子　丁卯　戊辰　在巳。子水陽之。使其不能生殺。且戌中辛金暗藏爲
乙巳　己巳　庚午　用。同胞雙生。皆中進士。

庚戌　壬午　癸未　乙未生於巳月。傷官當令。足以制官伏煞。坐下祿支
辛巳　甲申　乙酉　扶身。時逢寅支藤蘿繫甲。至庚辰年支類東方。中鄉
乙卯　丙戌　丁亥　榜。不發甲。只因四柱無印。戊土洩火生金之故也。同

戊寅　戊子 己丑　胞雙生。其弟生卯時。雖亦得祿。不及寅中甲木、有力而藏之爲美。故遲至己亥年。印星生拱、而始中鄉榜也。

癸亥　甲寅 癸丑　戊土生於仲春。官殺並旺、臨祿。又財星得地、生扶。雖

乙卯　壬子 辛亥　坐下午火印綬。虛火不能納土。格成棄命從煞。官煞

戊午　庚戌 己酉　一類。既從不作混論。至子運、沖去午火。庚子年、金生

甲寅　戊申 丁未　水旺。沖盡午火。中鄉榜。

戊子　癸亥 甲子　庚金生於戌月。印星當令。金亦有氣。用神在水。不在

壬戌　乙丑 丙寅　火也。至庚申流年。壬水逢生、又洩土氣。北闈奏捷。所

庚寅　丁卯 戊辰　嫌者、戊土元神透露。不利春闈。氣之中運木火。財多

癸未 己巳 庚午 破耗。

戊子 庚申 辛酉 辛金生於季夏局中雖多燥土。妙在坐下亥水年時

己未 壬戌 癸亥 逢子。潤土養金。以亥邀未拱木爲用。至丁卯年、全會

辛亥 甲子 乙丑 木局。有病得藥。棘闈奏捷。

戊子 丙寅 丁卯

秀才不是塵凡子。清氣還嫌官不起。

秀才之命。與異路貧富人、無甚分別。細究之、必有清氣存焉。官星不起者。非官星不透之謂也。如官星太旺。日主不能用其官。如官星太弱。官星不能剋日主。如官旺用印、見財者。如官衰用財、遇刼者。如印多洩官

星之氣者。如官多無印者。如官透無根。地支不載。如官坐傷位。傷坐官位。如忌官逢財。喜官遇傷者。皆謂之官星不起也。縱有清氣。不過一衿終身。有富而秀者。身旺財旺。與官星不通也。或傷官顧財不顧官也。有貧而秀者。身旺官輕。財星受刼也。或財官太旺。印星不現。或傷官用印。見財不見官也。有學問過人、竟不能得一衿。老於儒童者。此亦有清氣存焉。格局原可發秀。只因運途不齊。破其清氣。以致終身不能稍舒眉曲也。亦有格局本可登科發甲者。亦因運途不齊。屢困場屋。終身不能得一衿也。有格局本無出色。竟能科甲連登。此因一路運途合宜。助其清氣。官星去其濁氣。忌客故也。

癸巳 辛酉 庚申

乙卯日元。坐於季秋。得寅時之助。日主不弱。足以用

壬戌　己未 戊午　巳火之秀氣。戊土火庫收之。壬癸當頭剋之。格局本

乙卯　丁巳 丙辰　無出色。且辛金司令。壬水進氣通源。幸得時透戊土。

戊寅　乙卯 甲寅　去濁留清。故文望若高山北斗。品行似良玉精金。中

運逢火。丙子年，優貢。惜子水得地。難得登龍。

癸亥　己未 戊午　甲申日元。生於孟秋。庚金兩坐祿旺。喜亥時絕處逢

庚申　丁巳 丙辰　生。化殺有情。癸水元神透出。清可知矣。但嫌殺勢太

甲申　乙卯 甲寅　旺。日主虛弱。不能假煞爲權。所以起而不起也。廪貢

乙亥　癸丑 壬子　終身。不能一第。

壬午　乙巳 丙午　丁火生於季春。官星雖起。坐下無根。其氣歸木。日主

甲辰　丁未　戊申　臨旺。時財拱會有情。却與官星不通。且中年運走土
丁巳　己酉　庚戌　金。財星洋溢。官星有損。功名不過一衿。家業數十萬。
己酉　辛亥　壬子　若換酉年午時。名利雙輝矣。

癸未　甲寅　癸丑　丙午日元。坐於卯月。局中木火兩旺。官坐傷位。一點
乙卯　壬子　辛亥　財星刼盡。謂財刼官傷。壬運雖得一衿。貧乏不堪。子
丙午　庚戌　己酉　運回冲。又逢未破。剋妻。辛運、丁火回刼、剋子。亥運、會
丁酉　戊申　丁未　木生火而亡。

戊申　辛酉　壬戌　此造殺生印。印生身。食神清透。連珠相生。清而純粹。

庚申　癸亥　甲子　學問過人。品行端方。惜乎無火。清而少神。用土則金
壬申　乙丑　丙寅　多氣洩。用木則金銳木凋。兼之運走西北、金水之地。
甲辰　丁卯　戊辰　讀書六十年。不克博一衿。家貧出就外傅。四十年來
受業者登科發甲。而自己不獲一衿。莫非命也。
己亥　壬申　辛未　此造官殺並透無根。金水太旺。遠不及前造之純粹
癸酉　庚午　己巳　也。喜其運走南方火土。精足神旺。至未運、早游泮水。
壬申　戊辰　丁卯　午運、科甲連登。己巳、戊辰。仕路光亨。與前造天淵之
戊申　丙寅　乙丑　隔者。非關命造。實運之美也。

異路功名莫說輕。日干得氣遇財星。

異路功名、有刀筆成名者。有捐納出身者。雖有分別。總不外日干有氣。

財官相通也。或財星得用。暗成官局。或官伏財鄉。兩意情通。或官衰逢財。兩神和協。或印旺官衰。財星破印。或身旺無官。食傷生財。或身衰官旺。食神制官。必有一種清純之氣。方可出身。其仕路之高卑。須究格局之氣勢。運途之損益、可知矣。不能出身者。日干太旺。財輕無食傷。喜官而官星不通、或無官也。如日干太弱、財星官星並旺者。有財官雖通。傷官劫占者。有財星得用、暗成劫局者。有喜印逢財、忌印逢官者。皆不能出身也。

己巳　辛未
壬申　庚午
甲寅　己巳
　　　戊辰
　　　丁卯
　　　丙寅

甲木生於孟秋。七煞當令。巳火食神貪生己土。忘剋申金兼之戊己並透。破印生煞。以致祖業難保。書香不繼。喜其秋水通源。日坐祿旺。明雖冲剋。暗却相生。

戊辰　乙丑　甲子　由部書出身。至丁卯丙寅運。扶身制煞。仕至觀察。

庚午　丁亥　戊子　乙卯日元。生於季秋。丙丁並透通根。五行無水。庚金
丙戌　己丑　庚寅　置之不論。最喜財星歸庫。木火通輝。性孝友。尤篤行
乙卯　辛卯　壬辰　誼。由部書出身。仕至州牧。其不利於書香者。庚金通
丁丑　癸巳　甲午　根在丑也。

己丑　己巳　戊辰　戊土生於午月。印星秉令。時逢癸亥。正日元得氣遇
庚午　丁卯　丙寅　財星也。但金氣太旺。又年支溼土。晦火生金。日元反
戊申　乙丑　甲子　弱。則印綬暗傷。書香難遂。捐納出身。至丙寅丁卯運。

癸亥　癸亥　壬戌　木從火勢生化不悖仕至黃堂喜其午火眞神得用。爲人忠厚和平後運乙丑晦火生金不祿。

壬子　乙巳　丙午　戊戌日元生於季春時逢火土日元得氣雖春時虛
甲辰　丁未　戊申　土而殺透通根兼主壬水得地貼身相生此謂身煞
戊戌　己酉　庚戌　兩停。非身强煞淺也天干壬水剋丙所以書香不利。
丙辰　辛亥　壬子　喜其初運南方捐納出身仕名區宰大邑但財露生煞爲病恐將來運走西方水生火絕緣其人好奢少儉若不急流勇退難免不測風波。

癸巳　癸丑　壬子　丙火生於孟春官透爲用清而純粹惜乎金水遙隔。
甲寅　辛亥　庚戌　無相生之意且木火並旺金水無根書香不繼游幕

丙戌　己酉　戊申　捐納縣令。究竟財官不通門戶。丁丑年、大運在戊。火

庚寅　丁未　丙午　土當權。得疾而亡。

壬辰　乙巳　丙午　辛金生於季春。支逢辰酉。干透壬丁。似乎佳美。不知

甲辰　丁未　戊申　地支濕土逢金。丁火虛脫無根。甲木雖能生火。地支

辛酉　己酉　庚戌　辰酉化金。亦自顧不暇。捐納部屬。不但財多破耗。而

丁酉　辛亥　壬子　且不能得缺。雖壬水生甲。遺業十餘萬。但運走土金。

未免家業退而子息艱也。

（六）　地位

臺閣勳名百世傳。天然清氣發機權。

臺閣宰輔。以及封疆之任。清氣發乎天然。秀氣出乎純粹。四柱之內。皆與喜神有情。格局之中。並無可嫌之物。所用者、皆眞神、所喜者、皆眞氣。此謂清氣顯機權也。度量寬宏。能容物。施爲必正。不貪私。有潤澤生民之德。懷任重致遠之才也。

庚申　此天然清氣在庚　甲子　此天然清氣在丙火也
庚辰　金也（第三篇論　丙寅　（見第二篇論體用眞
戊辰　體用中和節）　己丑　假節）
戊午　甲子

壬申　此天然清氣在乙　己亥　此天然清氣在丁火也

壬寅　木也（詳見第二　丁卯　（詳見第一篇干支總
丙子　篇論體用眞假節）　庚申　論）
乙未　　庚辰

兵權獬豸弁冠客、刃煞神清氣勢恢。

掌生殺大權、兵刑重任者、其精神清氣、自然超特、必以刃旺敵煞、氣勢出入也、局中殺旺無財、印綬用刃者、或無印而有陽刃者、此謂殺刃神清也、氣勢特者、刃旺當權也、必文官而掌生殺之任、刃旺者、如春之甲用卯刃、乙用寅刃、夏之丙用午刃、丁用巳刃、秋之庚用酉刃、辛用申刃、冬之壬、用子刃、癸用亥刃、陰陽皆以旺爲刃也、若刃旺敵殺、局中無食神印綬而有財官者、氣勢雖特、神氣不清、乃武將之命也、如刃不當權。

雖能敵殺，不但不能掌兵權，亦不能貴顯也。其人疾惡太嚴。如刃旺殺弱，亦然，必傲物而驕慢也。

壬寅　庚戌　辛亥
己酉　壬子　癸丑
庚午　甲寅　乙卯
丙戌　丙辰　丁巳

庚日丙時，支逢生旺，寅納壬水，不能制殺，全賴酉金陽刃當權爲用。隔住寅木，使其不能會局，此正刃殺神清氣勢特也。早登科甲，屢掌兵刑生殺之任，仕至刑部尚書。

庚戌　癸未　甲申
壬午　乙酉　丙戌
丙子　丁亥　戊子

丙子日元，月時兩透壬水，日主三面受敵，柱中無木洩水生火，反有庚金生水洩土，全賴午火旺刃當權爲用，更喜戌之燥土，制水會火，鄉榜出身，丙戌運，仕

壬辰　己丑　庚寅　至按察。

乙卯　丁亥　丙戌　壬辰日元。天干兩殺。通根辰支年干乙木凋枯。能洩

戊子　乙酉　甲申　水而不能制土。正剋洩交加。最喜子水當權會局殺

壬辰　癸未　壬午　刃神清。至酉運、生水剋木。又能化殺。科甲連登甲申

戊申　辛巳　庚辰　癸運。仕路光亨。官至按察。未運、陽刃受制。不祿。

丙辰　壬辰　癸巳　甲申日元。生於仲春。官殺並透通根。日時臨於死絕。

辛卯　甲午　乙未　必用卯之陽刃。喜其丙火合辛。不但無混殺之嫌。抑

甲申　丙申　丁酉　且卯木不受其制。刃殺神清。且運走南方火地。科甲

庚午　戊戌　己亥　出身。仕至臬憲。

分藩司牧財官和。格局清純神氣多。

方面之任。以及州縣之官。雖以財官爲重。必須格局清純。更須日元生旺。神貫氣足。然後財官情協。則精氣神三者足矣。又加官旺有印。官衰有財。財旺無官。印旺有才。左右相通。上下不悖。根通年月。氣貫日時。身殺兩停。殺重逢印。殺輕遇財者。皆是也。必有利民濟物之心。反此者、非所宜也。

丁丑　甲辰　癸卯
乙巳　壬寅　辛丑
癸酉　庚子　己亥

癸水生於巳月。火土雖旺。妙在支全金局。財官印三者、皆得生助。更喜子時。刼比幫身。精神旺足。尤喜中年運走北方。異路出身。仕至郡守。名利兩全。七子皆

壬子　戊戌　丁酉　出仕。

丙寅　己亥　庚子　丁火生於戌月。局中木火重重。傷官用財。格局本佳。
戊戌　辛丑　壬寅　部書出身。仕至縣令。惜柱中無水。戌乃燥土。不能生
丁酉　癸卯　甲辰　金。晦火。木生火旺。巳酉無拱合之情。所以妻妾生十
乙巳　乙巳　丙午　子皆剋。

丙子　辛卯　壬辰　辛金生於寅月。財旺逢食。官透遇財。又逢刼印相扶。
庚寅　癸巳　甲午　中和純粹。精神兩足。初看似乎身弱。細究之、木嫩火
辛巳　乙未　丙申　虛。印透通根。日元足以用官。中年南方火運。異路出

戊子　丁酉　戊戌

身仕至黃堂。

丁亥	乙巳	甲辰	
丙午	癸卯	壬寅	
戊寅	辛丑	庚子	
甲寅	己亥	戊戌	

戊土生於午月。局中偏官雖旺。印星太重。木從火勢。火必焚木。一點亥水。不能生水剋火。交癸運、剋丁生甲。連登科甲。出宰名區。辛運、合丙。仕路順遂。交丑運、剋水告病致仕。

己巳	丁卯	丙寅	
戊辰	乙丑	甲子	
甲子	癸亥	壬戌	

甲子日元。生於季春。木有餘氣。坐下印綬。官星清透。且子辰拱印有情。更妙運走東北水木之地。名登甲榜。只嫌子未破印。仕路未免有阻。老於教職。

辛未　辛酉　庚申

便是諸司幷首領也。從淸濁分形影。

命者、天地陰陽五行之所鍾也。淸者、貴也。濁者、賤也。所以雜職佐貳等官。亦膺一命之榮。雖非格正局淸眞神得用。而氣象格局之中。冲合理氣之內。必有一點淸氣。雖淸氣濁氣之形影難辨。總不外乎天淸地濁之理。干象天。支象地。地支之上升於天干者。輕淸之氣也。天干下降於地支者。重濁之氣也。天干之氣本淸。不忌濁也。地支之氣本濁。必要淸也。此命理之貴乎變通也。天干濁、地支淸者貴。地支濁、天干淸者賤也。地支之氣上升者、影也。天干之氣下降者、形也。於升降形影冲合制化中分其淸濁。究其輕重。論其尊卑可也。

壬辰　癸卯　甲辰　戊土生於寅月。木旺土虛。天干兩壬。剋丙生寅。此天

壬寅　乙巳　丙午　干之氣濁。財星壞印。所以書香不繼。寅能納水生火。

戊戌　丁未　戊申　日主坐戌之燥土。使壬水不致沖奔。其清處在寅也。

丙辰　己酉　庚戌　異路出身。丙運升縣令。

壬午　甲寅　乙卯　甲木生於丑月。水土寒凝。本喜火以敵寒。更妙日時

癸丑　丙辰　丁巳　寅卯氣旺。宜乎吐秀。其清在火也。所嫌壬癸透干。丁

甲寅　戊午　己未　火必傷。難遂書香之志。然地支無水。干雖濁。支從午

丁卯　庚申　辛酉　火留清。異路出身。至戊午運。合癸制壬。有病得藥。升

知縣。

壬辰
乙巳
丙子
己丑

丙午 丁未 戊申 己酉 庚戌 辛亥 壬子 癸丑

丙火生於巳月。天地煞印留清。所嫌者丑時合去子水。則壬水失勢。化助傷官。則日元洩氣。一點乙木不能疏土。異路出身。雖獲盜有功。而上台不合。竟不能升。

乙酉
丙戌
癸酉
丁巳

乙酉 甲申 癸未 壬午 辛巳 庚辰 己卯 戊寅

癸酉日元。生於戌月。地支官印相生。清可知矣。所嫌者天干丙財得地。兼之乙木助火剋金。所以書香難遂。喜秋金有氣。異路出身。至巳運、逢財壞印。丁艱回籍。

甲申 己巳 庚午 戊子日元。生於辰月午時。天干三戊。旺可知矣。甲木
戊辰 辛未 壬申 退氣臨絕。不但無用。反爲混論。其精氣在地支之申。
戊子 癸酉 甲戌 洩其精英。惜春金不旺。幸子水冲午。潤土養金。雖捐
戊午 乙亥 丙子 納佐貳。仕途順遂。

癸巳 癸亥 壬戌 壬子日元。生於仲冬。天干又透庚癸。其勢泛濫。甲木
甲子 辛酉 庚申 無根。不能納水。巳火被衆水所剋。亦難作用。故屢次
壬子 己未 戊午 加捐耗財。不能得缺。雖時支戌土。砥定汪洋。又有庚
庚戌 丁巳 丙辰 金之洩。兼之中運庚申、辛酉。洩土生水。刼刃肆逞。有
志難伸。

第四篇　婦孺

一　女命章

論夫論子要安詳。氣靜平和婦道彰。三奇二德虛好語。咸池驛馬半推詳。

女命者、先觀夫星之盛衰。則知其貴賤。次察格局之清濁。則知其賢愚也。淫邪嫉妒。不離四柱之情。貞靜端莊。總在五行之理。是以審察宜精。二德三奇。乃好事妄造。咸池驛馬。是後人謬言。不孝翁姑。只爲財輕刼重。不敬丈夫。皆因官弱身強。官星明顯。夫主崢嶸。氣靜和平。婦道柔順。

若乃官星太旺。無比刼。以印爲夫。

有比刼而無印綬者。以傷食爲夫。

官星太弱。有傷官。以財爲夫。

無財星而比刼旺者。亦以傷食爲夫。
滿盤比刼而無印無官者。亦以傷食爲夫。
滿局印綬而無官無傷者。以財爲夫。
傷官旺。日主衰。以印爲夫。
日主旺。食傷多。以財爲夫。
官星輕。印綬重。亦以財爲夫。
財乃夫之恩星。女命身旺無官。財星得令得局者。上格也。若論刑傷。又
有生剋之理存焉。
官星微。無財星。日主强。傷官重。必剋夫。
官星微。無財星。比刼旺。必欺夫。

官星微。無財星。日主旺。印綬重。必欺夫剋夫。

官星弱。印綬多。無財星。必剋夫。

比劫旺而無官。印旺無財。必剋夫。

官星旺。印綬輕。必剋夫。

比劫旺。無官星。有傷官。印綬重。必剋夫。

食神多。官星微。有印綬。遇財星。必剋夫。

凡女命之夫星。即是用神。女命之子星。即是喜神。不可專論官星爲夫。

傷食爲子。

日主旺。傷官旺。無印綬。有財星。子多而貴。

日主旺。傷官旺。無財印。子多而强。

日主旺。傷官輕。有印綬。財得局。子多而富。

日主旺。無食傷。官得局。子多而賢。

日主旺。無食傷。有財星。無官殺。子多而能。

日主弱。食傷重。有印綬。無財星。必有子。

日主弱。食傷輕。無財星。必有子。

日主弱。財星輕。官印旺。必有子。

日主弱。官星旺。無財星。有印綬。必有子。

日主弱。無官星。有傷刼。必有子。

日主旺。有印綬。無財星。子必少。

日主旺。比肩多。無官星。有印綬。子必少。

日主旺。印綬重。無財星。必無子。

日主弱。傷官重。印綬輕。必無子。

日主弱。財星重。逢印綬。必無子。

日主弱。官殺旺。必無子。

日主弱。食傷旺。無印綬。必無子。

火炎土燥、無子。　土金濕滯、無子。　水泛木浮、無子。　金寒水冷、無子。

重疊印綬、無子。　財官太旺、無子。　滿局食傷、無子。

以上無子者。如有子、必剋夫。不剋夫、亦夭。至於淫邪之說。亦究四柱之神。

日主旺。官星微。無財星。日主足以敵之者。

日主旺。官星微。傷食重。無財星。日主足以欺之者。

日主旺。官星弱。日主之氣、生助他神而去之者。

日主旺。官星弱。官星之氣、合日主而化者。

日主旺。官星弱。官星之氣、依日主之勢者。

日主弱。無財星。有食傷。逢印綬。日主自專其主者。

日主旺。無財星。官星輕。食傷重。官星無依倚者。

日主旺。官無根。日主不顧官星。合財星而去者。

日主弱。傷食重。印綬輕者。

日主弱。食傷重。無印綬。有財星者。

食傷當令。財官失勢者。

官無財滋。比刼生食傷者。

滿局傷官無財者。

滿局官星無印者。

滿局比刼無食傷者。

滿局印綬無財者。

凡犯上列之忌者皆下賤之命也。總之傷官不宜重。重必美貌而輕佻。

傷官身弱有印、身旺有財者。必聰明美貌而貞潔也。

戊申　癸丑 壬子　壬水生於孟春、土虛木盛。制煞太過。寅申逢冲。本是

甲寅　辛亥 庚戌　剋木。不知木旺金缺。金反被傷。則戊土無根依託。而

壬寅　己酉 戊申　日主之壬水。可任性而行。見財星有勢。自然從財而

丁未　丁未　丙午　去。以致傷夫敗業。棄子從人也。

丁未　丙午　丁未　甲午日元。生於巳月。支類南方。干透兩丁。火勢猛烈。
乙巳　戊申　己酉　洩氣太過。局中無水。只可用劫。初運又走火地。是以
甲午　庚戌　辛亥　早刑夫主。人極聰明美貌。而輕佻易常。不能守節。至
丁卯　壬子　癸丑　戊申運。與木火戰爭。不堪言矣。

戊戌　戊午　丁巳　滿局傷官。五行無木、印星不現。格成順局。故其人聰
己未　丙辰　乙卯　明美貌。第四柱無金。土過燥厚、辛金夫星、投墓於戌。
丙辰　甲寅　癸丑　是以淫亂不堪。夫遭凶死。又隨人走。不二三年又剋。

戊辰 壬子 辛亥 至乙卯運。犯土之旺。自縊而死。

戊午 甲子 癸亥 戊土生於丑月。土旺用事。木正凋枯。且丑乃金庫。辛

乙丑 壬戌 辛酉 金伏藏。不能託根。辰戌冲去藏官。又逢印綬生身。日

戊戌 庚申 己未 主足以欺官。置夫主於度外。且中運西方金地。淫賤

丙辰 戊午 丁巳 不堪。

己亥 丁卯 戊辰 丁火生於寅月。木正當權。火逢相旺。必以亥水官星

丙寅 己巳 庚午 爲夫、明矣。年支亥水。合寅化木。而日支亥水、必要生

丁亥 辛未 壬申 扶爲是。時干庚金隔絕。無生扶之意。又逢戌土緊剋

庚戌　癸酉　甲戌

之。則日主之情。必向庚金矣。所以淫賤之至也。

丁未　甲寅　乙卯

癸丑　丙辰　丁巳

庚子　戊午　己未

丁亥　庚申　辛酉

寒金喜火。嫌其支全亥子丑、北方水旺。又月干癸剋丁。丁丑未冲去丁火餘氣。五行無木、未得生化之情。時干之丁。虛脫無根。焉能剋制庚金。而日主之情。不顧丁火可知。所以水性楊花也。

丁丑　甲寅　乙卯

癸丑　丙辰　丁巳

庚子　戊午　己未

庚金生於季冬。不但寒金喜火。且時逢陽刃。印綬當權。足以用火敵寒。月干癸水。通根祿支。剋絕丁火。其意足以欺官。時逢乙木。喜而合之。其情必向財矣。所

乙酉 庚申 辛酉 以背夫而去。淫穢不堪也。

丁丑 癸丑 甲寅 壬水合去丁火之殺。丙火官星。得祿於日主。似乎佳
壬子 乙卯 丙辰 美。所以出身舊家。十八于歸爲士人妻。逾年、夫以癆
辛巳 丁巳 戊午 瘵死。從此淫穢不堪。身敗名裂。無所依託。自縊而死。
丙申 己未 庚申 此造因多合之故耳。 夫十干之合。惟丙辛合。以官
化傷官。謂貪合忘官。且巳申合、亦化傷官。丁壬合、則暗化財星。其
意中將丙火置之度外、明矣。其情必向丁壬一邊。況干支皆合。無
往不是意中人也。

戊子 丁巳 丙辰 癸水生於午月。財星並旺。坐下印綬。年支坐祿。未嘗

戊午　乙卯　甲寅　不中和。天干三透戊土。爭合癸水。則日主之情。竟無

癸酉　癸丑　壬子　定見。地支兩午壞酉。而財官之勢。不分强弱。日主之

戊午　辛亥　庚戌　情。自然依財勢而去。只有年干正官無財。其力量不

敵月時兩干之官。故將正夫置之不顧矣。運至乙卯。木生火旺。月時兩土。仍得生扶。年干之土。無化而受剋。所以夫得疾而死。後淫穢異常。尤物禍人。信哉。

乙未　壬午　癸未　年月日六字觀之。乙木生於巳月。傷官當令。最喜坐

辛巳　甲申　乙酉　下亥印。冲巳制傷。不特日主喜其滋扶。抑且辛金得

乙亥　丙戌　丁亥　其衞養。正所謂傷官佩印。獨殺留清。不但貌美而且

丙戌　戊子　己丑　才高。書畫皆精。所嫌者、戌時緊剋亥水。暴陽一透。辛

金受傷。既不利於夫子之宮。兼損壞平生之性矣。

丁巳 己酉 庚戌 此造官星食神坐祿。印綬當令逢生。財生官旺。不傷

戊申 辛亥 壬子 印綬。印綬當令。足以扶身。食神得地。一氣相生。五行

癸丑 癸丑 甲寅 停勻。安詳純粹。夫榮子貴。受兩代一品之封。

乙卯 乙卯 丙辰

己亥 甲戌 乙亥 八月官星財星助金。生於寅時。年時兩支逢生得祿。

癸酉 丙子 丁丑 丙癸透干。無相剋之勢。有生化之情。財星得地。四柱

甲辰 戊寅 己卯 通根。五行不悖。氣靜和平純粹。生化有情。夫榮子貴。

丙寅 庚辰 辛巳 受一品之封。

辛酉　癸巳　甲午
壬辰　乙未　丙申
丁巳　丁酉　戊戌
甲辰　己亥　庚子

傷官雖旺。合酉化金。則官星之元神愈厚矣。巳火拱金。辰土引之。則財之元神愈固矣。時透印綬。助日主之光輝。制辰土之傷官。所謂木不枯。火不烈。水不涸。土不燥。金不脆。氣靜和平之象。夫榮妻貴。受一品封。

己巳　甲戌　乙亥
癸酉　丙子　丁丑
壬辰　戊寅　己卯
甲辰　庚辰　辛巳

秋水通源。印星當令。官煞雖旺。制化合宜。更妙時透甲木。制殺吐秀。一派純粹之氣。所以人品端莊。精於詩書。喜運途無火。官不助。印不傷。夫星貴顯。子嗣秀美。誥封二品之榮。

庚辰 辛巳 庚辰 木生午月。火勢猛而金柔脆之時。喜壬癸通根制火。

壬午 己卯 戊寅 辰土洩火生金。則火土不燥烈。水木不枯涸。接續相

乙亥 丁丑 丙子 生。清而純粹。爲女中才子。生三子。夫仕京官。家道清

癸未 乙亥 甲戌 寒。在家教子讀書。二子登科。一子發甲。夫官郎中。子

官御史。受兩代榮封。

庚辰 丁丑 丙子 乙木生於春初。木嫩金堅。最喜午時制殺衛身。寒木

戊寅 乙亥 甲戌 向陽。官印雙清。財星生官。不壞印綬。純粹安和。夫官

乙酉 癸酉 壬申 二品。五子二十三孫。一生無疾。夫婦齊眉。壽至八旬

壬午 辛未 庚午 外。無疾而終。後裔皆顯貴。

以上皆官星爲夫也。

丙辰　壬辰　辛卯　丁火生於巳月。癸水夫星清透。時干甲木。印綬獨清。
癸巳　庚寅　己丑　是以品格端莊。持身貞潔。惜丙火太旺。生助傷官。以
丁丑　戊子　丁亥　致鏡破釵分。然喜巳丑拱金。財星得用。身旺以財爲
甲辰　丙戌　乙酉　子。教子成名。兩子皆貴。受三品封。

丙寅　庚寅　己丑　癸水生於仲春。洩氣之地。兼之財官並旺。日元柔弱。
辛卯　戊子　丁亥　以印爲夫。清而得用。是以秉性端莊。勤儉紡織。至丑
癸酉　丙戌　乙酉　運、洩火拱金。連生二子。戊子運、冲去午火。不傷酉金。
戊午　甲申　癸未　夫主登科、發甲。一交丁亥、酉歸矣。此造之病。實在財

旺耳。天干之辛。丙火合之。地支之酉。午火破之。更兼寅卯當權生

火。丁亥運、合寅化木。助起旺神。又丁火緊剋辛金。不祿宜矣。

辛丑　壬辰　癸巳　丙火生於仲春。火相木旺之時。正得中和之象。年月

辛卯　甲午　乙未　兩透財星。地支巳丑拱金。財旺生官。官星得祿。以印

丙子　丙申　丁酉　爲夫。謂眞神得用。秉性勤儉。紡織佐讀。至甲午運。幫

癸巳　戊戌　己亥　身衛印。夫主連登甲榜。受誥封。壽至酉運。會金冲卯、

不祿。

丁酉　甲辰　乙巳　丙火生於仲春。官透財藏。印星秉令。比劫幫身。似乎

癸卯　丙午　丁未　旺相。第卯酉逢冲。癸丁相剋。木火損而金水存。雖賴

丙辰　戊申　己酉　時干丙火之助。但丙臨申位。亦自顧不暇。幸辰中蓄

丙申　庚戌　辛亥　藏餘氣。一點微苗尙存。春令猶能輔用。較之前造更弱。以印星爲夫。爲人端莊幽嫻。知書達理。丙午運、破其酉金。夫主登科。生二子。誥封四品。至四旬外。運走戊申。洩火生金。不祿。

癸丑　辛酉　壬戌
庚申　癸亥　甲子
戊午　乙丑　丙寅
己未　丁卯　戊辰

戊土生於仲秋。柱中刼印重重。得食神秉令爲夫。泄其菁英。更喜癸水潤土養金。秀氣流行。是以人品端正。知大義。雖出農家、安貧紡績。佐夫、孝事舅姑。至癸亥運。夫舉於鄉。旋登甲榜。仕至黃堂。生四子。皆美秀。壽至丙運奪食、不祿。

癸未　辛酉　壬戌
庚申　癸亥　甲子

此造與前造只換戊未二支。其餘皆同。未丑皆土。午換以戌。用金去火爲宜。大勢觀之。勝於前造。今反不

戊戌　乙丑　丙寅　及者、何也。夫丑乃北方溼土。能生金晦火。又能蓄水。

己未　丁卯　戊辰　未乃南方燥土。能脆金助火。又能暵水。午雖火。遇丑土而貪生。戌雖土。藏火而愈燥。幸秋金用事。所以貴也。雖出身貧寒。而人品端謹。持家勤儉。夫中鄉榜。仕縣令。生二子。

己酉　壬申　癸酉　土榮夏令。逢金吐秀。更喜無木。富貴之造也。所以身

辛未　甲戌　乙亥　出宦家。通詩書。達禮教。至酉運、夫星祿旺。生一子。夫

戊辰　丙子　丁丑　主登科。甲戌運、刑冲出丁火。閨中雪舞。而家道日落。

壬戌　戊寅　己卯　青年守節。苦志教子成名。至子運、子登科。仕至郡守。受誥封。壽至寅運金絕之地。

丁亥　癸丑　甲寅　癸水生於仲冬。支全亥子丑北方一氣。其勢泛濫。一

壬子　乙卯　丙辰　點丁火無根。最喜寅時納水而洩其菁華。甲木夫星

癸丑　丁巳　戊午　坐祿。故爲人聰明貌美。端莊幽嫻。更喜運走東南木

甲寅　己未　庚申　火之地。夫榮子秀。福澤有餘。

乙卯　丁亥　戊子　乙木生於季秋。柱中兩坐祿旺。亥卯又拱木局。四柱

丙戌　己丑　庚寅　無金。日元旺矣。喜其丙丁並透。洩木生土。財星爲夫。

乙卯　辛卯　壬辰　爲人端莊和順。夫中鄉榜。出仕琴堂。生三子。壽至壬

丁亥　癸丑　甲午　運。

戊寅　癸丑　壬子　丁火生於春令。印綬太重。最喜丑時財庫。冲去未中

甲寅 辛亥 庚戌
丁未 己酉 戊申
辛丑 丁未 丙午

比印。生起財星。必以辛金爲夫。丑土爲子也。初運北方水地。洩金生木。出身寒微。至庚戌、己酉、戊申三十載、土金之地。裕夫發財。生三子。皆貴受誥封。所謂棄印就財。且夫得子助。故後嗣榮發也。

壬辰 戊申 丁未
己酉 丙午 乙巳
辛丑 甲辰 癸卯
癸巳 壬寅 辛丑

辛金生於仲秋。支全金局。五行無木。火巳成金。必無用官之理。喜其壬癸並透。洩其精英。爲人聰明端謹。頗知詩禮。所惜者、十九歲運走丁未南方。火旺生土而熇水。流年庚戌。支全剋水。無子而夭。

甲午 乙丑 甲子

旺木逢火。通明之象。妙在金水全無。純清不雜。爲人

丙寅　癸亥　壬戌
乙卯　辛酉　庚申
己卯　己未　戊午

端莊。以丙火爲夫。惜運走北方水地。壽亦不永。生三子留一。至壬運、剋丙火而阻矣。設使兩造、運皆順行。不特壽長。若男造、名利皆全。女造、則夫榮子貴也。

丁未　辛丑　庚子
壬寅　己亥　戊戌
乙卯　丁酉　丙申
己卯　乙未　甲午

春木森森。旺之極矣。時干己土無根。以丁火爲夫。丁壬之合。去水却妙。化木不宜。所以出身貧寒。喜其運走南方火地。不但幫夫興家。而且子息亦多。壽至申運。壬水逢生而阻。此與前造相較。不及前造。而此造行運不背、故勝之。然則命好不如運好。男女皆然也。

（二）　小兒章

論財論煞論精神。四柱和平易養成。氣勢攸長無斷喪。關星雖有不傷身。

小兒之命。每見清奇可貴者難養。混濁可憎者易成。雖關家門之氣數。亦看根源之淺深。關於培植者半。關於家門之興衰者亦半。故小兒命、不易看也。以命而論。必須四柱和平。不偏不枯。無冲無剋。根通月支。氣貫生時。殺旺有印。印弱有官。官衰有財。財輕有食傷。生化有情。流通不悖。或一神得用。始終相託。或兩意情通。互相庇護。未交運而流年平順。既交運而運途安詳。此謂氣勢攸長。自然易養成人。反此則難養矣。其餘關煞多端。盡皆謬妄。有意造作惑人。不可信也。

辛丑　壬辰　辛卯

癸巳　庚寅　己丑

丙火生於巳月。雖云建祿。五行無木生助。天干既透財官。地支不宜再見酉子。更不宜再會金局。則巳火

丙子　戊子　丁亥　之祿。非日干有也。雖丁火可以幫身。癸水傷之。謂財
丁酉　丙戌　乙酉　多身弱。兼之官星又旺。日主虛弱極矣。且初交壬運
逢殺。辛亥年、天干逢壬癸剋丙丁。地支亥沖巳火破祿。連根拔盡。
得痏疾而亡。

癸丑　戊午　丁巳　前造因財官太旺、以致夭亡。此造則日坐長生。又生
己未　丙辰　乙卯　夏令。財官爲用。傷官爲喜。傷生財。財又生官。似乎生
丙寅　甲寅　癸丑　化有情。殊不知前者財多身弱。以官作殺。此則財絕
辛卯　壬子　辛亥　官休。恐難厚享。癸水官星生未月。火土熯乾。餘氣在
丑。蓄水藏金。然己土當頭傷癸。丑未冲去金水根源。時上辛又臨
絕。雖有若無。焉能生遠隔之水。則己土亦不能生隔絕之金。且運

走東南木火之地。非守業之人也。

庚戌　癸未　甲申　丙用壬殺。身强殺淺。以殺化權。更喜財滋弱殺。定然
壬午　乙酉　丙戌　名利雙全。惜支全火局。寅亥又化木而生火。年月之
丙寅　丁亥　戊子　庚壬無根、而少生扶。至丁巳年。巳亥冲去壬水之祿。
己亥　己丑　庚寅　丁火合去壬水之用。死於瘠症。

壬申　己酉　庚戌　壬水生於秋令地支皆坐長生。天干兩戊兩壬。大勢
戊申　辛亥　壬子　觀之。支全一氣。兩干不雜。且殺印相生。爲大貴之格。
壬申　癸丑　甲寅　不知金多水濁。母多子病。四柱無火剋金。金反不能
戊申　乙卯　丙辰　生水。戊土之精華。盡洩於金。謂偏枯之象。必然難養。

名利皆虛。果死於三歲甲戌年。

壬申　乙巳　丙午　壬水生於季春。似乎殺印相生。地支三遇長生。食神

甲辰　丁未　戊申　制殺爲權。定爲貴格。不知春土氣虛。月透甲木。不但

壬申　己酉　庚戌　辰土受制。而時干之戊。亦受其剋。五行無火。未得生

戊申　辛亥　壬子　生之妙。亦母多子病。偏枯之象。必然難養也。後死於

痘症。

癸丑　辛酉　庚申　此造以丁火陰柔。生於深秋。殺官重疊。必不能養。殊

壬戌　己未　戊午　不知官殺雖旺。妙在戌月通根身庫。足以制水。更好

丁亥　丁巳　丙辰　無金。時支寅木不傷。氣貫生時。足以納水。不但易養

壬寅　乙卯　甲寅　成人。可遂書香之志。然官殺一類。勿以官爲喜、殺爲

惛。身弱者。官皆是殺。身旺者。殺皆是官。只要無財有印。便爲佳造。

如云丁火死寅。謬之極矣。寅中甲木。乃丁之嫡母。何以爲死。凡陰干以生地爲死。死地爲生。非正論也。果幼年無疾。聰慧過人。甲戌年入泮。後運走南方火土。制殺扶身。未可限量也。

壬戌　乙巳　丙午　此造概云木透月干。春木足以生火。年干壬水生木。

甲辰　丁未　戊申　日時兩坐長生。皆作旺論。惜地支土金太重。天干水

丁酉　己酉　庚戌　木之根必淺。水木無氣。則丁火之蔭不固。夫甲木生

己酉　辛亥　壬子　於季春。退氣之神也。辰酉合而化金。則甲木之餘氣

已絕。戌土隔之。使金不能生水。戌土足以制之。壬水受剋。不能生

木。辰酉化金。必能剋木。日主根原不固可知。如謂酉是丁火長生。

五行顛倒矣。酉中純辛。無他氣所雜。金生水。無生火之理。火到酉位死絕之地。更嫌時干竊去命主元神。生金洩火。而水木火三字皆虛矣。後果夭於癸酉年。由此論之。小兒之命。不易看也。

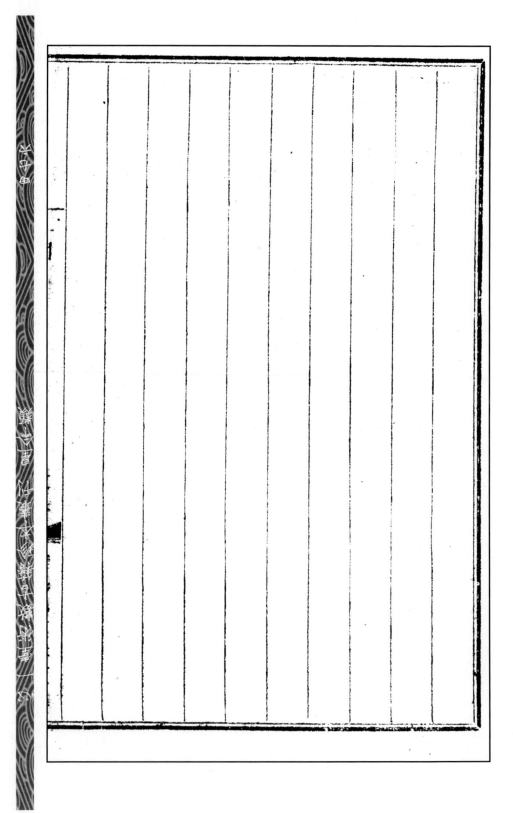

起例備查

日上起時年上起月表

時從子位起　月從寅位起

時月＼日年	甲	乙	丙	丁	戊
	己	庚	辛	壬	癸
子	甲	丙	戊	庚	壬
丑	乙	丁	己	辛	癸
寅	丙	戊	庚	壬	甲
卯	丁	己	辛	癸	乙
辰	戊	庚	壬	甲	丙
巳	己	辛	癸	乙	丁
午	庚	壬	甲	丙	戊

日上起時歌訣

甲己還加甲　乙庚丙作初　丙辛從戊起

丁壬庚子居　戊癸何方發　壬子是前途

甲己日起甲子時。乙庚日起丙子時。依此類推。

年上起月歌訣

甲己之年丙作首　乙庚之歲戊爲頭

丙辛歲首尋庚起　丁壬壬位順行流

若言戊癸何方發　甲寅之上好追求

未	辛	癸	乙	丁	己
申	壬	甲	丙	戊	庚
酉	癸	乙	丁	己	辛
戌	甲	丙	戊	庚	壬
亥	乙	丁	己	辛	癸

正月建寅。甲己年正月起丙寅。乙庚年正月起戊寅也。

逐月立命定局表 以生年遁干

命宮＼生時	子	丑	寅	卯	辰	巳	午	未	申	酉	戌	亥
大寒後雨水前	卯	寅	丑	子	亥	戌	酉	申	未	午	巳	辰
雨水後春分前	寅	丑	子	亥	戌	酉	申	未	午	巳	辰	卯
春分後穀雨前	丑	子	亥	戌	酉	申	未	午	巳	辰	卯	寅
穀雨後小滿前	子	亥	戌	酉	申	未	午	巳	辰	卯	寅	丑
小滿後夏至前	亥	戌	酉	申	未	午	巳	辰	卯	寅	丑	子
夏至後大暑前	戌	酉	申	未	午	巳	辰	卯	寅	丑	子	亥
大暑後處暑前	酉	申	未	午	巳	辰	卯	寅	丑	子	亥	戌
處暑後秋分前	申	未	午	巳	辰	卯	寅	丑	子	亥	戌	酉
秋分後霜降前	未	午	巳	辰	卯	寅	丑	子	亥	戌	酉	申

霜降後小雪前	午	巳	辰	卯	寅	丑	子	亥	戌	酉	申	未
小雪後冬至前	巳	辰	卯	寅	丑	子	亥	戌	酉	申	未	午
冬至後大寒前	辰	卯	寅	丑	子	亥	戌	酉	申	未	午	巳

小限　以生年之支。加於命宮。逆數至本年歲支。以本年太歲遁干。

小運　以時爲主。陽男陰女順行。陰男陽女逆行。

胎元　以月令干支。干前一位。支前三位。卽是。如己巳月胎元庚申。壬午月胎元

癸酉。蓋以前十箇月之干支。爲受胎之月也。

又　如甲子日生。卽以甲子爲胎元。蓋以前三百日爲胎元也。

胎息　日主干支合處卽是。如甲子日以己丑爲胎息。

變　時上干支合處卽是。如丙寅時以辛亥爲變。

通　子丑相通。寅卯相通。以時爲主。以年遁干。

吉凶神煞表

月	正	二	三	四	五	六	七	八	九	十	十一	十二
天德	丁	坤	壬	辛	乾	甲	癸	艮	丙	乙	巽	庚
月德	丙	甲	壬	庚	丙	甲	壬	庚	丙	甲	壬	庚
天赦	戊寅			甲午			戊申			甲子		
轉煞	乙卯辛卯			丙午戊午			辛酉癸酉			壬子丙子		
四廢日	庚申辛酉			壬子癸亥			申寅乙卯			丙午丁巳		
	寅午戌			巳酉丑			申子辰			亥卯未		
驛馬	申			亥			寅			巳		
咸池	卯			午			酉			子		
華蓋	戌			丑			辰			未		

將星		午		酉		子		卯			
劫煞		亥		寅		巳		申			
亡神		巳		申		亥		寅			
日		甲	乙	丙	丁	戊	己	庚	辛	壬	癸
天乙貴人	陰	丑	子	亥	酉	未	申	未	午	巳	卯	夏至後
	陽	未	申	酉	亥	丑	子	丑	寅	卯	巳	冬至後
文昌		巳	午	申	酉	申	酉	亥	子	寅	卯
金輿		辰	巳	未	申	未	申	戌	亥	丑	寅
		甲子旬	甲戌旬	甲申旬	甲午旬	甲辰旬	甲寅旬				
空亡		戌亥	申酉	午未	辰巳	寅卯	子丑	對冲爲孤虛			
四大空亡		水		金	水		金				

截路亡空	甲己日見申酉時乙庚日見午未時丙辛日見辰巳時丁壬日見寅卯時戊癸 日見戌亥時
十惡大敗	甲辰乙巳丙申丁亥戊戌己丑庚辰辛巳壬申癸亥
天羅地網	火命日主見戌亥水命日主見辰巳

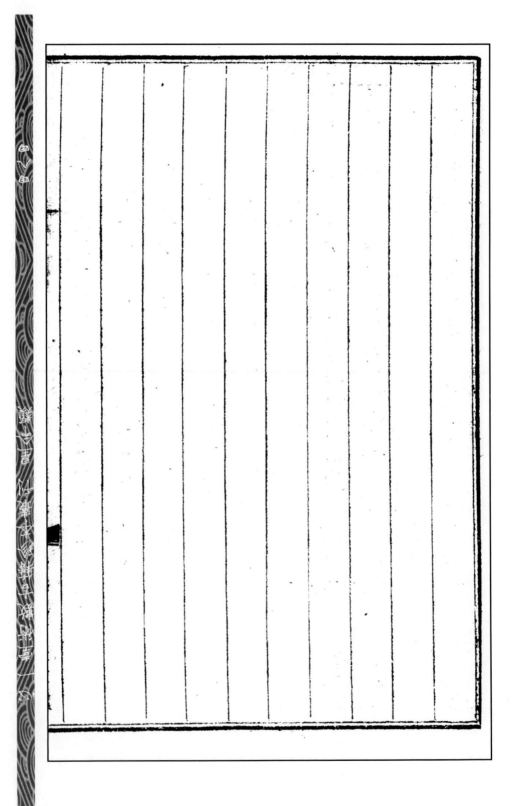

跋

昔先叔祖善術數。案牘之餘。舉凡五星子平以及太乙奇門六壬之書。靡不涉獵。隨宦粵東。每占輒驗。惜壯年不祿。遺書散佚。嗣後絡續收集。得精抄本及手批本十餘部。保存手澤而已。先叔早年掇巍科。秉節重洋。殘編斷簡。久束高閣。民國後閉戶家居。時予方研習子平之術。先叔見之喜曰。子習此，我家有傳人矣。即舉以俾予。予拜而受之。詳細檢閱。則此滴天髓徵義在焉。惜蟲傷鼠蝕。殘缺不全。亦不知所自來。往歲得見四明銀行孫衡甫君所印滴天髓闡微。大同小異。始知此書爲任鐵樵氏稿本。而名目不同。內容亦有詳略。本人所修改歟。抑傳抄之互異。要可供參考焉。友人勸刊以廣流傳。爰重爲編次。釐訂校正。缺者補之。複者刪之。名之曰訂正滴天髓徵義。編訂竟。誌其原起於右云。民國二十四年乙亥三月東海樂吾氏識。

占筮類			
1	擲地金聲搜精秘訣	心一堂編	沈氏研易樓藏稀見易占秘鈔本
2	卜易拆字秘傳百日通	心一堂編	
3	易占陽宅六十四卦秘斷	心一堂編	火珠林占陽宅風水秘鈔本
星命類			
4	斗數宣微	【民國】王裁珊	民初最重要斗數著述之一；未刪改本
5	斗數觀測錄	【民國】王裁珊	失傳民初斗數重要著作
6	《地星會源》《斗數綱要》合刊	心一堂編	失傳的第三種飛星斗數
7	《斗數秘鈔》《紫微斗數之捷徑》合刊	心一堂編	珍稀「紫微斗數」舊鈔秘本
8	斗數演例	心一堂編	
9	紫微斗數全書（清初刻原本）	題【宋】陳希夷	斗數全書本來面目；有別於錯誤極多的坊本
10－12	鐵板神數（清刻足本）——附秘鈔密碼表	題【宋】邵雍	無錯漏原版秘鈔密碼表　首次公開！
13－15	蠢子數纏度	題【宋】邵雍	蠢子數連密碼表　打破數百年秘傳　首次公開！
16－19	皇極數	題【宋】邵雍	清鈔孤本附起例及完整密碼表　研究神數必讀！
20－21	邵夫子先天神數	題【宋】邵雍	附手鈔密碼表　研究神數必讀！
22	八刻分經定數（密碼表）	題【宋】邵雍	皇極數另一版本；附手鈔密碼表
23	新命理探原	【民國】袁樹珊	子平命理必讀教科書！
24－25	袁氏命譜	【民國】袁樹珊	
26	韋氏命學講義	【民國】韋千里	民初二大命理家南袁北韋
27	千里命稿	【民國】韋千里	
28	精選命理約言	【民國】韋千里	北韋之命理經典
29	滴天髓闡微——附李雨田命理初學捷徑	【民國】袁樹珊、李雨田	命理經典未刪改足本
30	段氏白話命學綱要	【民國】段方	民初命理經典最淺白易懂
31	命理用神精華	【民國】王心田	學命理者之寶鏡